杨波 著

渡江

图书在版编目(CIP)数据

渡江 / 杨波著. – 重庆:重庆出版社,2009.5
ISBN 978-7-229-00666-2

Ⅰ.渡… Ⅱ.杨… Ⅲ.①报告文学—中国—当代 ②渡江战役(1949)—史料
Ⅳ. I125 E297.4

中国版本图书馆 CIP 数据核字(2009)第 070998 号

渡江
DU JIANG

杨波 著

出 版 人:罗小卫
策　　划: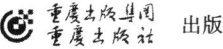华章同人
责任编辑:陈建军
特约编辑:景　雁　黄卫平
装帧设计:

重庆出版集团
重庆出版社　出版

(重庆长江二路 205 号)

北京凯达印务有限公司　印刷
重庆出版集团图书发行公司　发行
邮购电话:010-85869375/76/77 转 810
E-MAIL:sales@alphabooks.com
全国新华书店经销

开本:787mm×1092mm　1/16　印张:17　字数:246千
2009年9月第1版　2009年9月第1次印刷
定价:32.00元

如有印装质量问题,请致电023-68706683

版权所有,侵权必究

南京军区原司令员向守志上将为本书题辞

南京军区原政委方祖岐上将为本书题辞

目　录

序（佘志宏）/1

前奏：旷世奇劫金圆券 /1

第一部分：和战之间

第一章：蒋介石的求和姿态 /14

第二章：毛泽东的和平条件 /27

第三章：李宗仁的革新面目 /45

第四章：和谈第一阶段：斡旋 /61

第五章：和谈第二阶段：退守 /74

第六章：和谈第三阶段：破局 /92

第二部分：摧枯拉朽

第一章：操练水军 /120

第二章：洞烛敌情 /140

第三章：渡江追寇 /152

第四章：鏖战上海 /167

第五章：反谍肃奸 /181

第三部分：折冲英美

第一章："炮舰外交"的终结 /194

第二章：别了，司徒雷登 /210

尾声：海天寥廓胡不归 /235

后记 /253

征引文献 / I

序

佘志宏

《渡江》一书通过大量鲜为人知的史料与文献让读者走进中国近现代史的转折之年——1949 年，揭示时代更替的历史必然性。更能令人深思的是，在历史洪流滚滚向前的大背景下，个人的命运被这历史巨流所挟持，每个人没有太多的选择。

渡江战役是指 1949 年 4 月至 6 月间，在第三次国内革命战争中，中国人民解放军第二野战军、第三野战军和第四野战军一部，在长江中、下游地区向国民党军汤恩伯、白崇禧两大军事集团发动的规模巨大的强渡江河战役。

渡江战役从 1949 年 4 月 21 日起，至 6 月 2 日解放上海崇明岛止，历时 42 天，是中国历史长河中继晋灭吴、隋灭陈、宋灭南唐之战后，中国战争史上第四次大规模的渡江作战。它是中国人民解放军实施战略追击的第一个战役，也是向全国进军作战的开始。它是将江河进攻战、陆地追歼战、城市攻坚战三种作战类型融为一体的战略性战役，其战场范围之广，参战兵力之多，阶段转换之快，都是中国人民解放军战史上前所未有的。人民解放军在以木帆船为主要渡江工具的条件下，一举突破国民党陆海空军组成的长江防线，创造了战争史上的奇迹。

渡江战役，以它特有的雄伟气势和丰功伟绩在中国革命史上谱写了光辉的篇章。

《渡江》一书有着极其鲜明的特点。该书突破了以往军事纪实文学的窠臼，它不单描写战争，而是把战争作为一条主线，以点、线、面相结合的手法，全方位、多角度地呈现了在1949年中国时局的转折和在此背景下各种人物的命运。

该书注重实证，广泛地征引了各种稀见的资料和学术上最新的研究成果。比如多次引用刚刚解密的蒋介石日记的内容，人物不再是脸谱化的，而是有血有肉的。

该书有极其严肃的学术背景，但整体行文却是通俗易懂，引人入胜的。比如，在写作有关章节时，作者广泛地引证了《中央日报》《申报》和《大公报》的原始报道，可以为今天的读者拨开历史的云雾，一窥历史的复杂与生动。

最后，我还想说一点。《渡江》不仅仅是一部军事题材的通俗历史作品，还是一本充满了智慧观察的书。该书视野开阔，融入了作者对于那个时代及其人物命运的思考。作者还大胆地破除了"土匪史观"的旧思维，用相对客观冷静的语气叙述了国共两党的斗争，同时在书的结尾处，作者还有意识加入国民党去台后国共两党的交往发展，展望了第三次国共合作的愿景。

因此，我郑重地推荐有兴趣的朋友看看这本书，定会有所收获的。

（佘志宏，著名军史专家，中国人民革命军事博物馆副馆长）

前奏：旷世奇劫金圆券

1948年11月1日，国统区各家报纸都在头版发表南京行政院关于放弃限价政策，改行议价的声明，国民党政府执行了仅仅70天的币制改革惨淡收场。

就在同一天拂晓，林彪、罗荣桓指挥的东北野战军对沈阳发起攻击。当天中午，国民党军第8兵团司令周福成和他的卫队在银行大楼放下武器。只有小股部队负隅顽抗，但很快被解放军消灭。第二天，沈阳全城为解放军占领。11月3日，翁文灏内阁辞职。

"完了，全完了！"但凡是有一点见识的国民党官员，无不在心中暗暗叫苦。而内心最为痛苦的，当数前些日子锋芒毕露，现在却委顿之极的蒋经国。

这一年，国民党在战场上节节败退。7月初，国共双方兵力的对比，已由1946年战争爆发时的3.14比1，变为1.3比1。9月，中共中央在西柏坡召开政治局扩大会议，决定抓住有利时机，与国民党进行战略决战，决战方向首先指向形势于己有利的东北。等9月12日至11月2日的辽沈战役结束，国军总兵力下降到290万人，解放军总兵力上升至300万人。国共双方的正负位置，已经颠倒过来了。

毛泽东信心十足地说："这样，我们原来预计的战争进程，大为缩短。""现在看来，只需从现在起，再有一年左右的时间，就可能将国民党反动政府从根本上打倒了。"

然而令蒋经国五内如焚的,却并不仅是战场上的一败涂地,还有国民党币制改革的失败,以及他个人"打虎"的失败。国民党在军事上固然危如累卵,但还未尝没有一线生机;币制改革失败,就真是"覆巢之下安有完卵"了!

说来话长,这次国民党的币制改革,是将法币改为金圆券。虽说事后看来此举绝对是铸成大错,事前国民党高层却觉得这是箭在弦上,不得不发。

币制改革之前,国民党政府的法定货币叫做"法币"。法币从1935年11月开始发行,直到抗战前夕,共发行14亿元,流量不大,较为稳定,对国民经济发展颇有扶植之功。抗战期间,因财政支出增加,法币发行量急剧上涨,发行总额达到5569亿元,比抗战前夕增长了约396倍。国统区的普通老百姓,都是勒紧裤腰带,盼望抗战胜利之后能过上好日子。

但可恶的是,抗战胜利仅仅一年,国民党便发动内战,企图迅即消灭中共,以致军费开支浩繁,财政赤字剧增,法币发行垂直上升。到了1948年8月20日前,法币发行额增至660万亿元,比抗战前夕增加了47万倍,而物价的增幅更高,较抗战前上涨3492万倍。1946年10月至1947年3月的宋子文内阁,和1947年3月至1948年5月的张群内阁,都曾相继采取措施,企图止住法币膨胀狂势,无奈皆以失败而告终。

宋子文的办法是抛售黄金,回笼法币,将中央银行的库存黄金按市价在上海市场大量配售。至1947年2月,共抛售黄金353万两,占库存黄金的60%,回笼法币9989亿元。若在和平时期,这未尝不是一道杀手锏。但因为国民党打内战,在同一时间,法币增发了32483亿元,黄金抛售所回笼的法币仅占其中的三分之一。更有甚者,握有大量游资的达官贵人看到购买黄金比囤积货物更有利可图,于是大做黄金投机生意,黄金抢购浪潮日甚一日。中央银行黄金储备无法满足市场需要,宋子文被迫下令停止出售。1947年2月,就在黄金停售的前几天,一些投机商意识到中央银行存金已尽,更加紧抢购,以致黄金价格暴涨,市场大乱,此即闻名上海的"黄金风潮案"。宋子文黯然引咎去职,中央银行总裁贝祖贻则被撤职。

继宋子文组阁的张群立即以严禁抛售黄金、取缔黄金投机和管制外汇等办法，取代宋子文的黄金自由抛售政策。同时，加强敌伪物资抛售，发行了4亿美元的短期公债和库券，以图回笼法币。但通货膨胀速度继续加快，物价一天涨过一天，张群内阁也是毫无办法。

蒋介石为使其统治合法化，决定1948年为"行宪年"。所谓"行宪"，就是开始实行所谓民主宪政，并按照宪法规定选举总统，实行总统制。1947年11月，国民党政府成立了以孙科为主任的"国民大会"筹备委员会，在国民党内成立了"选举指导委员会"，具体负责大会代表的选举和筹备事宜。1948年3月29日，"行宪国大"在南京举行。4月19日，国民大会选举蒋介石为"中华民国总统"。其后，国民党内部各派经过激烈的争夺，大会经过4次投票，于4月29日选出李宗仁为"副总统"。5月1日，大会闭幕。5月20日，蒋介石、李宗仁就任"总统"、"副总统"。此次"国民大会"通过了《动员戡乱时期临时条款》，授权当选总统蒋介石可以不受限制，采取他认为必要的紧急措施，将蒋介石的权力提高到无以复加的地步。其后，组成了行宪后的政府，翁文灏接替张群担任立法院长。翁文灏是著名地质学专家，曾任清华大学校长，他组阁可谓"书生治国"，在蒋介石看来足以收拾人心。

翁文灏上台后，蒋介石本来准备让张群内阁的财政部长俞鸿钧继续留任，但俞鸿钧已转任中央银行总裁，蒋介石遂嘱翁文灏自己物色财政部长。

翁文灏很快便任命了新的财政部长。此人名叫王云五，曾任商务印书馆总经理，堪称出版界泰斗，与翁文灏平素私交不错，曾在张群内阁担任行政院副院长，任内研究过财政，当时他就认为："只有改革币制，才能挽救财政经济日趋恶化的局势。"现在机会来临，王云五颇为兴奋，想要大干一场。但国统区各界人士对此任命颇感惊奇，认为王云五与财政金融素少渊源，仅凭其在商务印书馆的管理经验，如何堪当财政重责？

蒋介石对新内阁的财政部长王云五和中央银行总裁俞鸿钧都做了币制改革的指示，要他们分别组织专家研究，拿出具体方案。

俞鸿钧在上海指定了一个4人研究小组，成员都是业内的专家，他们一致认为：在内战继续进行的情况下，币制不宜做根本性改革，如果骤然一改，就会垮得更快。鉴于财政收支差额太大，可在不改变法币本位的基础上，另由中央银行发行一种称为金圆的货币，作为买卖外汇及缴纳税收之用，不在市面上流通。用此办法，大致使收入提高到相当于支出的40%到50%。俞鸿钧予以首肯，并令4人小组拟定了具体方案。然后，俞鸿钧携此方案赴南京请示蒋介石，满以为会得到大加赞赏，却不料立即遭到否决，蒋介石认为这一方案不能应付当时的局面。

蒋介石垂青的是王云五的方案。这一方案"鉴于公库收入仅支出的百分之五，物价飞涨，支出庞大，全靠发行新票支持，军事开支所占比重极大"等情形，建议以中央银行所存的黄金和证券作保证，发行金圆券以代替法币，即以政治力量来收兑或收存国民所存的金银外币，实行管制经济，在全国设立若干管制区，由经济管制督导员负责执行。

不过蒋介石对王云五的方案并不十分放心，又向前任中央银行总裁张嘉璈征询意见，张嘉璈直言，发行一种新币，必须有充分现金或外汇准备，或是有把握将每月发行额逐渐减少，否则人们将失去对钞票的信用。即使没有充分准备金，至少也要把握物资，有力量控制物价，防止新币贬值，故应慎之又慎。而现在的局面是，物价绝对无法限制，所定20亿元发行额无法保持，恐不出三四个月就将冲破限关。如果人们对新币不予信任，弃纸币而藏货品，后果将不堪设想。

但蒋介石是刚愎自用惯了的人，翁文灏、王云五又正踌躇满志。8月19日，蒋、翁、王三人联合签发了《国民政府财政经济紧急处分令》，次日，又公布了《金圆券发行办法》等4项办法。"紧急处分令"和各种办法的要旨有以下4项：

第一、金圆券每元法定合纯金0.22217克，但不能兑换。由中央银行发行，面额分为1元、5元、10元、50元、100元五种。发行总额以20亿元为限。

第二、金圆券1元折合法币300万元，折合东北流通券30万元。（注：东北流通券是抗战胜利后国民政府中央银行在东北发行的纸币。金圆券发行后，限期收回。）

第三、私人不得持有黄金、白银和外汇，限期于9月30日以前收兑黄金、白银、银币和外国币券，违反规定不于限期内兑换者，一律没收。

第四、全国各地各种物品及劳务价格应照1948年8月19日以前的水平冻结。借此把国统区老百姓的生活水平维持在8月19日之前的水平上。

"这也太荒唐了吧，"国统区的老百姓纷纷私下议论，"现在内战紧迫，风雨飘摇，想用政治力量来施行不兑换的货币，可能吗？"

一些有识之士指出，当局出台的"办法"，自相矛盾之处甚多。比如规定各种物品不得超过8月19日的价格，同时对公共交通事业的收费又可调整价格，难道运输支出不是物价成本的一部分？

还有一些资深的财经专家认为：金圆券不出几个月必然崩溃，挽救办法是立即停止收兑金银外币，这些金银外币在民众手中并没有多大危险，反之，放出大量金银外币危险极大，无异于把死老虎收回来，把活老虎放出去。

蒋介石对币制改革期望甚高，希望借此渡过难关，因此一开始决心很大。8月9日蒋介石在日记中写道："昨夜决定改革币制与管制经济日期，余注重于辅币之兑现，以增加新币之信用，或可延长新币之命运也。"8月20日当天，金圆券发行准备监理会宣告成立，负责监督检查金圆券的发行及准备情形。蒋介石与王云五召见上海工商界、金融界巨头20余人，希望他们支持财经命令。翁文灏在行政院也邀请京沪工商界、金融界人士座谈，希望协力执行各项办法。21日，蒋介石命令各大都市派遣经济督导员，监督各地执行政策。尤其上海是中国财经中枢，关系甚大，蒋介石派俞鸿钧为上海区经济管制督导员，蒋经国协助督导，实则蒋经国名副实正，全权经办。

金圆券发行之初，各银行门前着实热闹了一番。老百姓害怕"违者没收"或被投入监牢，只好将金银外币向银行兑换金圆券。蒋介石在8月下旬的日记里兴奋地记下：一星期下来总共收入1800多万美元，仅上海一地就有300万美元之多。对于人民如此热情拥护币制改革政策颇感意外与欣慰——其实他当然知道：人民是被强制在9月30日以前将私有的黄金、白银、外币交出来兑换中央银行发行的金圆券，逾期没收。在写日记对8月进行总结时，蒋氏再度肯定币制改革：财政和经济专家都曾反对，而且预测必然失败，可是谁也想象不到，实行10天以后已收到2700万元之多的美钞了！得意之情跃于纸上。但工商、金融资本家比普通百姓懂经济规律，又比普通百姓了解国民政府经济危机的内幕，便千方百计想保住手中的金银外汇，不兑换金圆券。引得蒋氏父子勃然大怒。

9月6日，蒋介石在南京国民党中央党部扩大纪念周上，教训对政府法案尚存观望态度的上海银行家说："上海银行界领袖对国家、对政府和人民之祸福利害，仍如过去二三十年前，只爱金钱、不爱国家，只知自私、不知民生的脑筋毫没改变，在'共匪'这样猖獗，人民这样痛苦，尤其是前方官兵这样流血牺牲的时候，政府为要加强'戡乱建国'的力量，决心实行这一个重大的改革，其成败利钝，实有关于国家民族的生死存亡，而若辈拥有巨量金银外汇的，尤其是几家大银行，这样自私自利，藐视法令，罔知大义，真令人痛心。这种行为固然是直接破坏政府'戡乱建国'的国策，而其间接无异助长'共匪'的内乱。"

8月20日，蒋经国以"太子"之尊抵沪。为了排除干扰、实施管制，蒋经国把他以前精心培植的赣南系、青干校及青年军的干部调集上海，王升、李焕、江国栋等都到了蒋经国身边。蒋经国还调来了胡轨总管的"戡乱建国总队"下属的第六大队，扩编为"大上海青年服务总队"，人员约两万余人，作为实行紧急措施的骨干队伍，专司执法。他还抽调了部分"信仰"三民主义的大学生，成立了经济研究小组，应对经济问题。

蒋经国以北宋范仲淹的格言"宁使一家哭，不使一路哭"相标榜，号称"不管你有多少财富，有多大的势力，一旦犯了国法，就毫不留情地送你进监狱，上刑场"，提出"只打老虎，不拍苍蝇"；"打祸国的败类""救最苦的同胞""不惜以人头来平物价！"的口号。8月23日和27日，他两次指挥上海6个军警单位，到全市库存房、水陆交通场所进行搜查。凡触犯法令者，商号吊销执照，负责人法办，货物没收。蒋经国本人还微服出巡，发现贪赃受贿官员严惩不贷。时人将蒋经国的举措称为"打虎"。

9月15日，在上海体育馆召开的青年军人联谊会上，年轻时在上海参加过"五卅运动"的蒋经国慷慨陈词，发表了题为《上海何处去》的演讲。他说：

"在工作的推进中，有不少的敌人在那里恐吓我们，放言继续检查仓库办奸商，将会造成有市无货，工厂停工的现象。不错，假使站在保持表面繁荣的立场来看，那是将要会使人民失望的。但是，如果站在革命的立场来看，这并不足为惧，没有香烟、绒线、毛衣、绸缎，甚至猪肉，是没有什么可怕的。我们相信，为了要压倒奸商的力量，为了要安定全市人民的生活，上海的市面，是不畏缺华丽衣着，而致放弃了打击奸商的勇气，投机家不打倒，冒险家不赶走，暴发户不消灭，上海人民是永远不能安定的……'共匪'和奸商是革命的两大敌人，决不能放松一下，要同样地打，一起地打。"

杜月笙、刘鸿生、荣尔仁、钱新之、李馥荪、周作民等上海滩大佬，都被一一请进了蒋经国的办公室。蒋经国要他们带头执行政府决策，交出黄金、外汇。米商万墨林、申新纱厂经理荣鸿元、中国水泥公司常务董事胡国梁、美丰证券公司总经理韦伯祥等60余人，因私逃外汇、私藏黄金、囤积居奇或投机倒把，被捕入狱；杜月笙之子杜维屏因"囤货炒股"，被判了8个月徒刑；林雪公司经理王春哲，因私套外汇被处死。一些政府官员，也因触犯律令受到重治。财政部秘书陶启明，因泄露经济机密被判刑；宪兵大队长姜公美，因破坏经济管制被判死刑；上海警备司令部科长张亚民、大队长戚再玉，因勒索罪遭枪决。

国民党政府在强制收兑金银外汇的同时，又强迫冻结物价，禁止囤积居奇。蒋经国在上海命令：商店即使无货，也不准关门。如若暗中抬价，则将没收封存。由于国民党政府的铁腕措施，普通百姓和工商金融资本家的被迫就范，竟使资金市场与商品市场在币制改革后的40天里，出现了"奇迹"，例如收兑金银外汇取得了一定进展，利率有所下降，商品价格也多控制在金圆券发行前的水平。新闻媒体奏响"歌德"之声：国内报刊称蒋经国是国民党的救命王牌；海外报刊称他是"中国的经济沙皇"。

但是说白了，蒋经国并不是依法治理上海滩的腐败，而是以政治力量为后盾，实施他父亲蒋介石的党魁意志。一切都是他说了算，他要抓谁就抓谁，然后再去查找证据，并且迅速结案，枪毙的枪毙，进监狱的进监狱，速度飞快。比如一旦发现囤积居奇，则立即问罪，但平心而论，囤积居奇虽然确实扰乱了当时的经济状况，但那很多也是出于商家趋利避害、谋求资本利益最大化的正常选择。蒋经国的政治"铁拳"，对于医治经济"病体"之沉疴非但无济于事，反而激化了矛盾，加重了病情。正所谓"飘风不终朝，骤雨不终日"，没多久，商品市场上物价虽稳，却是有市无货。一些商人为了逃避货物登记，甚至宁肯多付数倍的运费，让货物留在车皮内，让火车像一个活动仓库似的在上海附近的无锡、镇江等处漫游；一些奸商和帮会势力唆使流氓和无业游民，在市面上抢购日用必需品，以期造成心理上的恐慌，迫使政府放弃限价政策；还有一些工厂因物价冻结，企图停工。

9月30日，一支全副武装的打虎队，奉蒋经国的命令，搜查大名鼎鼎的扬子公司。

扬子公司的全称是"扬子建业股份有限公司"，是由孔祥熙之子孔令侃于1946年4月成立的官商公司。该公司通过宋美龄的关系网，获得汽车、药品、钢材、染料等重要物资的进口、销售权，经营中通过走私、逃税、套取外汇及垄断货源等办法，聚敛了大量的黄金、美元。这次查封行动源自杜月笙的逼宫。杜月笙是上海青帮首领，金融界巨子，跟蒋介石的关系匪浅，对国民党政府在财政上多有支持。但在蒋经国严厉的"打虎"铁腕之下，他的儿子杜维屏也被查处判刑。杜月笙毕竟老辣，不紧不慢地表态说："打虎是好事体，阿拉可以帮助找到更大的老虎。找出以后，把大老虎杀了，阿拉儿子和女婿即使拉出去陪斩，也是千该万该的，杜某眉头都不皱一下。"他在蒋经国主持的"物资登记动员会议"上，紧急动议，要蒋太子派人检查"扬子公司"，如若蒋太子不敢动孔令侃，就应该释放一干人犯。蒋经国与孔、宋豪门素来面和心不和，此时又被杜月笙将了一军，遂下令搜查。

但结果怎样呢？一个坊间流传已久的说法是：在查清扬子公司大量违法事实之后，蒋经国下令拘捕孔令侃，查封扬子公司。孔令侃不想坐以待毙，连夜跑到南京找上姨妈宋美龄搬救兵，孔宋豪门有很多资产登记在扬子公司名下，宋美龄如何能坐视不管，她立刻打电话给正在东北视察前线战事的蒋介石，蒋介石闻讯后不顾三军生死，飞回南京偕宋美龄赴上海。蒋介石一到上海，立刻把蒋经国痛斥一番,下令恢复扬子公司,释放杜月笙之子杜维屏。另一个说法是:蒋介石并未到上海,也未斥责蒋经国,是宋美龄10月1日从南京飞抵上海,将孔令侃径直从拘留地救出,当蒋经国闻讯赶到时,已是人去狱空,唯有徒呼奈何。

但是还有一种说法是,蒋经国当时既未查封扬子公司,更未拘捕孔令侃,因为蒋经国自己明确地说:"扬子公司仓库里面所囤的货物,都非日用品。"他的亲信,负责"打虎"的王升则更明确指出:"在扬子公司的仓库里,的确是查到了一批糖,但是,经过化验,是作为医药用的化学糖,不是民生必需品的食糖,所以不能法办扬子公司,更不能法办孔令侃。"

倘若后一种说法属实,那么蒋经国的姿态转换得也未免太快了。他对孔令侃这样的皇亲国戚讲"法治",对那些白手起家的民族资本家却是气势汹汹的"人治"。上海素有煤炭大王、火柴大王之称的刘鸿生,由于畏惧蒋经国的威逼,被迫忍痛交出黄金八百条(每条金条重十两)、230万美元、银元数千枚。上海商业储蓄银行总经理陈光甫,抗战时期到美国为国民政府奔波借款,曾经受到蒋介石嘉许;金圆券发行后,蒋经国与之会面,陈光甫迫不得已交出一百一十四万美金,全部"移存"中央银行。金城银行总经理周作民唯恐也被蒋经国召见,吓得不敢住在家里,几乎每天晚上得换住所睡觉,最后仍被蒋经国手下骚扰,万不得已,只有托病住进上海虹桥疗养院,警察局这时仍穷追不舍,派人直接进入医院,强迫周作民签名具结,非经有关部门批准,不准擅离上海——这不是双重标准是什么?

10月9日,蒋经国在日记中为自己辩解:"扬子公司的案子,弄得满城风雨。在法律上讲,扬子公司是站得住的。倘使此案发现在宣布物资总登记以前,那我一定要将其移送特种刑庭。"——可见他毕竟心有未安。10月16日,他又在日记中写道:"扬子公司的案子,未能彻底处理,因为限于法令,不能严办,引起外界误会。同时自从此事发生之后,所有的工作,都不能如意,抵抗的力量亦甚大……经济管制的工作发展到今天,确实已到了相当严重的关头。"可是,不管蒋经国如何为自己开脱,"只打苍蝇,不打老虎"的恶名已经传遍了上海滩。

正当蒋经国陷于进退两难之际，10月2日，南京国民党政府为了筹集军费，决定对卷烟、洋啤酒、国产酒类、烟叶等7大类商品增征税额。此举必然导致增征税额转嫁到消费者身上，加之其他商品搭车涨价，从而自我否定了其信誓旦旦的限价政策。上海基本生活用品的物价再度告急，升斗小民惶惶不安，全城都出现了抢购风。10月6日，蒋经国在日记中哀叹："一切都在做黑市买卖……一般中产阶级，因为买不到东西而怨恨，工人因小菜涨价而表示不满，现在到了四面楚歌的时候。"

面临物价狂涨的局势，翁文灏内阁不得不变通策略，于10月26日调整此前的限价政策，规定"如系国产货品，按产地收购价格或原料价格予以调整。进口货按进口成本调整"。10月28日，又决定粮食可自由买卖，货物可计本定价，承认币制改革失败。11月1日，颁布了《改善经济管制补充办法》，正式宣告放弃限价政策。11月3日，翁文灏内阁总辞职。行政院长由孙科继任，财政部长由徐堪接任。

11月初的蒋经国，神经处于极度的疯狂之中。他几乎天天酩酊大醉，狂哭狂笑。11月6日，他在广播中向上海市民讲话，声音几次沙哑。他说："在70天的工作中，我深深感到没有尽到应尽的责任，而且在若干地方反而加重了上海市民的痛苦。我决不将自己应负的责任推到任何人身上去，也决不因为这次挫折而放弃自己的政治主张。我坚决认为自己所指出的《上海何处去》的道路是绝对正确的。今天，我除向政府请求处分外，理应向上海市民表示我最大的歉意。这并不表明要得到上海市民的原谅。我恳切希望上海市民能利用自己的力量，决不能再让投机商、官僚政客、地痞流氓控制上海，我始终认为上海的前途一定是光明的！"

截至11月9日，金圆券已发行19亿余元，与法定20亿元限额非常接近。中央银行总裁俞鸿钧密电蒋介石：军政费增加极巨，请尽快放宽发行限额。11日，行政院公布《修正金圆券发行办法》《修正人民所有金银外币处理办法》决定取消金圆券发行最高限额；准许人民可重新持有金银外币，银行开始可以流通；金圆券存入中央银行一年后，可折提黄金或银币；对外汇率由原来1美金折合 4 金圆券增至 20 金圆券。

金圆券发行限额放开后，顿成一泻千里之势。到 11 月底，发行 32 亿元，12 月底达到 81 亿元。到 1949 年 4 月，金圆券发行总额升至 5 万亿元，5 月更增至 67 万亿元，6 月竟达到 130 万亿元，为 1948 年 8 月底的 24 万多倍。票额也越来越大，从 100 元、500 元、1000 元、5000 元到 1 万元、5 万元、10 万元，乃至 50 万元、100 万元的大钞。其贬值之速，已经不是早晚市价不同，而是按钟点计算了。到了 1949 年 3 月 7 日，上海的大米每担达金圆券 28000 元，是 1948 年 8 月 19 日米价的 1450 多倍。

11 月 20 日，中央银行开始办理存款兑换金银业务，并委托中国、交通、农业三家银行同时办理。自此，各存兑处人潮如涌，万头攒动，争相挤兑。在上海，每天晚上 8、9 点钟宵禁，凌晨 5 点解禁，许多人头一天晚上藏身在黄浦江四周，清晨 5 点一过，便潮水般涌向银行抢兑黄金，拥挤踩踏造成人员伤亡的情况屡见不鲜。然而，当初被迫把金银外汇换成金圆券，现在金圆券迅速贬值，再换回来的金银外汇已经少得可怜了，许多中产阶层沦为赤贫。而通过发行金圆券，国民党政府从老百姓身上共收兑金银外汇折合美金 2 亿元，其中 64% 来自上海，可以说是从每个人身上挖了一块肉，剥了一层皮。

1949 年 3 月，大历史学家陈寅恪有感于金圆券造成的旷世奇劫，赋诗《哀金圆》，这也是《陈寅恪诗集》中最长的一首七言古诗：

> 赵庄金圆如山堆，路人指目为湿柴。
> 湿柴待干尚可爨，金圆弃掷头不回。
> 盲翁击鼓聚村众，为说近事金圆哀。
> 是非不倒乃信史，匪与平话同体裁。
> 睦亲坊中大腹贾，字画四角能安排。
> 备列社会贤达选，达诚达矣贤乎哉。
> 进位枢府司国计，币制改革宁旁推。
> 金圆条例手自订，新令颁布若震雷。
> 金银外币悉收兑，期限迫促难徘徊。

违者没官徒七岁，法网峻密无疏恢。
更置重赏奖揭发，十取其四分羹杯。
子告父母妻告婿，骨肉亲爱相儶猜。
指挥缇骑贵公子，闯户掘地搜私埋。
中人之产能值几，席卷而去飙风回。
又以物价法制限，狡计遂出黄牛魁。
嗾使徒党强争购，车马阻塞人填街。
米肆门前万蚁动，颠仆叟媪啼童孩。
屠门不杀菜担匿，即煮粥啜仍无煤。
人心惶惶大祸至，谁恤商贩论赢亏。
百年互市殷盛地，怪状似此殊堪骇。
有嫠作苦逾半世，储蓄银饼才百枚。
岂期死后买棺葬，但欲易米支残骸。
悉数献纳换束纸，犹恐被窃藏襟怀。
黄金倏与土同价，齐高弘愿果不乖。
王玛媚鬼尚守信，冥楮流用周夜台
金圆数月便废罢，可恨可叹还可咍。
党家专政二十载，大厦一旦梁栋摧。
乱源虽多主因一，民怨所致非兵灾。
譬诸久病命未绝，双王符到火急催。
金圆之符谁所画，临安书棚王佐才。
盲翁说竟鼓声歇，听众叹息颜不开。
中有一人录翁语，付与好事传将来。

第一部分 和战之间

第一章：蒋介石的求和姿态

1948年12月16日至12月31日

1948年12月16日以后，淮海战役战场上遮天蔽日的滚滚硝烟渐渐消散了，在豫皖鲁苏四省交界的数百平方公里范围内，随处都可以看到整团整师的国民党官兵被缴械俘虏。只有河南永城东北陈官庄一带，还有大批失魂落魄的国民党士兵，处在四面楚歌的绝境。

现在的局面是，国民党如今东北"剿总"所部55万人被中国人民解放军一举歼灭，华北"剿总"60余万人被围于张家口、北平、天津和塘沽之线，覆灭之期可待，而徐州"剿总"所部70万大军中之大部也被解放军在一个月左右的时间里尽行歼灭，剩下的杜聿明集团10余万人于陈官庄、青龙集一带陷入重围，也已插翅难逃。徐州防线一失，郑州—蚌埠—海州之线即全部陷落，解放军将迅速进占长江北岸，国民政府的所在地南京城已经暴露在解放军的攻击之下。

不过，元气大伤的主要是蒋介石的嫡系部队。国民党内部的其他一些派别还保存着相当的实力，桂系即是其中之一。李宗仁向为桂系头号人物，此时身为国民党政府"副总统"，地位仅在"总统"蒋介石之下。白崇禧为桂系二号人物，前任国民党政府"国防部长"，此时领衔华中"剿总"司令，统率30万大军镇守华中一带长江天险。

12月22日，白崇禧接到同为桂系要人之一的黄启汉从广州转来的在香港的国民党革命委员会主席李济深的密电，电称："革命进展至此，似不应再有所徘徊观望之余地，放下屠刀，立地成佛，至所望于故人耳。"李济深要求白崇禧，务必与各反蒋派共同携手，积极配合共产党，"赞成开新政治协商会议，组织联合政府，立即行动，号召全国化干戈为玉帛"。李济深同时还有电报给李宗仁、黄绍竑和程潜等人，内容大致相同。

李济深为粤系将领，在国民党地方势力中颇有号召力。1929年3月，蒋介石和桂系军阀李宗仁、白崇禧之间爆发蒋桂战争。3月15日，蒋介石以伙同李宗仁、白崇禧"分头发难，谋反党国"的罪名，将李济深扣押，软禁于南京汤山，剥夺军政大权，并"永远开除党籍"。1931年"九一八"事变后才将其释放。李济深与桂系有此渊源，因此对他的建议白崇禧一向比较重视。

尤为重要的是，1927年4月，蒋介石发动"四一二"政变"清党"的时候，李济深和白崇禧同为蒋介石的主要支持者。4月13日，上海十万工人大游行抗议前一天的反革命政变，白崇禧命令军队用机关枪扫射请愿队伍，当场死一百多人，伤者无数。当时天降大雨，宝山路上一时血流成河。4月15日，李济深在广东"清党"，对包括黄埔军校学生在内的共产党员大开杀戒。就连当年积极反共的李济深现在都主张和共产党联手反蒋，这不能不令白崇禧心动。更何况，在淮海战役中，白崇禧刚刚给蒋介石使过绊儿。

10月19日，锦州被解放后，何应钦等预感淮海会战可能随即展开，决定由白崇禧统一指挥华中和徐州两个"剿总"所属部队，以期集中兵力，保卫南京中枢。这本来是白崇禧当初提出的而被蒋介石否决了的计划，又由何应钦旧事重提。10月23日，由"国防部"第三厅厅长郭汝瑰送北平请蒋核定。郭临行时，总参谋长顾祝同再三叮嘱："白健生（即白崇禧）统一指挥是暂时的，会战结束后，华中和徐州两个'剿总'仍分区负责。"可蒋听郭说后，则说："就叫他统一指挥下去好了。"10月24日，何应钦电告白崇禧由白统一指挥大军的决定，并且下达了此项作战指示。在廖耀湘兵团于辽西大虎山地区全部覆灭之后，蒋介石于10月30日自北平飞回南京，电召白崇禧即日从汉口飞南京，就中原统一指挥问题进一步洽商。是日下午白抵南京，旋参加"国防部"

中原作战会议。在会上，白答应统一指挥各军并对华中"剿总"所属部队做了一些更动部署的拟议。

可是第二日上午继续开会时，白突然改变主意，坚决不肯统一指挥华中、徐州两个"剿总"。为何一夜之间转弯一百八十度呢？原来白崇禧一贯主张"守江必守淮"，认为应将主力部署在淮河以南，而徐州"剿总"所属的几个兵团，以徐州为中心，一条长蛇般地布置在陇海线上，要想变更部署已经来不及了。白崇禧生怕中了蒋介石的圈套，要他上当。白崇禧感受到的异样的政治气氛，主要和美国人最近的表态有关。

回武汉后，白给何应钦发了一封电报："南京可以直接指挥，不必重床叠架。"继后，蒋介石便电令将华中"剿总"所辖的黄维兵团和张淦兵团调到津浦路南段去参加会战。黄维是蒋的嫡系，白欣然同意东调参战。而张淦兵团是白的老本，无论如何不让调去。为此白崇禧和蒋介石在电话里吵起来。白崇禧为缓和矛盾，派遣第二十八军（蒋嫡系）、第二十军（川军）来顶替张淦兵团。但蒋介石及还是继续要求张淦兵团出击，以解黄维和杜聿明兵团被解放军重重围困的局面，但都被白崇禧顶住了。

12月初，蒋介石电令白崇禧指挥的第二军（蒋嫡系）由沙市船运南京，以在蚌埠附近地区参加会战。白崇禧对其作战处长覃戈鸣说："最好不要把它调走，要调走也不要经过武汉，蒋介石是什么事情都做得出的。"还派亲信率警卫团将第二军的先头部队开往武汉的轮船看守起来，"国防部"、参谋总部来电也不放行。蒋介石亲自找白崇禧通话，说明东线战况的需要，希望让第二军即日东下。白崇禧则辩称武汉重要，说华中地区部队太少，不能再调走。双方交锋了几十个回合，争吵半个多小时毫无结果。蒋介石质问白崇禧何以不服从命令，白崇禧说："合理的命令我服从，不合理的命令我不能接受。"令蒋介石勃然大怒却又无计可施。

蒋介石知道白崇禧硬是不让第二军过武汉后，便电令宋希濂、陈克非率第二军绕道湘西出长沙再坐火车东运。这样时间就赶不上了，他因此恨透了白崇禧。

不过白崇禧现在有恃无恐，因为他知道，美国人是支持桂系反对蒋介石的。

他觉得，风水轮流转，以前桂系总是被蒋介石打压，现在可以取蒋而代之了。

1948年10月16日，美国驻华大使司徒雷登在给马歇尔国务卿的报告中断言："除去蒋委员长的直属亲信人员和某些高级军官以外，没有多少中国人继续心悦诚服地支持他了；这个政府，特别是蒋委员长，较之过去更加有负众望，并且愈来愈众叛亲离了。"

10月23日，司徒雷登直截了当地向马歇尔国务卿提出了逐蒋下台的主张："我们可以劝告蒋委员长退休，让位给李宗仁或者国民党内其他较有前途的政治领袖，以便组成一个没有共产党参加的共和政府。"

美国杜鲁门政府对蒋介石的反感其实由来已久。1946年4月，在国共之间调停的美国特使马歇尔对蒋介石不遵守达成的停战条约十分气愤，表示如果蒋介石不停战就停止美援。蒋介石在马歇尔的压力下，被迫同意自6月7日开始为期15天的全面停战，这是所谓"第二次停战令"。但15天的停战期过后，国民党军队又对中国共产党领导的解放区发动新的攻势。在此情况下，马歇尔向蒋介石表示：如果再不停战，他将立即离华返美。

1946年8月10日，马歇尔和司徒雷登发表联合声明，承认美国调停失败。这时国际上美苏对抗的冷战格局业已形成。就在美国承认调停失败的同一天，司徒雷登向美国政府建议：一、鉴于以往世界各地联合政府之情形，"美国将力求阻止组织包括共产党之联合政府，且以为继续并加强援助国民党政府或为太迟，但系达到此项目的之最佳方法"。二、如情势演变结果，须对中共做相当让步时，"美国力量应用于设法停止战斗，唯须中国分成若干既不关联之联邦为基础，此项联邦之地域分割，尽可能使无中共参加之各邦政府，在中国留有最大部分之土地"。三、"如中国恢复区域制度，则美国将供给经济援助与各区域政府，以增强其地位，俾使中国人民反共之特性，得以显现，因而等于减弱彼等对中共之同情。"

这个建议显然也是反共的，但却是主张以政治手段而非军事手段反共。同一天，美国总统杜鲁门致电蒋介石："如果中国的内战不在短期内停止，美国就将重新考虑美国的对华政策。"

蒋介石在公开场合信誓旦旦地表示愿意接受美国的停战调停，但实际上并没有采取停止内战的具体措施。蒋介石看来，他是国民党政府的领袖，他就代表中国，美国对中国友好就要支持他。蒋介石指责美国不尊重他个人的做法是侮辱中国，"破坏了中美两国的传统友谊"。而在美国人看来，蒋介石并不等于国民党政府，更不等于中国，美国反对蒋介石并不等于反对国民党政府，批评国民党政府不是破坏中美两国的友谊，而是美国对中国友好的表现。由于蒋介石对美国人的要求阳奉阴违，杜鲁门于8月18日下令停止向中国出口二战的剩余武器，停发美商对中国出口武器的许可证。由于二战后国民党军的大部分装备都来自美国，美方停止出售武器使国民党军的武器补给发生了一定困难，这也是蒋介石军队战败的一个侧面原因。美国到1948年4月才再次恢复武器出口，但此时国民党军队已到了回天无术的全面失败边缘。

1946年12月18日，杜鲁门总统发表了"不干涉中国内政"的声明，马歇尔也于1947年1月8日回国。美国国务院在说明马歇尔调停不成功的理由时说：中共和国民党对和平都没有诚意。美国退出调停后，国民党开始放手大打内战，中国共产党也予以坚决还击。

虽然美国表面说不干涉中国内政，但实际上在水面下开始物色取代蒋介石的人物。1947年7月美国再次派魏德迈到中国视察国民政府的现况。魏德迈发表了一篇访华声明，批评国民党政府"麻木不仁""贪污无能"，魏德迈还特别指出："中国的复兴有待于富有感召力的领袖。"这也就是说蒋介石不是有感召力的领袖，中国的复兴有必要抛开蒋介石。美国驻华大使司徒雷登对蒋介石更没有好感，他向美国政府报告说："现政府已无力阻止共产主义的传播，除非出现一位受民众爱戴的领袖，能号召民众，并能恢复军队的作战意志。但不能指望蒋委员长能充当这样的领袖。蒋氏似乎已无法改变，而且各方面都证明他必将继续其个人统治，这种个人统治的后果，造成了现在中国的悲惨局面。"司徒雷登向美国政府建议：李宗仁在中国军界政界有一定影响力，可以考虑李宗仁取代蒋介石。1948年是美国的大选年。由于现任总统杜鲁门不喜欢蒋介石，蒋介石把赌注压在杜鲁门的竞选对手杜威身上，为杜威竞选资助捐款，但大选的结果杜威落选，杜鲁门蝉联总统。蒋介石为杜威助选更加深

白崇禧

了杜鲁门对蒋介石的反感。这一年 3 月国民党政府举行第二次国民大会，选举"中华民国""总统"和"副总统"。当时国民党内尚无可以与蒋介石竞争总统的人物，于是美国私下支持李宗仁竞选"副总统"，作为取代蒋介石的第一步。最后李宗仁以微弱优势当选。5 月 20 日是蒋介石就任"总统"、李宗仁就任"副总统"的日子，由于国民党军事上败相已显，经济上民生凋敝，这一天蒋介石虽然登上国家元首宝座，心情却很恶劣，在日记中写道："心绪愁郁精神沉闷似乎到处都是黑暗悲伤凄惨未有如今之甚。"

辽沈战役时，司徒雷登给美国政府发去电报："目前仅少数人继续拥护委员长，而且拥护他的人，不过是其最亲近的同志及一些军官而已。中国政府、尤其是委员长，最不为人民所爱戴，指责他们的人日渐增多。现在除非美国进行大规模的武装干涉，否则将无法避免再度的军事惨败。"1948 年 11 月 16 日，淮海战役刚开始的时候，美国驻华军事顾问团的巴大维将军在致美国政府的报告中说："自从我到职以来，没有一次战役是因为缺乏弹药或装备而失败的。据我看来，他们的军事崩溃，完全可以归因于世界上最拙劣的领导，以及其他许多足以破坏士气的因素，这些因素引起了战斗意志的完全丧失。"巴大维明确地告诉美国政府："蒋委员长已经丧失了他在政治上的和他的群众的支持，——无论政府迁到哪里去，共军终究将压倒政府。"鉴于美国的军事援助得不到应有的效果，巴大维建议停止对蒋介石军队的援助并撤回美国顾问团。

这一年年底，国民党军在战场上节节败退，蒋介石给杜鲁门写信：如果美国不能提供经济军事援助的话，就请美国政府发表一个坚决支持国民政府的书面宣言，增加军队的士气和人民的信心。但杜鲁门连精神上的支持也不肯答应，拒绝发表支持蒋介石政府的声明。蒋介石派宋美龄访问美国，国务卿马歇尔却要求宋美龄以私人身份访问。杜鲁门摆出一副冷面孔对来访的宋美龄说："美国不能保证无限期地支持一个无法支持的中国。"

12 月中旬，蒋介石抱着一丝幻想派张群前往美国使馆探询美国人对其去留的态度，司徒雷登明确地答复说："我所接触的大多数美国人都认为，绝大多数中国人都觉得委员长作为停止战争的一个重大障碍，应当从他现在的权威地位引退。而中国人民所想的和所要的是形成我们政策的因素。"

眼看美国人对自己失去兴趣，蒋介石竟然想到了起用对中国人民血债累累的日本军人。1948年底，蒋介石派人找日本的前中国派遣军总司令冈村宁次，请他为国民党军物色一些旧日本军的出色军官，担任国民党军的军事顾问。美国的军事顾问太讲民主人权，不允许长官打骂士兵，倒是日军的训练方法似乎更适合中国的国情。当时蒋介石痛感国民党军队的最重要问题不是武器，而是军人的素质太差，所以想请一批旧日本军官来为他训练军队。100多名旧日本军官组成的日军顾问团于1948年底秘密从上海进入中国，为了保密起见，日军顾问团的全部旧日本军官都起一个中国名字。日军顾问团的团长是前陆军中将富田直亮，其中国名字为"白鸿亮"，所以日军顾问团也称为"白团"。日军顾问团进入蒋介石的嫡系部队，进行作战建议、培训军官、训练士兵的工作。

此时的蒋介石自然也听说了美国人试图以桂系的李宗仁取代自己的风声，他寻思先下手为强，准备让特务干掉李宗仁。对此沈醉在回忆录中有所披露：

> 一九四八年十一月间，我在昆明担任"国防部"保密局云南省站站长，突然接到局长毛人凤要我立刻去南京的急电，便于第二天下午乘飞机前往。我刚住进局里的高级招待所，毛人凤便来找我。他告诉我，这次叫我去南京是蒋介石亲自指定调我去主持刺杀李宗仁的工作。他说，这一工作原来已由他选派保密局专门主管暗杀等业务的行动处处长叶翔之担任，并进行了一些布置。但蒋介石听说叶是文人出身，只会动笔而不能亲自动手杀人时，连说不妥，指定要我这个在军统中干过多年行动工作的老手去主持这一任务。毛人凤叮嘱我，见蒋时要表示一定能完成使命。
>
> 毛人凤说完后，就和我一同乘车去中央军官学校内蒋的住宅请见。我们默默地坐在会客室等了两个多钟头，蒋才抽空在他办公室接见了我们。这次我看他的态度非常和蔼，还装出一副很亲切的样子，问我云南的情况和我家庭的情况。最后他才问我，毛局长已告诉了要你到南京的任务没有？我说已经告诉过了。他便说，这次决定叫我去主持这项工作，

是因为这关系到整个大局的问题，并表示他对我的信任。他还夸口说，共产党迟早总可以打败，而内部的捣乱比共产党更难对付，所以只有采取这个办法，好使内部统一起来一致对外。他还说，共产党只有一个敌人，所以能打胜仗，我们却有两个、三个敌人，几方面要对付，困难就多得多。他一再说，这次行动是关系到党国安危的大事，叫我绝对不能泄漏，一定要从速布置，只等他作出最后决定，便要绝对完成使命。他还举出历史上一些刺客来鼓励我，并对我过去长期为他卖命而出生入死，胜利后又愿冒险去解放区寻找戴笠的失事飞机等来赞扬我。听他的口气和详细询问我家庭情况等，已很明显地告诉了我，为了完成他这次交给我的任务，连牺牲我的性命也在所不惜。

在半个多小时的谈话中，蒋介石始终没有说出他叫我杀的对象是谁，这是他一贯用的狡猾手段。军统局替他杀过那么多的人，却从来没有看到他写过一个字条给军统指明杀什么人，所以我们的谈话都是心照不宣的。我在辞出时，为了讨好他，虽坚决表示决不辜负他的期望，叫我作出任何牺牲都在所不惜，一定想尽一切办法去完成他亲自交给我的任务。他听了很高兴地握着我的手，对毛人凤说："这是我们最忠实勇敢的好同志，他工作上和生活上如有困难，你要尽力帮助解决。"

第二天上午我到保密局，毛人凤只找了局长办公室主任潘其武和叶翔之与我四人进行密商，连副局长徐志道都没让参加。当时决定主持这一任务的单位叫"特别行动组"，进行的办法分为两部分：一部分人担任暗杀，一部分人监视李宗仁防止他离开南京。我们还研究了对付其他几个桂系头子的办法，布置方面由我与叶翔之协商办理。毛人凤还亲自命令经理处和人事处，凡是特别行动组要钱要人，都应尽量满足需要。

一星期后，我们作了以下的具体部署：暗杀李宗仁的工作由我主持，毛人凤选派秦景川、王XX作为我的助手。秦在军统一向担任杀人的罪恶工作，枪法准确，也很沉着。王为东北惯匪，从小杀人越货，能以手枪射落空中飞鸟。我在军统中也一向是有名的神枪手。李宗仁当时住在傅厚岗后面，他汽车进出转弯时速度很慢，从两面同时都可以射击。为了监视他的行动，我们在通往他住宅附近的马路转角处开设了一个旧书摊，除了可以掩护侦察外，还可以在这里多停留几个人，借看书的机会能够多呆一些时候，不易被人发觉。这个地方由我选调军统临澧特务训练班毕业的特务吴德厚担任，因他一向是干行动工作的。

为了防止李宗仁突然离开南京，我们准备在空中将李的座机击落，可以借口"飞机失事"而达到杀李的目的。这是上策，所以我们在光华门外通往飞机场的一条小街上开设一家小杂货店作为掩护，还特地装了一部电话，以便在发现李宗仁去机场时立即用电话按规定好的暗语报告，由毛人凤通知随时做好准备的两架战斗机尾随李的座机，只要离开南京上空，即进行射击，使之机毁人亡。当时桂系军队大部分集结在安徽一带，因此我们也在火车站附近买了一个木头房子摆设香烟摊，准备在李宗仁乘火车出走时便立即赶去，在沿途火车停留的小站进行狙击。当时我们估计李还可能去杭州玩玩，便在汤山附近公路上开设一个小饭馆，如果李乘汽车离京，便用毛人凤拨给特别行动组的两辆高速汽车追去，在半路上进行狙击。据毛人凤告诉我，蒋认为李宗仁如果瞒着他突然离开南京，一定是去调部队实行"武装逼宫"，因此在南京以外的地方去暗杀，可以不必再等候他的命令；只有在南京城内动手，则一定要等他作最后决定。用蒋的话说，就是李如果不辞而走，便是自寻死路。

蒋介石一边准备暗杀李宗仁，一边却又试探李宗仁。12月17日，蒋介石正式派张群、张治中、吴忠信到傅厚岗副总统官邸访问李宗仁，告以蒋有意下野，由李宗仁出来主持和谈。

这当然只是一句空话。到了12月24日，蒋正式任命吴忠信为总统府秘书长，但他对下野问题不作进一步的表示。坐镇武汉拥兵自重的白崇禧等不及了，未和李宗仁商议，在这一天发出了"亥敬电"，由张群、张治中转给蒋介石，要求"乘京沪平津尚在吾人掌握之中，迅作对内对外和谈部署，争取时间"。白崇禧期待的和谈不同于李济深主张的和谈，在白崇禧看来，和共产党合作也要有实力做后盾；和平也是对等的，要实现真正的和平，只能在平等的基础上谈，否则便是投降了。他要同时开展"备战求和"和"求和备战"两手活动。

次日，新华社发布一份包括43人的国民党战犯名单。这43名头等战犯是：蒋介石、李宗仁、陈诚、白崇禧、何应钦、顾祝同、陈果夫、陈立夫、孔祥熙、宋子文、张群、翁文灏、孙科、吴铁城、王云五、戴传贤、吴鼎昌、熊式辉、张厉生、朱家骅、王世杰、顾维钧、宋美龄、吴国桢、刘峙、程潜、李岳、卫立煌、余汉谋、胡宗南、傅作义、阎锡山、周至柔、王叔铭、桂永清、杜聿明、汤恩伯、孙立人、马鸿达、马步芳、陶希圣、曾琦、张君劢。

虽然白崇禧名列这份战犯名单之中，但这并未减弱他求和逼蒋的意图。几天后，由于始终不见蒋的动静，白崇禧又推动广西、湖南、湖北、河南各省军政各界要人致电蒋介石，要求停战议和。这些电报的目的，自然都是要求蒋介石下台。因为要让共产党接受和谈要求，被共产党视为内战罪魁的蒋介石非首先下台不可，否则根本就没有停战的可能。

李宗仁和白崇禧也打着同样的算盘。12月29日，蒋介石又让张群、张治中、吴忠信去见李宗仁，目的是试探桂系的真实意图。对于蒋介石派来的心腹，李宗仁嘴中的话虽吞吞吐吐，但态度非常明确。他的方案是：一、蒋介石下野；二、释放政治犯；三、言论集会自由；四、两军各自撤退30里；五、划上海为自由市。政府撤军，由各党派人士组织联合政府，并在上海和谈。

这一天，天津市工业会、商会、各职业团体、绅民等81人也共同签署发出通电，分致国共双方首领蒋介石、毛泽东。电文说：

> 海内人人厌战，人同此心，心同此理，钧座、先生本民胞物舆为怀，年来国共之争，毁坏人民生命财产难以数计，已为人们所不能忍受，战争的目的既系为国为民，今以人民所不能忍受者强加之人民，则为国为民之说已失根据。战争持续实无意义，江河以北未遭破坏之城市寥寥可数，平津两市，一为数百年文化古城，一为华北五省工商业汇萃要埠，又有四百万以上之市民喘息余生，眼见大祸临头，不能不迫切呼吁，战争终有了局，和平即是光荣，万恳发大仁慈，即将平津地区先行停止战

争,以谋全面和平解决,而免生灵再遭涂炭。

也就是这一天,蒋介石不得不重新估计局面,把维持国民党政权的最后一线希望寄托于与大陆隔海相望的台湾岛。根据他的提名,由孙科主持的行政院决定,任命陈诚为台湾省政府主席。自从辽沈战役失败以后即引咎息影的陈诚开始着手经营台湾。

12月31日晚,在黄埔路的"总统"府官邸内,一年一度的团拜聚餐会在这里举行。副总统李宗仁、行政院长孙科、立法院长童冠贤以及邵力子、陈立夫、张群、谷正纲等国民党中央常委和若干高级将领都出席了。晚餐过后,该进入正题了。蒋介石清了清嗓子,以低沉的语调对众人说:"现在的局势严重,党内有人主张和谈。我对于这样一个重大问题不能不有所表示。现拟好一篇文告,准备元旦发表。现在请岳军(张群)朗读一遍,以征求大家意见。"

在文告中,蒋介石宣称愿意与中共"商谈停止战事,恢复和平的具体办法",但对于和平谈判,蒋介石又开了五项先决条件的价码:一、只要和议无害于国家的独立完整,而有助于人民的休养生息;二、只要神圣的"宪法"不由我而违反,民主宪政不由此而破坏;三、中华民国国体能够确保;四、中华民国的法统不致中断;五、军队有确实的保障,人民能够维持其自由的生活方式与最低生活水准。

文告的最后,他暗示有意退休,说:"中正毕生革命,早置生死于度外,只望和平能早日实现,则个人进退出处,绝不萦怀,而一唯国民公意是从。"

张群念完文告,全场死一般沉寂。蒋介石见无人说话,便侧过脸问坐在他右侧的李宗仁说:"德邻,你对这篇文告有何意见?"李宗仁愣了一下,脸上漠无表情,字斟句酌地说:"我与总统的意见并无二致。"

蒋介石未置可否,又问行政院长孙科的意见:"哲生啊,你的意见呢?"

孙科望了望蒋介石,又扫了大家一眼,说:"我同意李副总统的意见。"

这时行政院的政务委员、社会部部长谷正纲(字叔常)号啕大哭起来,一把鼻涕一把眼泪地说:"总统啊,在此危难时刻下,您怎么能丢下国家、丢下人民、丢下我们于不顾呢？发表此文告是万万不可的，我坚决不同意。"

张道藩、王世杰等人也纷纷表示不同意发表这个文告。而谷正纲还在号啕大哭。蒋介石站了起来，狠狠地瞪了谷正纲一眼，用训斥的口气对他说：

"叔常，不要再哭了。你哭什么呢？是死了老子啦？"

接着他又愤愤地说："我并不要离开，只是你们党员要我退职。我之愿下野，不是因为共党，而是因为本党中的某一派系。"显然，他在讲话中所说的"派系"是指李宗仁和白崇禧为代表的"桂系"。

最后，蒋介石大声说："就当前局势来说，我当然不能再干下去了。但是，我走之前，必须有所布置，否则你们很难接手。"接着又要李宗仁转告白崇禧："不要再发什么通电了，以免动摇人心！"

蒋介石又嘱咐张群，关于他"下野"的一句话必须列入文告，说罢就愤然离去。

第二章：毛泽东的和平条件
1949年1月1日至1月21日

1949年1月1日，新华社发表了毛泽东亲笔起草的新年文告，这篇大气磅礴的文章有一个响亮标题——《将革命进行到底》。文章写道：

> 中国人民将要在伟大的解放战争中获得最后胜利，这一点，现在甚至连我们的敌人也不怀疑了。
>
> 战争走过了曲折的道路。国民党反动政府在发动反革命战争的时候，他们军队的数量约等于人民解放军的三倍半，他们军队的装备和人力物力的资源，更是远远地超过了人民解放军，他们拥有人民解放军所缺乏的现代工业和现代交通工具，他们获得美国帝国主义在军事上、经济上的大量援助，并且他们是经过了长期的准备的。就是因为这样，战争的第一年（一九四六年七月至一九四七年六月）表现为国民党的进攻和人民解放军的防御……人民解放军采取了以歼灭国民党有生力量为主而不是以保守地方为主的正确的战略方针，每个月平均歼灭国民党正规军的数目约为八个旅（等于现在的师），终于迫使国民党放弃其全面进攻计划，而于一九四七年上半年将进攻的重点限制在南线的两翼，即山东和陕北。战争的第二年（一九四七年七月至一九四八年六月）发生了一个

根本的变化。已经消灭了大量国民党正规军的人民解放军，在南线和北线都由防御转入了进攻，国民党方面则不得不由进攻转入防御……战争第三年的头半年（一九四八年七月至十二月）发生了另一个根本的变化。人民解放军在数量上由长期的劣势转入了优势。人民解放军不但已经能够攻克国民党坚固设防的城市，而且能够一次包围和歼灭成十万人甚至几十万人的国民党的强大精锐兵团。……同军事战线上的胜利同时，中国人民在政治战线上和经济战线上也取得了伟大的胜利。因为这样，中国人民解放战争在全国范围内的胜利，现在在全世界的舆论界，包括一切帝国主义的报纸，都完全没有争论了。

……

一九四九年中国人民解放军将向长江以南进军，将要获得比一九四八年更加伟大的胜利。

……

一九四九年将要召集没有反动分子参加的以完成人民革命任务为目标的政治协商会议，宣告中华人民共和国的成立，并组成共和国的中央政府。这个政府将是一个在中国共产党领导之下的、有各民主党派各人民团体的适当的代表人物参加的民主联合政府。

……

几千年以来的封建压迫，一百年以来的帝国主义压迫，将在我们的奋斗中彻底地推翻掉。一九四九年是极其重要的一年，我们应当加紧努力。

也是这个元旦，国统区的各大报纸都在显著位置发表了蒋介石的求和文告：

全国同胞：今天是中华民国三十八年开国纪念日。自国父倡导国民革命，创建中华民国，开国至今，整整经过了三十七年。在这一个时期之中，革命先烈爱国军民流血牺牲，艰苦奋斗，饱经挫折，备历艰辛，宪法才得实施，宪政才告成立。我们今日在宪政政府成立之后第一次举行开国纪念，深觉岁月蹉跎，建国事业如此迟滞，三民主义未能实现，实在是感慨万分。溯自抗战结束之后，政府惟一的方针在和平建设，而政府首要的任务在收复沦陷了十四年的东北，以期保持我国领土主权的完整。但是三年以来，和平建国的方针遭逢了阻挠，东北接收的工作也竟告失败，且在去年一年之中，自济南失守以后，锦州、长春、沈阳相继沦陷，东北九省重演"九一八"的悲剧。华东华北工商事业集中的区域，学术文化荟萃的都市，今日皆受匪患的威胁。政府卫国救民的志职未能达成。而国家民族的危机更加严重。这是中正个人领导无方，措施失当，有负国民付托之重，实不胜惭惶悚栗，首先应当引咎自责的。

……今日戡乱军事已进入了严重的阶段，国家的存亡，民族的盛衰，历史文化的续绝，都要决定于这一阶段之中，而我同胞每一个人每一个家庭的自由或奴役，生死或存亡，也要在这一阶段决定。

……所以和战问题盘旋于每一同胞的心胸之间，而政府为战为和亦更为每一同胞所关注。……但是今日时局为和为战，人民为祸为福，其关键不在政府，亦非我同胞对政府片面的希望所能达成，须知道这个问题的决定，全在于共党，国家能否转危为安，人民能否转祸为福，乃在于共党一转念之间……中正毕生革命，早置生死于度外，只望和平果能实现，则个人的进退出处绝不萦怀，而一惟国民的公意是从……

这一天的国民党《中央日报》还给文告增加了一个副标题，它分为两句，一句是"惟有坚持自卫战争　始能争取真正和平"，一句是"举国一体军民一致团结奋斗　保障自由生活竭尽卫国天职"。接下来是《和战关键不在政府　只要共党有和平诚意　政府必愿与商讨停战》，继续对蒋介石的元旦文告作一些立场上的表态，而且未用"共匪"，用了"共党"，难得在姿态上服软了。在该版的中间有李宗仁副总统的题词："更始日新。"当然，除了求和文告之外，最重的文章就是社论了，题为《迎民国三十八年——和比战难》，节选如下：

今天是中华民国三十八年的元旦。我们在今日展望世界和中国的局势，预测今年这一年是风云变幻层出不穷的一年。论世界局势，去年一年民主国和极权国的冷战已发展到热战的边缘。民主国为避免战争，将要改走迂回一点的路，而极权国家也在民主国的绥靖政策上玩弄其策略。假如我们的看法不错，可以预料国际风云将有各种的花样翻新。但在实际上，每一套花样都会把未来世界大战提早一步。

……

"和比战难"是胡适之先生的话。我们今天征引他这一句话，为的是对一般爱国同胞提出警告。大家不要把"和"认为消极的事物。和并不等于不打仗。和是一种积极的设施。正因为这一点，和比战难。战只须有勇就可以战。和必须大政治家大仁者才能和。

……

我们要告诉读者，今年的世界与中国都是风云变幻层出不穷。但是我们也可以告诉读者：总统蒋先生的态度是朗爽而坚定的。在风云变幻之中，我们坚定的领导者乃是一个大定力。而无论风云变幻是怎样的层出不穷，这一个大定力是一服镇静剂。

我们重复提出胡适之先生的话"和比战难"以结束本文。

这篇社论虽然貌似雄辩地搬弄了一些"极权"和"民主"的辞藻，但对于国统区刚刚被金圆券洗劫一空的老百姓显然是没有任何说服力的。

第三版主要也是一些新闻。最大一块新闻是《盛传美重建日军备、苏要求美提出报告》，在这个标题下则又说"国务院声明传闻不正确"。接着是《罗各特援华声明杜鲁门完全赞同》，援华援华，事实上，当时的美国政府已经完全放弃蒋介石的国民党政府，对于蒋的求援不过是敷衍了事而已。

这一天，蒋介石在日记里引用了"大学之道，在明明德，在亲民，在止于至善"及"苟日新，日日新，又日新"两段话，然后写道："今日又是一个新年新日了，我的德行心灵果有新进否？去年一年的失败与耻辱之重大，为从来所未有，幸赖上帝的保佑，竟得平安过去了。自今年今日起，必须做一新的人，新的基督人，来作新民，建立新中国的开始，以完成上帝所赋予的使命，务以不愧为上帝的子民，不失为基督的信徒，自誓去年一年，虽经过全年的试验，遭遇无数的凶险，对于上帝与基督的信心毫不动摇，实可引为自慰也。"

蒋经国则在日记中写道：

今天是中华民国诞生三十八年纪念日，又是元旦，我们住在首都南京，此龙盘虎踞之地，已临着兵火的边缘。

早起，晨光曦微，空庭犹寂，仅市区远处传来爆竹声。我之第一件事，是向父亲恭贺新年。十时，侍父至紫金山谒总理陵，复至基督凯歌堂默祷。

父亲近曾缜密考虑引退问题，盖以在内外交迫的形势之下，必须放得下，提得起，抛弃腐朽，另起炉灶，排除万难，争取新生。

上年十一月末起，长春、沈阳相继沦陷，徐蚌会战失败，黄伯韬将军壮烈殉国，我军全部撤离徐州。十二月下旬，行政院长及各政务委员，又因币制改革失败而总辞，全国阢陧不支。共军除军事威胁外，更扩大其心战与统战之攻势。一般丧失斗志的将领及寡廉无耻的官僚政客，或准备逃亡避祸，或准备靠拢投降……。一般善良同胞，……希望停战言和，休养生息。"不愤不启，不悱不发"，一般人精神既已趋于崩溃，父亲乃有引退图新，重定革命基础之考虑。

父亲对其引退后可能发生之情势，曾作如下之分析与判断：

（一）共军南下，渡江进攻京沪。

（二）共军陈兵江北，迫李宗仁等组织联合政府，受共党操纵，并派兵进驻南京。

（三）暂停军事攻势，而用政治方法瓦解南京，然后各个宰割，不战而占据全国。

（四）李当政后，撤换各地方军政要员，或由共党加以收买，使彼等屈服投降。

（五）对父亲个人极端诬蔑、诋毁、诽谤、侮辱，使无立足余地，不复能为反共救国革命领导中心。

（六）李为共军所逼，放弃南京，以迁都广州为名，割据两广，希图自保。

（七）美国对华政策，暂取静观态度，停止援助。

（八）俄帝积极援共，补充其军费，建立其空军，使我南方各省军政在其威胁之下，完全崩溃，无法抵抗。

父亲又对其个人之进退出处，作如下之分析：

（一）进之原因：甲、勉强支持危局，维系统一局势。

乙、等待国际形势之转变。

丙、静观共党内部之变化。

（二）退之原因：甲、党政军积重难返，非退无法彻底整顿与改造。

乙、打破半死不活之环境。

丙、另起炉灶，重定革命基础。

父亲作此对局势与其进退之分析，一是以国家民族利益为前提，进固为国家民族利益而奋斗，退亦为国家民族利益而奋斗；其奋斗方法虽不同，而奋斗之目标则一。故此时考虑引退，并非欲在恶劣环境之下脱卸革命的仔肩，逃避自己的责任，而是要"另起炉灶，重建革命基础"也。

父亲虽在原则上决定引退，但仍须考虑引退之技术、方式以及时间等问题。盖引退必须出之主动，且不过于突然，否则将打击士气，震撼人心，更不利于国家及军事矣。

上月二十四日，华中剿匪总司令白崇禧电呈父亲，主张"与共党谋和"。李宗仁、甘介侯辈随即宣布和平主张，提出五项要求："（一）蒋总统下野，（二）释放政治犯，（三）言论集会自由，（四）两军各自撤退三十里，（五）划上海为自由市，政府撤退驻军；并任命各党派人士组织上海市联合政府；政府与共党代表在上海举行和谈。"彼等并公开主张，"总统下野后，由李副总统继承大任"。上月三十日，白再发通电主和；河南省主席张轸，同日要求"总统毅然下野"。在此种威迫胁持之下，以父亲生平抱负、人格及个性，无论如何，决难接受，纵欲忍让为国，亦不能即时引退也。

父亲因一面计划答复白崇禧等，一面发表文告，申述政府对和平的立场与具体的方法，并谓："个人进退出处，绝不萦怀，而取决于国民之公意。"

盖欲按既定计划，主动引退，且暗示军民作心理上之准备也。

蒋氏父子对于和谈的真实想法，在这篇日记里可谓昭然若揭。

白崇禧是个明白人，他一看蒋介石的求和文告，就知道蒋介石其实是为和谈故设障碍，借以延长时间，争取喘息。于是他派人去南京劝说李宗仁对蒋介石采取主动，必要时不妨离开南京到汉口，共谋和平大计；这时正好蒋介石从南京撤往广州的足以装备十余师的大批军火路经汉口，白崇禧犹豫再三，终于找借口将其全部扣留自用。1月3日，白崇禧派亲信刘仲容晚即到上海，见到在上海的秘密联络人员吴克坚，向吴说明了白崇禧的想法，请吴帮忙接通与中共的关系，并告诉他中共方面的态度。

刘仲容的身份颇为特殊。他早年曾在莫斯科中山大学学习，1929年冬回国后在国民党政府做翻译工作，后经人介绍与李宗仁白崇禧认识，颇受重视。1936年11月，李宗仁白崇禧接到张学良杨虎城的密电，要求速派一人去西安有要事相商，李白二人遂派刘仲容于西安事变前五日到达西安。西安事变发生后，刘仲容以广西代表的身份在西安公开活动。待事变解决之后，刘仲容秘密赴延安会见了毛泽东，并答应秘密接待中共代表团赴西安见李宗仁白崇禧，此后，中共中央派张云逸到广西，受到李白二人秘密接待。抗战爆发后，刘仲容代表李白二人，长驻延安一年有余。1939年刘仲容调离延安时，毛泽东亲自写信将他介绍给时在汉口的周恩来，刘仲容从此为中共做地下工作。他在白崇禧身边益发受重用，官至"国防部"参议。1947年初，蒋曾对白崇禧说：你家里的刘仲容，是一个共产党，白说：我只派他管家里事，他绝不过问军政事务。就这样一句话搪塞过去了。

再说李宗仁，他还没来得及对白崇禧的建议有所表态。1月4日，蒋介石破天荒地亲自登门拜访李宗仁，对李宗仁说："我退下，由你来主持这局面，和共产党讲和。"李宗仁也想继任总统，虽表面上极力推辞，但在实质性问题上则互不相让，步步紧逼。两人没谈出任何结果，蒋介石不无尴尬和失落地告辞了。

1月5日，新华社发表了毛泽东对蒋介石求和文告的回应文章《评战犯求和》：

> 为了保存中国反动势力和美国在华侵略势力，中国第一号战争罪犯国民党匪帮首领蒋介石在今年元旦发表了一篇求和的声明。战犯蒋介石宣称："只要和议无害于国家的独立完整，而有助于人民的休养生息，只要神圣的宪法不由我而违反，民主宪政不因此而破坏，中华民国的国体能够确保，中华民国的法统不致中断，军队有确实的保障，人民能够维持其自由的生活方式与目前最低生活水准，则我个人更无复他求。""只要和平果能实现，则个人的进退出处，绝不萦怀，而一惟国民的公意是从。"人们不要以为战犯求和未免滑稽，也不要以为这样的求和声明实在可恶。须知由第一号战犯国民党匪首出面求和，并且发表这样的声明，对于中国人民认识国民党匪帮和美国帝国主义的阴谋计划，有一种显然的利益。中国人民可以由此知道：原来现在喧嚷着的所谓"和平"，就是蒋介石这一伙杀人凶犯及其美国主子所迫切地需要的东西。
>
> 蒋介石供认了匪帮们的整个计划。这个计划的要点如下：
>
> "无害于国家的独立完整"——这是首先重要的。"和平"可以，"和平"而有害于四大家族和买办地主阶级的国家的"独立完整"，那就万万不可以。"和平"而有害于中美友好通商航海条约、中美空中运输协定、中美双边协定等项条约，有害于美国在华驻扎海陆空军，建立军事基地，开发矿产和独占贸易等项特权，有害于将中国作为美国殖民地的地位，一句话，"和平"而有害于这一切保护蒋介石反动国家的"独立完整"的办法，那就一概不可以。

"有助于人民的休养生息"——"和平"必须有助于已被击败但尚未消灭的中国反动派的休养生息，以便在休养好了之后，卷土重来，扑灭革命。"和平"就是为了这个。打了两年半了，"走狗不走"，美国人在生气，就是稍为休养一会儿也好。

"神圣的宪法不由我而违反，民主宪政不因此而破坏，中华民国的国体能够确保，中华民国的法统不致中断"——确保中国反动阶级和反动政府的统治地位，确保这个阶级和这个政府的"法统不致中断"。这个"法统"是万万"中断"不得的，倘若"中断"了，那是很危险的，整个买办地主阶级将被消灭，国民党匪帮将告灭亡，一切大中小战争罪犯将被捉拿治罪。

"军队有确实的保障"——这是买办地主阶级的命根，虽然已被可恶的人民解放军歼灭了几百万，但是现在还剩下一百几十万，务须"保障"而且"确实"。倘若"保障"而不"确实"，买办地主阶级就没有了本钱，"法统"还是要"中断"，国民党匪帮还是要灭亡，一切大中小战犯还是要被捉拿治罪。大观园里贾宝玉的命根是系在颈上的一块石头，国民党的命根是它的军队，怎么好说不"保障"，或者虽有"保障"而不"确实"呢？

"人民能够维持其自由的生活方式与目前最低生活水准"——中国买办地主阶级必须维持其向全国人民实行压迫剥削的自由和他们目前的骄奢淫逸的生活水准，中国劳动人民则必须维持其被人压迫剥削的自由和他们目前的饥寒交迫的生活水准。这是战犯求和的终极目的。倘若战犯们及其阶级不能维持其实行压迫剥削的自由和骄奢淫逸的生活水准，和平有什么用呢？而要这个，当然就要维持工人、农民、知识分子、公教人员目前这样饥寒交迫的"自由生活方式与最低生活水准"。这个条件一经我们的可爱的蒋总统提了出来，几千万的工人、手工工人和自由职业者，几万万的农民，几百万的知识分子和公教人员，惟有一齐拍掌，五体投地，口称万岁。倘若共产党还不许和，不能维持这样美好的生活方式和生活水准，那就罪该万死，"今后一切责任皆由共党负之"。

上述一切，还没有包括一月一日战犯求和声明中的一切宝贝。还有另一个宝贝，这就是蒋介石在其新年致词中所说的"京沪决战"。哪里有这种"决战"的力量呢？蒋介石说："要知道政府今天在军事、政治、经济无论哪一方面的力量，都要超过共党几倍乃至几十倍。"哎呀呀，这么大的力量怎样会不叫人们吓得要死呢？姑且把政治、经济两方面的力量放在一边不去说它们，单就"军事力量"一方面来说，人民解放军现在有三百多万人，"超过"这个数目一倍就是六百多万人，十倍就是三千多万人，"几十倍"是多少呢？姑且算作二十倍吧，就有六千多万人，无怪乎蒋总统要说"有决胜的把握"了。为什么求和呢？完全不是不能打，拿六千多万人压下去，世界上还有什么共产党或者什么别的党可以侥幸存在的呢？当然一概成了粉末。由此可见，求和决不是为了别的，完全是"为民请命"。

难道万事皆好，一个缺点也没有吗？据说缺点是有的。什么缺点呢？蒋总统说："现在所遗憾的，是我们政府里面一部分人员受了共党恶意宣传，因之心理动摇，几乎失了自信。因为他们在精神上受了共党的威胁，所以只看见敌人的力量，而就看不见自己还有比敌人超过几十倍的大力量存在。"新闻年年皆有，今年特别不同。拥有六千多万名军官和兵士的国民党人看不见自己的六千多万，倒看见了人民解放军的三百多万，这难道还不是一条特别新闻吗？

要问：这样的新闻是否在市场上还有销路？是否还值得人们看上一眼？根据我们所得的北平城内的消息是："元旦物价上午略跌，下午复原。"外国通讯社说："上海对于蒋介石新年致词的反映是冷淡的。"这就答复了战犯蒋介石的销路问题。我们早就说过，蒋介石已经失了灵魂，只是一具僵尸，什么人也不相信他了。

这时淮海战役已经进入最后阶段。蒋介石被毛泽东的《评战犯求和》骂得灰头土脸，到了1月7日，又得知杜聿明部于淮海地区已大半被歼，更泄了气，决定自动下野。他在这一天的日记中写道："杜聿明部今晨已大半被匪消灭，间尚有3万人自陈官庄西南突围,未知能否安全脱险,忧念无已。我前之所以不能为他人强逼下野者,为此杜部待援,我责未尽耳。"

1月8日,蒋介石指派"外交部长"吴铁城致函美、英、法、苏四国大使,请求他们充当国共和谈的调停者。

1月9日,蒋介石派张群飞往汉口会晤白崇禧,向白崇禧转达了自己的两点意见:一、如果我引退,对于和平究竟有什么把握?二、我如引退,必须由我主动,而不受任何方面的压力。

诚然,即使蒋介石下野,白崇禧能否与中共和谈,也在不可知之数。送走张群之后,旨在打开局面的白崇禧拿出八万元港币,向陈纳德的"民航"队包了一架专机,送另一位桂系要人黄绍竑到广州再到香港,目的是向李济深说明桂系愿意联共反蒋的意向,希望李济深能够代为引见中共代表,切实争取中共的谅解与支持。

蒋介石让吴铁城出面请美、英、法、苏四国大使调停国共和谈的消息,由苏联大使汇报给斯大林。斯大林斟酌之下,1月10日给毛泽东发电报说:南京政府照会苏、美、英等国调停中国内战,苏联政府是赞成中国停止内战和实现和平的,现征求中共的意见,并请告知中共如何答复国民党。

这封电报使毛泽东感到不快,他怀疑斯大林是否有意在中国搞一个"南北朝",让国共两党划江而治。后来毛泽东曾多次提及此事,他说:"有些外国朋友对我们的胜利半信半疑。他们试图说服我们,停止在这里,把长江作为与蒋的分界线,建立'南北朝'。"甚至到1957年,毛泽东对此事还心有不满,他说:"1949年,我们眼看就要过长江的时候,还有人阻止,他说,千万不能过长江,过了,就会引起美国出兵,中国就可能出现南北朝。我们没有听他们的,我们过了长江,美国并没有出兵,中国也没有出现南北朝。如果我们听了他的话,中国倒真可能出现南北朝。后来我会见了阻止我们过江的人,他的第一句话就说'胜利者是不应该受责备的'。"

1月11日,斯大林又给毛泽东来电,是对前一封电文的补充解释。斯大林估计国民党会在没有美国人调停的情况下拒绝参加和谈,而中共是愿意要和平的，在这样的情况下，"国民党就将成为破坏和谈的罪人"。其结果是，"国民党和美国所玩弄的和平花招就将被戳穿，而你们就可以把必将获得胜利的解放战争继续下去"。

从11日的电文可以看出，斯大林并没有提出"划江而治"的方案，而是在政治上、舆论上让国民党过不了关。

1月12日，毛泽东致电斯大林，他认为：英、法、美，尤其是美国，其内心是极其想参加中国停战的调停工作的，以便达到保持国民党的目的，但美国人又看到：人民解放军在全国的胜利和国民党政权的灭亡已是有目共睹的事实了。在此情况下，这三个国家是否继续站在国民党一边而去得罪人民解放军，这"似乎也成为问题了"。所以，毛泽东不同意斯大林的10日电文，更不让英法美参与调停。

毛泽东甚至直言不讳地告诉莫斯科：中共中央倾向于采取这样一种立场，即为了使中国人民更快地获得真正的和平，要求南京政府无条件投降。因为这场战争是南京政府发动的，它对人民犯下了滔天罪行，它已经失去全国人民的信任。所以，为了最快地结束战争，实现和平，南京政府应该把政权交给人民，"它已经没有任何理由再继续存在下去"。

1月14日，斯大林回电毛泽东。斯大林敏锐地分析说，国民党很清楚，共产党是绝不会同国民党言和的，因为"共产党也不可能放弃其消灭国民党及其军队的基本政策"。那么，南京政府到底要干什么呢？他们的目标是"同共产党休战即暂时停止军事行动"，以便利用休战作为喘息，对军队进行整顿，加固长江江防，从美国运来武器，积蓄力量，而后再撕毁停战协议，向人民解放军进攻，把破坏和谈的责任推到共产党头上来。

如何应对这样"假和谈"的花招呢？斯大林提出两种可能的方案：一是公开地、毫不掩饰地拒绝南京政府的和谈建议，宣布必须把解放战争进行下去，但这将意味着"把和平旗帜这一如此重要的武器交到国民党人手中"。二是如此答复国民党方面：一、说明实现国内和平是合乎意愿的；二、双方应在没有外国人参加的情况下进行谈判，因为中国是个独立的国家；三、谈判是在共产党同作为一个政党的国民党之间进行，而不是同南京政府，因为南京政府已失去人民的信任；四、一旦双方就中国的和平问题和领导权问题达成协议，军事行动就应立刻停止。

斯大林对答复国民党和谈要求的建议是经过深思熟虑的，因为在他看来，国民党是不可能接受这些条件的。但是，如果国民党不接受条件的话，人民就会明白，"主张把内战继续打下去的罪魁祸首是国民党而不是共产党"。在这样的状况下，和平的旗帜又落在了共产党之手。

斯大林还特别强调，中共掌握主动权的局面非常重要，因为中国国内许多人都反对内战，他们愿意支持那些主张和平的人。

在看完斯大林的电报之后，毛泽东即起草撰写了《关于时局的声明》。声明明确表示：人民渴望和平，但不赞成战争罪犯们提出来的和平。在此民意基础上，中国共产党声明，虽然人民解放军有足够的理由和力量很快消灭国民党反动派的残余军事力量，但是，为了迅速结束战争，实现和平，减少人民痛苦，中共愿意同南京国民党反动政府及任何军事力量进行谈判，但必须在下列条件下进行：一、惩办战争罪犯；二、废除伪宪法；三、废除伪法统；四、依据民主原则改编一切反动军队；五、没收官僚资本；六、改革土地制度；七、废除卖国条约；八、召开没有反动分子参加的政治协商会议，成立民主联合政府，接收南京国民党反动政府及所属各级政府的一切权力。

可以看出，该声明基本上体现了斯大林的用意。当天，毛泽东又致电斯大林说，在基本精神上，"我们同你们完全一致"。1月15日，斯大林致电毛泽东，电文中高兴地说："我们之间在南京政府提出的和谈建议问题上观点已趋于一致，中国共产党已经开始发动了'和平'运动。"

不过，毛泽东所提出的八项前提条件正好与蒋介石的条件相反，他不仅要惩办以蒋介石为代表的战争罪犯，而且要根本推翻国民党的南京政府，废除国民党的所谓法统。1月15日毛泽东给各中央局的指示中明确地说："我方提出的八个和平条件是针对蒋方五个条件的。蒋方有宪法、法统、军队三条，我方亦有此三条。蒋提保持国家独立，我提废除卖国条约。蒋提保持自由生活方式及维持最低生活为一条，我则分提没收官僚资本、改革土地制度两条。此外，我方的第一条（惩办战犯）与第八条（政协、联府、接收）是严正战争责任与不承认南京政府继续存在。双方的条件都是对方不能接受的,战争必须打到底。"但是擅长纵横捭阖、精通辩证法的毛泽东也意识到,应当挫败国民党的和平攻势,而且利用桂系反蒋有可能大大缩短解放中国长江以南地区的时间表。换言之,对蒋介石肯定是无法避免一战,但与桂系合作的可能性是应当争取的。

斯大林在得到毛泽东的回应之后,又指示苏联外交部于1月17日告诉国民党政府驻莫斯科大使:苏联政府无意接受南京政府的调停请求。苏联政府之所以要做出一副置身事外的姿态,很大程度上是因为此前的1月13日,美国驻华大使司徒雷登向南京政府转达了美国国务院的正式答复:"在目前形势下,试图扮演调解人的角色,不会取得任何有意义的结果。"英、法两国也与美国采取了一致的拒绝出面调停的态度。

司徒雷登之所以拒绝调停,是因为杜鲁门政府的国策正在酝酿着重大变化。1948年底,美国国务院政策设计司在乔治·凯南主任主持下提出的一份题为《重新审查并制定美国对华政策》的文件,已经在论证之中。按照这份文件的观点:美国政府不准备再拿美国的声望与财力供蒋介石去赌博,同时,美国的对华政策也不应再是过去的全力阻止中共在中国取胜,因为中国只是在可能成为苏联的政治、军事附庸这一点上才对美国有潜在的危险,美国要尽可能阻止中国成为苏联的政治、军事附庸。换句话说,美国希望毛泽东成为亚洲的"铁托"。

就在1月14日,毛泽东发表《对时局的声明》的当天晚上,白崇禧的密使黄绍竑来到了香港,但李济深此时已经乘船去东北解放区,参加中共召开的新政协的筹备工作了。黄绍竑迁延数日,1月18日,由民革领导人黄琪翔牵线,在香港的一家饭店会晤了中共在香港的重要联络人潘汉年。黄绍竑又对潘汉年讲了白崇禧准备反蒋的经过情形,希望得到中共的配合。他又保证说,桂系反蒋决无美国背景。潘汉年这时虽已得知毛泽东的声明,但对于和谈的具体策略问题尚未得到指示,因此对黄绍竑的要求无法作出任何答复。他只是告诉黄绍竑:他会将其来意报告中央,有无答复,何时答复,却不能预告。黄绍竑颇感失望，但仍表示无论如何都想等到答复，同时希望潘能介绍找到与华中的国民党军队正面对垒的刘伯承部队的关系，以便联络。潘汉年则表示：此地无法介绍，但完全可以直接从前线去联络。

几乎与此同时，刘仲容在上海也秘密转告吴克坚，说李宗仁已派人到汉口去，要白崇禧将汉口让给中共，并联合湖南的最高军政长官程潜一同发动反蒋。如果程潜不肯，白崇禧可以向长沙进攻；如程潜同意联合，桂系军队就可以放心配合中共军队进攻南京。李宗仁还特别转告白崇禧，不要因他在南京而有所踌躇。刘仲容声称，李宗仁希望知道中共方面的意见如何。吴克坚答复称：中共中央对李宗仁的意见很重视，但不知道李宗仁和白崇禧对毛泽东提出的八项条件态度如何。请刘仲容务必问清楚这个问题之后再谈其他。另外，白崇禧也可以直接派人与解放军前线部队进行接洽。

1月18日，国民党政府外交部照会各国使馆，通知国民政府迁至广州办公，要求各国使馆随同搬迁。次日，司徒雷登和英、法等国的驻华大使商议之后，拒绝了外交部的要求。因为他们认为，中共在夺取政权之后，一定会急于争取各国的承认，西方各国便可利用这个机会，同中共进行讨价还价，从中获得实惠。美、英、法等国大使决定选派下属高级官员或其他随员随同国民党政府南下，大使本身原地不动，以便继续观察形势变化。最后，除了苏联驻华大使罗申去了广州而将参赞史巴耶夫留在南京外，其他各国的驻华大使都仍滞留在南京城内。

这一天正是前文提到的黄绍竑和潘汉年会晤的日子。也正是这一天，李宗仁派亲信程思远去汉口会晤白崇禧，告以司徒雷登已把他的座机从上海调回南京，准备在必要时送李宗仁来汉口，到时候李、白二人应在汉口有所策动，迫蒋下野。司徒雷登说，蒋介石的元旦文告，显然不是真的想下野，如果蒋介石再不引退，只能施之以压力——由此可见，黄绍竑对潘汉年说桂系反蒋没有美国背景，并非实话。

此时蒋介石真可以说是日暮途穷了。1月17日，蒋经国在日记中写道："本日中央政治会议，讨论毛泽东广播，会中曾有人对父亲大加诽谤。同时，立法委员之要求政府派员迅向共党求和者，有五十余人之多。近日各部公务员要求行政院加发遣散费等，包围机关，甚至殴击主管官员；社会上各种恶象，亦层出不穷。共党间谍则乘机煽动，扩大事态，制造变乱，以打击政府之威信。"

1月19日，蒋介石还想做最后的挣扎，他约见张群、张治中、孙科等人，当众宣布："我是决定下野的了，现在有两个方案请大家研究：一是请李德邻（即李宗仁）出来谈和，谈妥了我再下野；一是我现在就下野，一切由李德邻主持。"蒋介石说完，众人面面相觑，半晌无言。蒋介石一个一个地问，当问到刚上任的行政院副院长吴铁城时，吴铁城壮胆说："此事关系重大，是否召开中常会讨论一下？"蒋介石原希望大家挽留他，最起码也得说几句宽慰的话，可是现在他们竟以沉默来抵制，他悻悻地说："不必！什么中常会！我现在不是被共产党打倒的，而是被国民党人打倒的。"

1月20日和21日，毛泽东、周恩来分别起草电报指示给香港的潘汉年和上海的吴克坚，称："望告黄绍竑，只要白有决心，我们可以和白联合对蒋。"但中共对时局的态度以毛泽东1月14声明为准，"南京集团是主要内战罪魁。李白对内战亦负有责任，如欲减免内战罪责，必须对人民解放事业有具体而确实的贡献。如李宗仁尚欲取蒋而代，白崇禧尚欲获得美援反对我军，则将不能取得人民谅解，可以断定无好结果"。如果白崇禧确有诚意，可派人带电台密码到郑州，通过市政府介绍至刘伯承第二野战军司令部进行接洽。中共中央同时通知第二野战军政治委员邓小平，准备接待汉口白崇禧派来的代表。

1月21日上午10时，蒋介石召集在南京的党政军高级人员百余人，在总统府官邸举行紧急会议。据现场参加人员回忆，当时"与会人员黯然无声，空气极为沉重"。

蒋介石首先对目前的局面作详细的分析。蒋声音低沉，与平时训话的慷慨激昂有天壤之别。最后才沉重地说："军事、政治、财政、外交皆濒于绝境，人民所受痛苦亦已达顶点。我有意息兵言和，无奈中共一意孤行到底。在目前情况下，我个人非引退不可，让德邻兄依法执行总统职权，与中共进行和谈。我于五年之内绝不干预政治，但愿从旁协助。希望各同志以后同心合力支持德邻兄，挽救党国危机。"

他发表讲话时，已经有人欷歔起来，有人则黯然流泪。等他说完，谷正纲又像上次晚宴上表现的那样号啕大哭起来，陈庆云、何浩若、洪兰友、张道藩等也失声痛哭，全场悲痛的空气到达了顶点。这时，谷正纲忽然含泪起立大声疾呼说："总裁不应退休，应继续领导，和共产党作战到底！"

蒋介石大声道："事实已不可能，我已作此决定了。"他随即走到了李宗仁面前，从口袋里掏出一张拟好的文件，对李宗仁说："我今天就离开南京，你立刻就职视事。这里是一项我替你拟好的文告，你就来签个字吧。"李不假思索地在这份文件上签上自己的大名，蒋便收回去了。

当蒋介石起座离开向会议室外走的时候，又发生了一幕小插曲。这时，有一把白胡须的国民党元老于右任忽然蹒跚地追上去，口里喊着："总统！总统！"蒋稍停，问何事。于右任说："为和谈方便起见，可否呈请总统在离京之前，下个手令把张学良、杨虎城放出来？"蒋介石只把手向后一撒说："你找德邻办去！"说完便加快步伐离开了。于右任在众目睽睽之下，失望地拖着老迈的身躯，慢慢地走了回去。

这一天蒋介石飞离南京小游杭州，他在日记中写道："本日为余第三次告退下野之日，只觉心安理得，感谢上帝恩德，能使余得有如此顺利引退为至幸，离京起飞，抵杭游憩，如息重负也。"这当然是自我欺骗，他是不可能"如息重负"的。蒋经国在当天日记中则哀叹这一天是"中华民族数千年历史又遭逢了一次厄运，几乎断送国脉的一天"，也是他本人"铸下永世不能磨灭的深刻记忆的一天"。次日蒋介石便回老家奉化。

沈醉回忆蒋介石在下野前命令军统停止暗杀李宗仁的计划：

这个特别行动组最紧张的时候是一九四九年一月中旬，那时蒋介石正在考虑，是暂时退休由李宗仁代理以待美援或由张群去日本招募雇佣兵，还是干脆把李宗仁干掉继续依靠长江天险拖下去。在那一段时间内，毛人凤天天去见蒋介石，也天天叮嘱我不要离开，要随时做好一切准备，只等蒋一句话，就不管白天黑夜都得立即执行。如李不出门，便到李的住宅去狙击。毛人凤还叫在南京电灯公司的两个特务协助进行，借检修变压器，站在变压器上用手提机枪从围墙外面向李的寝室、餐厅等处射击，并作好爬墙进入院内狙击的准备。狙击手使用的子弹弹头内都装有最猛烈的毒药，不管射中人身任何地方，都可引起血液中毒而无法救治。在布置开设的旧书摊内，也准备好了一支汤姆生机枪和几颗炸弹。特别行动组还增调了几个一惯于杀人勾当的特务，作好双层布置，准备杀李后，把在南京的几个桂系头头一起干掉。所以在这一两个月里，我们一直处在紧张之中。

一九四九年一月二十日，毛人凤找我去，叫我马上结束这个组的工作，把所有的人交人事处另外安置，只把吴德厚、秦景川、王ⅩⅩ三人带到昆明去，准备为蒋去刺杀他想要杀掉的人。这年九月间，毛人凤到昆明住在我家时，还一再提起这件事。他说，蒋介石时常后悔没有在那个时候动手，留下了这一和他捣乱的祸根。

第三章：李宗仁的革新面目
1949年1月22日至2月5日

1949年1月22日，蒋介石下野第二天，坐镇北平的傅作义发表文告，宣称从即日起开始停战，属下20万军队撤离市区，开到城外指定地点听候改编。此举颇出乎蒋介石的意料。前一天，就在他下野的前一刻，他还召来"国防部长"徐永昌，令其携手书到北平晤见傅作义，信中称："余虽下野，政治情势与中央并无甚变动，希属各将领照常工作，勿变初衷。"

这一天，陪同蒋介石回到家乡的蒋经国在日记中写道：

> 悠然度过了那多年来未曾有过的宁静的一夜。上午十时，全家随伴父亲乘机离杭，于十时三十五分抵达栎社机场。回到家乡的奉化溪口，突然又体味到十分温暖的乡情，而且尽量享受了天伦的乐趣。这是父亲第三次引退的一段简单经过。
>
> 父亲于"引退"后，对于这回革命失败的原因，曾在"日记"中作如下的检讨："此次失败之最大原因，乃在于新制度未能成熟与确立；而旧制度先已放弃崩溃。在此新旧交接紧要危急之一刻，而所恃以建国救民之基本条件，完全失去，是无异失去其灵魂，焉得不为之失败？"
>
> 父亲对于本党改造方案，特加研讨。自谓："当政二十年，对其社

会改造与民众福利，毫未着手，而党政军事教育人员，只重做官，而未注意三民主义之实行。今后对于一切教育，皆应以民生为基础。亡羊补牢，未始为晚。"同时，认为："党应为政治之神经中枢与军队之灵魂，但过去对于军政干部无思想领导，驯至干部本身无思想，而在形式上，党政军三种干部互相冲突，党与军政分立，使党立于军政之外，乃至党的干部自相分化。干部无政治教育，不能使全党党员理解中央之政策，而且对于干部亦未能有集体的、配合的、系统的领导与运用。于是，领导之方向不明，而无力贯彻政策之执行；使每一个干部只感觉受其拘束，无权力；于是心存怨望，且诿卸责任。要改正上述缺点，应拟定具体纲要实施才行。"并应"一切以组织为主，纪律为辅。故组织应在纪律之先。组织的对象：第一为人，第二为事与物（包括经费在内）。至于干部训练与重建之方针：必须陶冶旧干部，训练新干部。其基本原则：（一）以思想为结合；（二）以工作为训练；（三）以成绩为黜陟"。

这是失败基因的深刻检讨，亦是重整革命的正确方针；我们必须随时随地、至诚至谨加以领略，服膺与力行。

这边蒋氏父子想着"重整革命"，那边白崇禧则想着"划江而治"。也是1月22日这一天，白崇禧写信给李济深，声称现在李宗仁既已就位，决以最诚恳态度与中共进行和平谈判，就应全力求和，并努力扫除独裁祸根，至于将来国是，则应"由国人公意决择"。而在给其亲信黄启汉的指示中，白崇禧更是直截了当地提出，应当争取就地停战，及早开始和平谈判，务必劝说中共军队不要过江，将来以长江为界，暂时南北分治。

其实，1月21日蒋介石宣布下野之前，白崇禧正在指使黄启汉等人草拟电报，准备宣布蒋之罪状，不想李宗仁来电要白稍候勿躁，紧接着李宗仁竟成了代总统。白崇禧一时也有些莫名其妙。按照白的想法，李宗仁无论如何不应当顶这个"代"字，不仅名不正则言不顺，而且蒋不过"因故不能视事"，随时都有重新行使职权的可能。而且从发表的文告看，连"引退"两个字都没有。他从汉口打电话到南京，非常激动地对李宗仁说："全文没有'引退'这个词，蒋既不'引退'，你怎么上台呢？这是值得注意的问题，应当设法补救。"李宗仁说："没有什么值得担心的，蒋走得很干脆，不会拖泥带水。"两人因看法相左而争吵起来。最后李说："算了吧，你这一套我已经听够了，我不要听了。"说完就把电话挂断。李宗仁、白崇禧多年合作亲密无间，自此感情出现裂痕，最后竟走上了相反的道路。

李宗仁认为白崇禧是在故弄玄虚，但随后司徒雷登的顾问傅泾波来访李宗仁，提出了同样的意见，这才使李宗仁焦急起来。李宗仁邀请张治中陪同总统府秘书长吴忠信来晤谈。张治中说，这篇文告今早由吴忠信拿来给李宗仁签字，已经草成定稿；可是在今日下午二时举行中常委茶会中，国民党"中宣部"的潘公展等人要求修改，并且改得面目全非，可否请吴忠信以总统府秘书长的地位恢复文告的本来面目，重新播发。吴忠信听到这里，大发脾气说："文白（即张治中），你开我的玩笑！总裁的文告已经播发，我再不能更动只字，你这样强人所难，我这秘书长干不下去了！"说完他拿着帽子就走了。李宗仁、张治中想不到吴忠信会这么一点不给面子，当下十分惶惑。其实吴忠信心里很清楚，自己的利害关系都在蒋介石那边，蒋介石审定的文告当然不能更动只字。

李宗仁又请张治中出面组阁，因为张治中与中共领导人有旧，只有他可以推动和谈。但张治中拒绝了。当晚，孙科来向李宗仁辞去行政院长一职，李宗仁一边挽留孙科，一边提起蒋介石下野文告的事，孙科说："何不把法学权威王亮畴（即王宠惠）先生请来谈。"

王宠惠来了，他对李宗仁说："蒋先生此次下野当然作辞职论，但他未经国民大会批准，所以李先生只能做代总统。"李宗仁又和王宠惠一同去拜访张群，请张用长途电话同当晚还在杭州笕桥逗留的蒋介石商量，蒋介石居然答应在正式发表的文告中加入"决定身先引退"这一段原先已有、后来被潘公展等人删除的文字。这样，蒋的下野文告在1月21日晚9时重新播发。因白崇禧的一句话提到的纠葛算是解决了，但李宗仁还是"代总统"，这和白崇禧的意愿相去甚远，白崇禧认为，李宗仁必须是继任而不是代理"总统"，否则无法掌握政府权力。

只可惜如今生米煮成熟饭，白崇禧已无可奈何，只得退一步再做打算。他当即要黄启汉到南京去，告诉李宗仁，既然已经走上这条路，那就一不做二不休，先来个释放政治犯，开放言论自由，争取人心；然后下令将蒋介石的嫡系干将陈诚和薛岳撤职，削其左膀右臂；同时与行政院长孙科商谈合作办法，不行就改组内阁。总之，冒险一搏，假如搞不过蒋，那就与蒋撕破脸。而且，现在武汉方面的"局部和平"已非必要，要由李宗仁以"代总统"的身份推动"全面和平"。

李宗仁这时的思想颇为矛盾。他一方面也担心在南京军事上全无依靠，真的闹僵了走都走不脱，不知道蒋介石急了会耍什么流氓手段；另一方面内心深处也有自己的"小九九"。想到蒋介石政治、军事、经济和外交搞得一塌糊涂，就是蒋系内部也成土崩之势；想到选举副总统时蒋虽极力反对自己当选，结果还是取得了多数票，他因此心存幻想，希望一旦他能够与中共谈和，能够进一步取得国民党内绝大多数人的拥护，再借助美国人在幕后的支持，最后取蒋而代之。因此他上台后，摆出一副革新面目，1月23日发表文告，决心"以最大努力谋求和平"，并宣布"不合民主原则之法令悉将迅速撤销"。1月24日他命令行政院长孙科实行七项和平措施，具体内容为：一、将各地"剿总"改为"军政长官公署"；二、取消全国戒严令；三、裁撤"戡乱建国总队"；四、释放政治犯（后改为未决政治犯交保开释）；五、启封一切在"戡乱"期间因抵触"戡乱"法令而封闭的报纸杂志；六、撤销特种刑事法庭，废止特种刑事条例；七、通令停止特务活动，对人民非依法不能逮捕。

当国民党《中央日报》刊登李宗仁下令释放政治犯的消息时，被囚禁了近12年的杨虎城兴奋不已，不禁仰天大笑："总算盼到这一天了！"

但事实呢？杨虎城高兴得太早了。此时的张学良已经被蒋介石秘密押解至台湾，囚禁于新竹的上井温泉。

李宗仁一方面给重庆市长杨森一道释放杨虎城的命令，另一方面派一架专机到重庆要把杨接走。杨森接到李宗仁的命令后，拿不定主意，只好一边给李复电推搪说，毛人凤不在，杨虎城关在什么地方没有人清楚；一边却叫保密局

蒋介石与蒋经国

西南特区副区长周养浩打一个长途电话给住在上海的毛人凤。毛人凤得到李代总统放人指令之后，立刻就从上海飞往奉化溪口请示蒋介石。

身在溪口的蒋介石气愤地说："如果当年张杨二人听我的话，我们早就把共产党给消灭了，何至于弄到今天的尴尬局面！如果我现在把他们放出去，杨虎城肯定会投靠共产党的。杨的目标太大，影响太坏，在重庆不好。你先把他秘密押往贵州，千万别让李宗仁把他给放了！"

杨森的推脱令李宗仁大发脾气，这时又出现了一件滑稽的事。李代总统在《中央日报》上刊登寻人启事，公开寻找毛人凤，并叫毛人凤立即释放张学良和杨虎城，当时重庆的报纸头版头条竟然都是《毛人凤在哪里？》，一时舆论哗然。

毛人凤根据蒋介石的命令决定把杨虎城先转移到贵阳。当保密局西南特区区长徐远举劝杨转移时，他大发脾气，说："李代总统要释放我，你们为什么还要把我转移地方？我不是小孩，今天转这里，明天转那里，我不走！我要死就死在这里。"周养浩欺骗杨说："总裁认为如果现在由李宗仁把你释放，你就更加恨他了。所以他想把你暂时移往贵阳，不久将会把你送往台湾，然后和张学良一起释放。"于是，杨虎城就同意在周养浩的陪伴下乘专机转往贵阳。最后杨虎城又于1949年9月17日被军统特务挟持到重庆杀害。

1月24日，潘汉年在香港主动约黄绍竑密谈。两人一见面，黄就迫不及待地询问中共中央的答复。潘汉年明确告诉他，中共中央已同意和白崇禧联合对蒋介石，要白立即派代表经河南信阳转道郑州与中共前线负责人联络。黄绍竑听后当即表示：一定马上打电报给白崇禧，要他派人前去接洽。

黄绍竑同时告诉潘汉年，他一得知李宗仁代总统的消息之后，就立即给李宗仁发了一封电报，要李宗仁务必停止所谓的"戡乱"，取消紧急法令，释放政治犯，恢复言论自由，否则的话无法与中共商谈和平。在黄绍竑看来，李宗仁当这个代总统也是一个机会，可以利用这个位置把战争停下来。他明确表示，他绝不想充当南京政府的和谈代表，但愿以私人身份奔走和平。他问中共方面能否设法派代表和他一同到北平去，同中共中央负责人商谈出一个和平基本协议的草案，然后我拿给李白二人去考虑？

潘汉年对此表示拒绝，说明：李宗仁最好是能够效法傅作义，先明确接受毛泽东的八项条件作为先决条件，然后再具体商谈和平解决方案。如果像李宗仁现在这样，在南京空谈什么议和停战，恐怕什么问题也解决不了。当然，他主张尽快劝告白崇禧与刘伯承、邓小平洽商军事反蒋。因为如果局部商洽能够成功，就容易发展成全面的和平。

第二天，黄绍竑按照与潘汉年的约定离开了香港，经广州飞回武汉向白崇禧报告接洽结果。当天，白崇禧便派湖北省和平促进会主席李书城和和平促进会干事李瀛刚二人经信阳到漯河，来到刘伯承、邓小平领导的第二野战军第四纵队所在地。经军委批准，第四纵队政治委员雷荣天等接见了李书城和李瀛刚。李书城多少有些遗憾地表示：临动身时，白崇禧一再表示对毛泽东提出的八项条件基本同意，只是感到中共方面宣布的战犯太多，尤其不应包括他本人在内。但白崇禧称，他不会因此而放弃与中共合作。若得中共同意，他甚至愿意充任江南进攻蒋介石嫡系军队的先驱。

雷荣天答复称：中共方面对白崇禧反蒋的意愿是欢迎的，但白崇禧近几年来助纣为虐与中共为敌的事实也不容抹杀。因此，白崇禧应认清形势，尽快放弃一切幻想，如能协助解放军解放江南自然最好，如若不能，像傅作义将军那样接受和平改编，也可以将功折罪。他希望知道白崇禧有何具体计划。

李书城和李瀛刚并不了解白崇禧的具体计划，只是强调白崇禧希望能够保全军队，最好是只改变部队名称与指挥系统，所谓"听调不听宣"。而且他们觉得在以后的联合政府中还应给白崇禧以相当的位置。

就在白崇禧遣使与解放军第二野战军接洽的同一天，名义上已经下野的蒋介石召见何应钦、顾祝同、汤恩伯等高级将领到溪口开小型军事会议。会上，蒋将长江防线分为两段，江西湖口以东归汤恩伯防守，湖口以西归白崇禧防守，他估计汤的人马还有75个师，45万人。关于作战计划，他指示各高级将领们："以长江防线为外围，以京沪杭三角地带为重点，以淞沪为核心，采取持久防御方针，最后坚守淞沪，与台湾遥相呼应。必要时，我们以优势海空军从台湾支援淞沪，然后待机反攻。"之所以这样安排，是因为蒋介石明白：江西湖口以西由白崇禧控制，他无能为力，就幻想保住淞沪地区，作为台湾的桥头堡，再转而反攻大陆。至于南京，因为李宗仁上了台，他决心放弃，并令汤恩伯将江宁要塞的大炮秘密拆运上海，把主力部队放在镇江以东。蒋介石决定放弃南京，和他得知李宗仁下令释放张学良、杨虎城有很大关系，他觉得李宗仁这是在公然与他为敌。

蒋介石问汤恩伯："听懂了没有？"

汤恩伯大声答道："懂了！卑职一定遵守，不成功便成仁！"

蒋介石点点头，说："共产党只要我的命，可是桂系的人既要我的命，又要我的钞票。"听闻此言，何应钦、顾祝同、汤恩伯等人面面相觑，谁也不敢表态。为了鼓励士气，蒋介石又说麦克阿瑟曾表示，只要国民党争取支持一年时间，美国一定会全力支援。一年后国际形势必将发生重大变化，第三次世界大战会打起来。

事实上，此时美国总统杜鲁门已经批准了上一章提到过的由美国国务院政策设计司主任乔治·凯南提出的那份题为《重新审查并制定美国对华政策》的文件。也就是说，美国已经把放弃蒋介石、寄希望于毛泽东成为"亚洲的铁托"将之当作对华外交的基本国策了。

1月27日，李宗仁向毛泽东发出了呼吁和谈的电报。在这份由程思远起草的电报中，他多少带有诚意地称："自弟主政之日起，即决心以最高之诚意，尽最大之努力，务期促成和平之实现。……务望先生号召贵党同志，共同迅速促成和谈，即日派遣代表商定地点，开始谈判。……贵方所提八项条件，政府方面已承认可以作为基础，进行和谈，各项问题，自均可在谈判中商讨决定。"但又不无要挟地宣称："以往恩怨是非倘过分重视，则仇仇相报，宁有已时，哀吾同胞恐无噍类，先生与弟将同为民族千苦之罪人矣。"

李宗仁此举并未提交国民党中央委员和政治委员联席会议讨论，他之所以绕过蒋介石总裁的国民党中央委员会，是试图以自己的"法统"地位来对抗蒋介石的"党统"控制。蒋介石闻讯后立即打电话和行政院长孙科联系，要孙科抵制李宗仁，将行政院迁往广州。孙科唯蒋命是从，便于28、29日和内阁要员离南京到上海，并议决于2月4日将行政院迁往广州。蒋也决定将中央常务会议移往广州举行,以便进一步控制行政院。

1月28日是农历除夕,这一天,作为对李宗仁电报的回复,新华社播发了一个声明:"南京的先生们要求和平谈判,那样紧张热烈,殷勤迫切。而感到中共方面接受你们的愿望,则是那样不紧张、不殷勤、不迫切,若不停止战争行动,便是拖延时间,'延长战祸'。我们老实告诉南京的先生们,你们是战争罪犯,你们是要受审判的人们,你们口中所谓'和平','停战',我们是不相信的!……你们必须动手继续逮捕一批内战罪犯,首先逮捕去年十二月二十五日中共声明中所提的四十三个'战犯'。你们务必迅速逮捕,勿使逃匿;否则,以纵匪论,绝不姑宽。"

就在这天上午,中共中央任命的北平市长叶剑英和26日即已赶赴北平的桂系特使黄启汉和刘仲华谈话约一个小时。黄启汉首先介绍了白崇禧密谋反蒋的经过,但同样也没有提到白崇禧有什么具体方案和设想。但黄启汉又用要挟的口吻说:虽说解放军没有桂系的支持也一样可以胜利,但如欲更有可为,还是以争取真和平为好,否则全成为历史罪人。这和李宗仁前一天致毛泽东电报中所说的"哀吾同胞恐无噍类,先生与弟将同为民族千苦之罪人矣"是一致的。

刘仲华则详细介绍了李、白两人手下可以掌握的军队情况,说李宗仁交代,他所设想的和平解决办法无非两种:第一是谋求"局部和平",并与中共并肩作战反蒋;第二是切实在八项条件下里应外合,推动全面和平。而李宗仁的计划是想等到把蒋介石彻底扳倒,真正拿到政权再与中共言和。为此,李宗仁要求他们作为李、白二人的私人代表留在北平,以便成为他们与中共联系的固定中间人。

叶剑英听了两人的说明后,回答说:"我只讲四句话。第一,欢迎你们来。第二,所谈各节,我即转报我党中央,如有答复,当会转告你们。第三,既然你们打算在北平与我们建立固定联络,刘先生还想在北平家中暂住,我们会加以适当关照。第四,你们既然没有带来具体方案,请原谅我也只能如此答复。至于我党对时局的主张,在毛主席的声明里可以说是讲得很明白了。"

在北平市委随后举行的碰头会上,与会者在听取了叶剑英对谈话内容的介

蒋介石在溪口

绍后，都认为和黄、刘二人的接洽没有重要价值。可是，身在西柏坡的周恩来读到叶剑英送来的简报后，却深感大有文章可做。在周恩来起草的电报稿上，明确指出：黄、刘二人的谈话是有具体内容，有文章可做的。基于"加深李白与蒋系的分裂，逼其站在我们方面，走上推翻美蒋统治的道路"的方针，有必要利用一切机会使李、白反美反蒋，与蒋系火并，以利我各个击破。因此，周恩来具体指示了叶剑英下一步谈话的策略办法。毛泽东对周恩来的想法也表示支持。

1月31日，蒋介石在日记中检讨反省，"本月大事"写了两页，对于此次下野，他给出了这样一番奇特的逻辑：如果他不下野，"共匪"就不会获胜，中国就不会被俄国控制，美国也不会觉悟到中国的地位有多重要；他不下野中国就不会亡，但是眼看世界大战无法避免，他既不能挽救这场浩劫不如下野，让俄共猖獗赤祸蔓延到亚太甚至全世界，到那时美国就不能不负起责任了……既然如此，那他何不以救国救世大局为重，忍辱负重不下野呢？不行，此乃命也："惟此乃命也，既生俄史（即斯大林）又生美马（即马歇尔），岂区区一身所能为力乎。"最后结论还是怪罪美国："此次革命剿匪之失败，并非失败于共匪，而乃失败于俄史，亦非失败于俄史，而乃失败于美马。"

这一天午后，几辆小轿车开进了中共中央的驻地西柏坡村。从车上走下周恩来和苏共中央政治局委员米高扬及其翻译和警卫员。米高扬此次来西柏坡，是因为毛泽东在1月17日回电斯大林，请斯大林派一位苏共中央高级官员来商谈具体事宜。

2月1日、2日、3日，双方举行正式会谈，会谈中，毛泽东着重谈了七个大问题：

一、关于解放战争形势问题。毛泽东说："到目前为止，中国革命发展较为迅速，军事进展也较快，可能用不了太多的时间，就是说，比过去我们预计的时间要短些，就能过长江，并向南推进。估计渡过长江后，用不了多少时间，就可以攻克南京，占领上海等大城市和主要市镇。在江南拿下几个重要城镇后，就不会再遇到敌人特别的实力了。"但是，比较麻烦的是台湾和西藏。

二、关于革命胜利后建立新政权问题。毛泽东指出，新政权的性质简单概括地讲就是：在工农联盟基础上的人民民主专政，而究其实质就是无产阶级专政。在明确新政权性质的同时，毛泽东还具体谈到新政权的组织形式。他说："我们认为，它必须是个联合政府。名义上不这样叫，而实际上必须是联合政府。但联合政府不等于搞西方的多党制，国家政权是在中国共产党手里。这是确定不移的，丝毫不能动摇的。"

三、关于解放后恢复生产和经济建设问题。在谈到这个问题时，毛泽东说："今后对我们最严峻、最重大的考验是群众工作。"毛泽东特别地提到青年组织问题，毛泽东说："而青年，这个几乎占全国近半数人口的群众，除了青年团那样的组织形式外，恐怕还得建立发展其他类型的组织，如学生联合会或其他青年组织形式等。"

当毛泽东谈到青年组织问题时，坐在一旁的米高扬插了话，表达了与毛泽东不同的看法。他说："成立几个不同的青年组织是否会分散、甚至分裂青年层的力量，是否会引起青年工作中的矛盾和摩擦？为了便于对青年们的组织、安排和领导，是否只要一个共青团组织就行了？"听了米高扬的插话，毛泽东露出不悦之情，并当即反驳说："中国青年人口总数有1亿多，怎么可以用一个组织把他们圈起来？圈起来怎么做工作？对青年工作的形式和方法应该是恰当的、灵活的，自然，也要保证他们能发挥出自己应有的作用。"见毛泽东不大高兴，米高扬急忙补充声明说："我只是带耳朵来的，没有权利发表意见。"

自此之后，米高扬再也没有插话，也没有提出过什么新的问题，而只是静静地听着。

四、关于军队问题。毛泽东说："目前解放军中的若干部分，主要是起义部队，需要大力改编改造。"

五、关于中国对外政策和国际形势问题。在谈到这个问题时，毛泽东充分体现他作为文学家的才华，他形象地把国家比作一个家庭，提出了著名的"打扫屋子，再请客"的对外方针政策。他说："解放后，我们必须认真清理我们的屋子，从内到外，从各个角落以至门窗缝里，把那些脏东西通通打扫一番，好好加以整顿。等屋内打扫清洁、干净,有了秩序,陈设好了,再请客人进来。我们真正的朋友可以早点进屋子来,也可以帮助我们做点清理工作,但别的客人得等一等,暂时还不能让他们进门。"

六、关于国内若干政治经济问题。首先是土改问题,土改工作不能同时在所有地区展开,而应随军事形势的发展而展开,并要按照地区,分阶段来进行。毛泽东特别强调:"土改不仅是一项经济工作,而且又是一项严肃的政治工作,所以必须把经济与政治这两方面的工作同时都做好。"他还谈到了关于中国的民族资产阶级和党的民族政策问题。他说:"他们(民族资产阶级)虽然属于剥削阶层,但同时也受到外国资本的压迫和剥削,而且在政治上软弱无力,甚至受到压抑和排挤。我们对这部分人采取联合、利用、改造的方针,使其为祖国建设服务。这个政策他们是乐于接受的。我们利用了他们的积极性,也给了他们施展才能的机会,参与国事的权利和应有的社会地位。"

七、关于党内问题。毛泽东主要介绍了中国共产党的党内状况,其中谈到中共对犯错误的干部的政策。如王明、李立三这些犯有路线错误,给中共曾经造成了巨大损失的同志还被选入中央委员会。

毛泽东还对米高扬说了一段意味深长的话:"我们认为我们的解放战争越胜利地向前发展,也就越需要更多的朋友,这里说的是真正的朋友,同时也更需要朋友对我们的同情和支持。朋友是有真朋友和假朋友之分的。真的朋友对我们是同情、支持和帮助的,是真心诚意的友好。假朋友是表面上的友好,他们口是心非或者还出些坏主意,使人上当受骗,然后他们幸灾乐祸。我们会警惕这点的。"

当时米高扬在注意地听,略显忐忑不安,对毛泽东这段话不明所以,因为它既像打哑谜,但又好像是在影射苏联。他没有插话,也没有表态。

在一次会谈中,米高扬问毛泽东:"你们打算什么时候夺取南京、上海?"

毛泽东回答道:"现在不忙这个,还需要一两年的时间我们才能够在政治和经济上完全占领中国。我们现在还不想占领大城市,而是先要占领广大的农村地区。因为中国共产党没有足够的干部。在干部培养出来的时候,我们就要占领南京和上海了。"

而米高扬并不赞同毛泽东的看法："斯大林同志和苏共中央认为，中国共产党占领南京上海这些大城市越快越好，干部是在斗争过程中成长起来的。我个人认为，您应该迅速行动起来，不要拖延时间，应马上建立革命政府，应该在占领南京和上海之后就立即宣布建立新的革命政府。"

与米高扬的谈话启发了毛泽东，毛泽东在米高扬走后即2月8日就致电准备渡江作战的解放军第二、第三野战军，在这篇名为《把军队变为工作队》的电文中说，今后解放军将"一反过去二十年先乡村后城市的方式，而改变为先城市后乡村的方式"，"军队不但是一个战斗队，而且主要地是一个工作队。军队干部应当全体学会接收城市和管理城市"。他还展开他习惯性的宏大思维，认为"军队就是一个学校，二百一十万野战军，等于几千个大学和中学，一切工作干部，主要地依靠军队本身来解决"。

后来的事实同样也印证了米高扬的说法，在斗争过程中，一大批中共的干部成长了起来，学会了接管城市，开始了崭新的城市生活。

2月2日，叶剑英根据周恩来的指示，再度接见刘仲华，要其立即返回南京，告诉李宗仁："如果他确有反蒋反美，接受毛主席八条要求的真意，就应迅速与蒋分裂，逮捕蒋之嫡系将领如顾祝同、汤恩伯、俞济时、陈大庆及特务头子毛人凤、郑介民、叶秀峰、郭紫峻、毛森等人，如此方能站住脚跟，进行和谈。否则，李白二人不逮捕复兴社和CC系，结果必致李白为复兴社和CC系的特务分子所暗算，弄得身败名裂，两头失踏。中间道路是万万走不通的。如果李白确有反蒋反美的实际行动，你还可来北平，并且可以带来密码等准备建立直接联络。如果李白二人并无诚意，只是搞骗人的把戏，那么，我们也没有时间与他们周旋。"

刘仲华听后，面露难色，停了半晌才若有所思地答复说："这件事德公（即李宗仁）做起来怕有些困难。德公这个人通常比较稳重。据我观察，德公是打算首先分化南京的政治力量，争取一部分军队为其所有，然后再有所作为。如此计不成，他那时或者会回武汉举旗反蒋，与中共并肩作战。"

叶剑英说："我看你还是抓紧回去一趟，把我们的意见告诉李先生，请他当机立断。如果照他的想法慢慢搞下去，不要说他搞得成搞不成，我军恐怕也奉陪不起。"

刘仲华说："不过，我估计，德公在南京既无力量，也无胆量逮捕叶先生所提到的那些人。既然如此，我去南京，如德公太稳重而不敢有所作为，我就由南京飞武汉，与健兄（即白崇禧）谈判，策动健兄单独行动。那时再来北平具体商谈行动步骤。"

但是，随后离开北平回南京赴命的只是黄启汉，李宗仁在电话中坚持要刘留北平，协助安排南京所派和谈代表来北平事宜。因此，刘仲华一时没走成。

正所谓狡兔三窟，这时白崇禧的心思又活起来了。2月初，白崇禧电邀广西省主席黄旭初到汉口，商讨在广西后方加强战备措施。2月4日，黄绍竑也从香港到汉口。两黄一白，相与商讨时局，白崇禧主张缓和与身在溪口的蒋介石的关系。黄绍竑指责白崇禧，谋和不反蒋，就是诚意不够。

2月2日，毛泽东就在西柏坡听到南京方面的电台说，有一个南京地方人民代表团要来北平，上海方面也有一个代表团要来北平为沪宁局部和平游说。毛泽东3日凌晨起草专电给北平的叶剑英和彭真等，要他们"不要拒绝"，而且要"有礼貌地招待他们，探明来意报告中央"。中共中央这时对于前来求和者，只要是以私人资格前来的，几乎是来者不拒。这和国统区上上下下厌战求和的心理无疑是合拍的。

2月3日，解放军举行了盛大的进驻北平入城式。毛泽东后来在七届二中全会上指出：北平入城式是两年半战争的总结；北平解放是全国打出来的，入城式是全部解放军的入城式。

2月4日清晨，所谓南京人民代表团的代表吴裕后拨通了北平电讯局的电话，叶剑英通过电讯局转话同意代表团飞来北平，但规定：（一）6日下午2时由青岛起飞；（二）各代表名单、籍贯、经历、现任职务，必须先送中共方面，取得同意；（三）新闻记者不许同来。尤其是，该代表团成员只能以私人的和参观的名义前来。吴一一承诺，并当场将代表情况详加介绍，叶记录后表示认可。

这时又发生了一件节外生枝的事情，李宗仁的谋士甘介侯奉李宗仁之命筹划组织"上海和平代表团",他通过国民党中央社发表谈话,公开扬言:"代表团此行唯一任务为从事敲门,敦促中共迅速指派和谈代表并决定和谈之时间地点,以便政府代表团前往开始和平商谈。"如此出言不逊的举动当然是中共方面所不能接受的。

2月5日,新华社又发表广播声明,称并不承认李宗仁的南京政府。声明显得趣味盎然,说:"一月二十八日那种时候,我们还把国民党反动卖国政府说成是一个政府,在这一点上说来,我们的态度确乎不够慎重。这个所谓'政府'究竟还存在不存在呢?它是存在于南京吗?南京没有行政机关。它存在于广州吗?广州没有行政首脑。它是存在于上海吗?上海既没有行政机关,又没有行政首脑。它是存在于奉化吗?奉化只有一个宣布'退休'的伪总统,别的什么都没有。因此郑重地说起来,已经不应该把它看成一个政府,它至多只是一个假定的或象征的政府了。"蒋介石在当天的日记中写道:"共匪今日广播,明白表示:'不承认李宗仁所代表之南京政府'。未知李宗仁与邵力子、张治中等人当作何感想也。彼等汗颜至此,尚计其革命历史与人格乎?"——邵力子和张治中都是老资格的国民党大员,也是李宗仁拟定的与中共谋和的主要人物。

第四章：和谈第一阶段：斡旋
1949年2月6日至2月21日

1949年2月6日，"南京人民和平代表团"以私人资格来到北平。这个代表团的成员不过是被蒋介石查封的"中国人民和平策进会"的成员，知名度并不高。中共北平市委的接待人员将代表团送到六国饭店。晚上还设宴款待，叶剑英主持了宴会。代表们对此颇有受宠若惊之感。

第二天，根据中共安排，代表团成员在饭店里写各自的意见。毛泽东也在这一天发表了一篇声明，称："甘介侯这类从事'和平攻势'的政治掮客，他只有资格在南京上海一带出卖其'和平攻势'牌的美国制造的廉价商品，人民的北平不欢迎这类货色，对不起，请止步。如果甘介侯竟敢混入北平，贩卖私货，则北平人民很可能把他驱逐出境。"

2月8日，中共中央军委发出《把军队变为工作队》的指示，指出：在渡江南进和解放全中国的过程中，"今后将一反过去二十年先乡村后城市的方式，而改变为先城市后乡村的方式。军队不但是一个战斗队，而且主要地是一个工作队"。中共北平市委则在当天和"南京人民和平代表团"的成员整日进行分别谈话。由于不明来人底细，叶剑英在谈话中都特别询问每个人在南京时是否与美国人有过来往。但代表团中只有邱致中一个人称见过司徒雷登。

代表团成员在书面意见中强调：李宗仁求和心切，中共可利用李蒋矛盾，则兵不血刃即可获得十省左右之土地及非蒋系的军队。待联合政府成立,明令讨伐蒋系军队及其占据之三五省,必定所向披靡。而在交谈过程中,他们则以书面形式提出了一连串问题,核心内容是探询中共方面:既然国民党政府已经表示承认八项条件为和谈基础,中共为何对和谈仍旧反应消极?为何迟迟不指派和谈代表及地点?为何不考虑战争给人民给国家带来更多痛苦?要求中共方面予以答复。而代表团提出的所谓"和平谈判纲领"甚至主张:政治协商会议应由国共两党及中间党派、民意机关、人民团体和社会领袖六方各出六人组成;联合政府亦应由上述六方共同组成,主席应由社会领袖担任,副主席由国共各派一人担任。

综合2月8日代表团成员的谈话及书面意见,彭真与叶剑英两人2月9日致电中共中央报告说,代表们的基本要求是:第一,主张利用蒋李矛盾;第二,另立新政府,不如通过和谈接收旧政府,便利控制全国和得到国际承认;第三,和谈成功,至少西到宜昌,东到上海,都可解放,蒋介石只剩下台、赣、闽、粤四省,容易解决;第四,和谈策略应注意轻重缓急。彭真和叶剑英在得到中央的指示以前,对代表们的要求只表示了善意的欢迎,并未表态。

对此,驻扎在西柏坡的中共中央于2月9日复电强调:"代表们所谓另立新中央不如利用和谈占有国际已经承认的旧中央,运用旧中央权力实行对蒋系讨伐等语,是真正代表美国和桂系的意见,在这些方面你们不要表示态度。"但"你们可向和桂系有关的代表暗示,只要桂系今后行动是站在有利于人民解放事业及能达成真正持久和平之目的,我们是不会拒绝他们的"。据此,叶剑英通过电话向代表团转达了中共中央的这一态度。经过叶剑英的一番解释,代表团成员纷纷开始认识到中共的和平诚意,一些人转而相信和平的真正障碍仍在南京,并且对李宗仁在南京并未能采取具体区别于蒋介石的政治措施表示不满。

2月9日,代表团一行使命完成,准备返回南京。不料,接连两天大雪,飞机无法起飞。于是,叶剑英等安排代表们参观北平故宫等,并再次设宴招待。10日,北平雪停。11日上午,南京人民和平代表团登上飞机离开北平返回南京。

与此同时，2月7日，南京的国民党政府委托杜月笙、魏文瀚致电毛泽东、周恩来，请求允许上海轮船到北方港口，以面粉换煤炭。2月13日毛、周复电杜、魏："恢复华北、上海间航运，以利生产之发展，极为必要。大上海、唐山两轮北驶，并派员至华北接洽，极表欢迎。"中央指示华北局和有关城市负责人认真办好这件事。在双方共同努力下，上海轮船运送30万吨面粉到秦皇岛港，换取10万吨开滦煤，后来于4月16日回到上海。毛泽东进一步指示彭真、叶剑英等：不仅要恢复南北通航，而且要恢复电讯、邮政和银行汇兑的正常往来。"你们对于南北通船、通航、通邮、通电、通汇诸事，应当看作一件大事去做，而不应当采取消极态度。"后来的事实证明，这些措施对解放军顺利接管江南城市，维持江南新解放区的稳定，起到了举足轻重的作用。

就在中共方面真诚聆听国统区的民意、殷切关心国统区的民生的同时，蒋介石却加紧了对国统区人民财产的掠夺。多年以后，蒋经国在《我的父亲》一书中披露：1948年底，当国民党军从上海快要撤退的时候，蒋介石派蒋经国等几个人到上海去，要他们设法把上海中央银行库存的黄金全部运到台湾去。临行的时候，蒋介石再三嘱咐蒋经国：

"千万要保守机密，不可泄露一点消息。"

因为蒋介石早已预料到，李宗仁一定会以国库金银作为和谈的条件之一。果然，3月22日，李宗仁便发动一些立法委员，要求将运往台湾的金银运回大陆，但最终只能是不了了之。

2月10日，蒋经国在日记中写到："中央银行金银之转运于安全地带，是一个重要的工作。但少数金融财政主管当局，最初对此不甚了解，故经过种种之接洽、说明和布置，直至今日，始能将大部分金银运存台湾和厦门，上海只留下20万两黄金。"此前他在1月10日的日记中写道："今日父亲派我赶至上海访俞鸿钧先生，希其将中央银行现金移存台湾，以策安全。"

蒋介石下野之后，亲笔写下一个手令，由蒋经国面交联勤总部中将财务署长吴嵩庆，命中央银行将全部黄金、银元及外币提出。蒋介石对吴嵩庆下令：所有硬通货，全部由蒋本人掌握，吴对蒋本人负责，有关开支、调运、分配等事项，必须有蒋介石的亲笔批示。吴嵩庆遂以军费名义，提走了当时中央银行的全部库存，共有外币约合8000万美元，黄金92万余两，银元约3000万元，次第运往台湾。这些都是国统区人民的血汗钱，其中很大一部分是这半年来蒋介石用金圆券搜刮来的。

美国作家席格雷夫在《宋家王朝》中披露："蒋介石劫夺中国银行的计划，执行得非常谨慎小心。一艘脏兮兮的货船，停泊在国泰饭店对面的上海外滩，船上的苦力，穿着破破乱乱的衣服，其实都是第一流的海军士兵伪装的。中国银行的若干主管打开了金库，因为他们已经接受了重金贿赂，并获准搭乘这艘等待的货船逃往安全的地方。国民党部队在银行四周好几条街道外就设立警戒线，包括南京路和外滩的一部分。从黑暗之中，不时传来'苦力'搬运重物时的嗨嗨声。每一个人都用扁担挑着两大包东西。在水银灯下，他们像食尸鬼般的在银行和货船之间来回奔跑。一位英国记者乔治·梵正在办公室里写稿，偷偷看到整个过程，不禁大吃一惊。当他恍然大悟是怎么回事时，就用怪异的哲学语句打电报回伦敦总社：'中国所有的黄金，正被用传统的方式，苦力运走'。"

蒋经国等人秘密潜入上海，神不知鬼不觉地把这一批黄金运到了台湾。蒋经国后来评论说："政府在搬迁来台的初期，如果没有这批黄金来弥补，财政和经济形势早已不堪设想了，哪里还有这样稳定的局面？古语说无粮不聚兵，如果当时粮饷缺乏，军队给养成了问题，那该是何等严重？"

当中央银行的大批黄金被运走之后，蒋介石又想起抗战胜利时没收的汉奸逆产，这只一直存放在中央信托局的箱子里的珠宝价值一二百万美元。他马上派蒋经国到上海去提取这只箱子。

可是，抢运黄金的事已经引起李宗仁的警觉，他下令中央信托局不准移动这批珠宝。蒋经国到上海交涉了几次，信托局干脆将掌管保险箱钥匙的人派往香港，使蒋经国无法将这箱珠宝提走。

见父亲又问起，蒋经国说："据我所知，这箱子珠宝已经被用去不少，顶多也就值二三十万美元，我们何必为这区区之物同人家伤了和气？"

蒋介石勃然大怒:"你懂什么?古人云,无粮不聚兵!到了台湾,等到粮饷发不出的时候,就是一块美金也是好的。"

对于这种赤裸裸的掠夺民脂民膏的行为,蒋经国在日记里是这样辩解的:"此种同胞血汗之结晶,如不能负责保存,妥善使用,而供诸无谓浪费,乃至资共,那是一种很大的罪恶。"——这真是"家天下"了。

2月11日,国民党元老戴季陶在广州自杀。戴季陶与蒋介石交情甚笃,是蒋纬国的亲生父亲。他的死讯对蒋介石不啻当头一棒。蒋经国在日记中写道:"戴季陶先生于上午十时逝世,父亲闻耗悲痛,故人零落,中夜唏嘘。"

2月14日,"上海和平代表团"飞抵北平。与"南京人民和平代表团"相比,"上海和平代表团"人数虽不多,但具有更特殊的背景和影响。这个代表团的四名成员均年高德劭,资深望重。颜惠庆,曾任北洋政府外务部次长,巴黎和会中国代表团顾问,国务总理兼外交总长,国务总理并摄行大总统职权等职,时年73岁;章士钊,著名律师兼教育家,历任司法总长、教育总长、政府顾问及历届国民参政员,时年68岁。江庸,名贯申城的大律师。辛亥革命后,曾任南北议和随员,京师高等审判厅厅长,北京政府司法次长,司法总长,修订法律馆总裁,北京政法大学校长等职务。1948年7月任司法部大法官,时年72岁。邵力子,著名的国民党人,曾任国民党陕西省主席、中宣部长、驻苏大使等职,时年68岁。身为国民党员的邵力子特别声明是以私人身份加入代表团。这个代表团阵容是李宗仁及其幕僚缜密筛选的结果。

李宗仁原来还想安排有"中国最优秀的银行家"之美誉的陈光甫加入代表团。陈光甫起初以10万元本钱起家创办上海银行,以"服务社会、辅助工商实业"为宗旨,把发展大众储蓄作为突破口,石破天惊地推出了"1元开户"和零存整取、整存零取、存本付息、定活两便、育儿储蓄、养老储蓄、储金礼券等多种储蓄形式,并不避繁杂,为市民代收代付水电费、代发工资,开展多种形式的汇总业务,贴近社会底层办银行,这一系列中国金融史上的创新举措,得到了市民广泛支持,使得上海银行成为上海民间闲散资金的蓄水池,引发了中国金融界的一次储蓄革命。抗战期间,他利用早年留学美国积累的人脉，经过艰难努力，与美国政府达成了可以循环使用的2500万美元桐油借款和2000万美元的滇锡借款，这在当时是巨额借款，解决了中国抗战的燃眉之急。而眼下，他又通过加大境外投资合作逃过了金圆券的大劫难，保住了创业30年来的心血。他是中共急于延揽的人才，中共方面希望能通过与之交谈把握经济方面的建设思路。李宗仁得知这个消息后就将陈光甫列入代表团人选。但陈光甫没有同意，他在日记中写道："我试图拒绝。我的理由是，我是银行家，一个资本主义制度的代表；在政府和共产党人处于战争状态的时候，我曾两次被作为工具去华盛顿为政府寻求财政援助；我通常被认为是亲美分子。当代总统自南京飞沪，作短暂的然而是戏剧性的访问时，我提出了上述理由。2月1日上午10时，我被召到中国银行大楼。我向代总统解释：我不是寻求和平的适当人选，在代表团中有我的名字可能使共产党人感到刺眼；我认为张元济、侯德榜、卢作孚将是更为合适的人选。但是，代总统不听我的陈述，并且说，我应该去。"

经过再三慎重考虑，陈光甫最终还是决定不参加这个代表团。2月3日，他给李宗仁写了一封信，表示："惟兹事体大，涵义微妙，人选如何，实成败所系。弟一生从事商业银行，与英美关系较深，且曾厕身立法委员，如滥竽其中，转授对方藉口之柄，将恐有碍进行。"2月6日，李宗仁宣布代表团由颜惠庆、章士钊、江庸及沪江大学校长凌宪初、大夏大学校长欧元怀和永利化学公司总经理、国际制碱权威侯德榜等六人组成。但李宗仁很快从北平方面获悉，中共对陈光甫不参加代表团"有点儿失望"。2月8日，李宗仁再次飞到上海，一再动员陈光甫。陈光甫在日记写道："我参加和平代表团去北平的问题再次被提出来。在我们互相问候之后，代总统立即重新提出他的要求。他说，他在北平的代表送来消息，由于我不去北平，共产党人有点儿失望。因此，代总统要求我根据这一情况重新考虑。我很为难。但是，我告诉李代总统，我真正看不出改变我的决定的理由。他是个好人，不想过分勉强我。"

当天下午，陈光甫到颜惠庆家参加会议，讨论去北平的和平代表团可以做些什么。章士钊将他拉到另一房间，说自己收到北平的电报，共产党人非常希望陈光甫参加代表团。陈再次说明：上海财政形势如此严重，如果我参加代表团，共产党人无非希望从我身上取得如何使上海经济成功运转的主意。事情到了这一步，眼前已没有解决的办法，我的意见是只有依靠美国的援助，说得更明确些，我们必须有美元。过去两年，我们大概得到15亿美元的援助，上海乃至中国才得以存在。由于共产党不断地攻击"美帝国主义"，我无法想象，我如何能与他们谈话，这可能受到莫斯科的影响。在我与共产党人之间缺乏走到一起并进行讨论的共同基础。尽管经过李宗仁及其他人的一再劝说，陈光甫还是拒绝参加"上海人民代表团"，回避任何和共产党人见面的机会，李宗仁不得不放弃。最初确定的凌宪初、欧元怀、侯德榜因为各种原因也不愿前往。

不过，陈光甫没有想到的是，几个月之后，中共便解放上海，在没有美国援助的情况下挽救了上海的经济局势，使之焕然一新。

"上海和平代表团"除了上述四名成员之外，随行人员中有李宗仁的私人代表黄启汉等人，还有以中国航运业理事会理事长代表的身份负责与中共谈判南北通航问题的影帝金山。中国航运业理事会理事长是杜月笙，金山是由杜月笙的名誉秘书杨度介绍，拜杜月笙为师，成为这位青帮大亨的关山门徒弟。不过，很少有人知道，金山其实是一名1932年就入党的老资格的中共地下党员，受李克农直接领导，利用在国统区的社会关系为中共提供情报。这次是潘汉年向他传达周恩来的指示，让他设法参加上海和平代表团，便于掌握一些情况，以利我党主动。金山曾率抗敌演剧二队赴五战区慰问演出，与司令官李宗仁建立了私人关系，又是中国航运业理事会理事长杜月笙的门徒，没费多少周折便随团跨进飞机的舱门。

下午5时左右，代表团乘坐的飞机飞抵北平南苑机场。时任北平市副市长、中共中央统战部副部长的徐冰和滞留在北平的桂系代表刘仲华等人在机场迎接，并陪同来到六国饭店，为客人们安排住宿。在六国饭店等候住宿的过程中。徐冰顺便问诸位代表：南苑过来，一路上对北平印象如何？众人一致说好。徐冰问：各位打算在北平留多少时间？江庸、章士钊不约而同地回答说"个把礼拜"。颜惠庆也表示，北平有很多亲友，想去看看，希望提供方便。徐冰很痛快地答应下来。徐冰又问：这次谈话打算如何进行，是集体谈，还是个别谈？黄启汉在一旁道：大家意见也不完全一致，还是个别谈得好。最后，邵力子、刘仲华、黄启汉围着徐冰漫谈时，徐冰问邵力子："蒋介石现在情况如何？"邵力子称："蒋先生仍在活动。不过李宗仁先生确是要和平的。"他接着诚恳地说："我不是捧你们，只要你们力量强，不腐化，站得住，就是愿意战争的人，要打也是打不下去的。"

代表团成员到达北平不过两个小时，驻扎在西柏坡的中共中央就电示叶剑英等：在北平的高级军政负责人林彪、罗荣桓、董必武、聂荣臻均应参加接见和宴请代表团，"招待要周到，谈话要恳切"，代表团提出的要求应尽量满足，一般不予限制。"如他们要求到石家庄和中央的人见面商谈，你们应允许转达中央请示。"

次日，叶剑英到六国饭店会见并宴请"上海人民和平代表团"，进行了友好谈话。出席宴会的还有董必武、林彪、罗荣桓、薄一波等人。寒暄之后，颜惠庆首先表示："我们四人合起来有300岁了，我还有心脏病，本来不适宜坐飞机的，但是还是带着医生来了。此次来北平是个人来的，不是当什么代表，是希望全国和平统一，这样对内对外均好。三位很客气，都说只是代表个人，其实都是代表人民的，来此也是李（宗仁）先生请求的，因为李先生要和平，煞费苦心，处境困难。"代表团成员接下来提出，想以对等身份实行国共两党南北议和时，叶剑英坦率指出：实现民主、和平、统一的新中国的伟大目标基本上有两种方式，即天津方式和北平方式。从中共的愿望讲希望北平方式，但这取决于国民党是否以民族利益为重，以人民利益为重，希望李宗仁认清形势，同蒋介石真正决裂。

当天上午，徐冰与李宗仁的私人代表黄启汉进行了交谈，黄启汉转达李宗仁的意见是：（一）决心推动全面和谈，如遇少数人反对，则准备在政治上军事上尽力对付；（二）决不依靠外援打内战，一旦和谈开始，他愿就此发表公开声明；（三）以毛先生之八项条件为基础，绝对不成问题，只是第一项战犯问题，希望由新政府去做，因目前要做极为困难；（四）希望中共首先承认李宗仁为和谈对象，并愿早日指定代表开始谈判，如和谈失败，定当引退；（五）关于蒋介石，最好让其出国，如中共认为蒋介石出国可以减少和谈障碍，他愿意就此向蒋介石提出出国问题；（六）外交方面希望成为苏美友好的桥梁，不希望成为苏美两国的战场。李宗仁特别希望能在中共指定的地点，和毛先生密谈一次。

黄启汉说：白崇禧比李宗仁还要积极，主张马上更换内阁，撤销陈诚、薛岳等人职务。白崇禧认为全面和平，局部破裂不要紧，如局部和平，全面破裂则不妥。而李宗仁认为现在不能操之过急，应与中共取得默契后再开始着手进行，因为李宗仁在南京牵制太多，搞不好被逐出南京，必然全面破裂。因此，李白二人此时均处于夹缝中。李宗仁对中共还可以派黄启汉与刘仲华来表达真意，对蒋介石和孙科，连派人与之推心置腹地交谈都不可能。黄启汉认为，中共与李、白接近，只会对革命有利。他同时还告诉徐冰，美国驻华大使司徒雷登的私人秘书傅泾波也找过他，表示美国希望中国和平，成立联合政府，但鉴于上次美国调处国共内战的失败，这次绝不会出面进行调处。

2月17日，叶剑英专门约邵力子谈话。因中共中央历史上与邵力子和张治中接触较多，对两人印象不坏，因此早有电报要叶剑英"对邵力子应表示尊重与倾听他的意见，并和他单独谈一次，并探询他和张治中是否愿意参加联合政府"。但邵力子故作忸怩，一面回答说现在谈这个问题恐怕别人会以为我是为了想参加联合政府才来参加和谈的，因此最好和谈实现时再提，一面又忙不迭地解释说：也许这是小资产阶级的想法，应该从工作上着想，暗示不反对参加联合政府。邵力子还认为，中共应当缓和对美关系，将来中共建设亦须美国帮忙；中国地大人多，政治变革应当尽量采取温和手段进行，双方和谈不要一上来就提出战犯名单迫使战败方承认。言下之意，他并不相信中共可以挑起建设新中国的大梁。

2月18日，叶剑英单独与章士钊谈话。章士钊比邵力子更加不相信中共的实力。他说，要是蒋介石推迟两天下野，白崇禧就宣布两湖独立了，现在桂系的地位举足轻重，就像楚汉之争中的韩信，韩若偏楚，则汉不能成功。他又说，凡是读过中共提出的八项条件的，只有蒋介石高兴。因为蒋介石一读，便知道和平是不能实现的。如果中共寸步不让，美国会援蒋到底，甚至组织日本志愿军，从而增加解决的难度。不如现在就和下来，仿照当年承认国民党领导组织政府的例子，要各党派承认中共为领导，用策略的办法来收拾残局，争取人心，平稳过渡。

在来北平的飞机上，章士钊便诗兴大发，吟下了"燕路居然北首成，云衣风马任纵横"的诗句，隐然以谈笑间收拾残局扭转乾坤的纵横家自居。但共产党连蒋介石最精锐的美式装备的庞大兵团都一个接着一个地打垮了，当然不会把桂系的30万军队放在眼里。毛泽东对任何过高评价美国和桂系作用的说法，都不以为然。因此，毛泽东明确要求叶剑英等人，在以后的谈话中，"痛骂美国帝国主义和日本帝国主义，特别要当着章士钊的面骂日本，说如果美国人装备日本军队侵略中国，我们必须并完全有把握彻底干净歼灭之。美国在中国的走狗必须肃清，决不许其存在。要当着邵章的面痛骂桂系，说桂系的军队比蒋系军队还要野蛮，白崇禧过去是主战最力的人，他是仅次于四大家族的战争罪犯，将来人民法庭审判难免要被枪毙，李宗仁完全是骗子，他一月二十七日给毛主席的电报以'千古罪人'威胁毛主席，完全是做和平攻势。蒋系也是做和平攻势，但蒋系比桂系老实，蒋系始终是凶神恶煞，桂系昨天是凶神恶煞，今天是笑面虎"。当然，应当把握的一个原则是，"对桂系形式上要打，实际上要拉"。"我们的政策是要拉拢李、白、张（治中）、邵（力子）及上海资产阶级（颜惠庆、杜月笙等为代表），打击国民党死硬派，便利我们向南进军。不管什么人，只要他是做和平攻势，我们必须回击并粉碎之"。在毛泽东看来，现在邵力子、章士钊都只是在秉承李宗仁的旨意做"和平攻势"，以退为进而已。

毛泽东也认真考虑了颜惠庆的意见。颜惠庆提议：现在中共最主要的任务是怎么样使人民跟上来。人民是不能跑的，走到半山要休息。中共走得太快，人民在道德上、知识上都可能跟不上，要等等他们。中共在北平、济南做出样子来，人民就理解了。就好像唱了武戏，再唱一唱文戏，于国计民生更有利。毛泽东遂与周恩来商定，接受颜惠庆的建议，与南京来一个非正式会谈，作为初步交换意见的方法。为此，毛泽东很快起草了几点意见，准备专门接见几位代表一次，然后交他们带回南京。

2月20日，中共北平市委在北平饭店举行盛大宴会，在北平的党政军负责人、爱国人士共400余人出席了大会。邵力子在席上发言，他说："和平是

'野火烧不尽，春风吹又生'，希望和平障碍得以扫除。我此来不代表任何方面，惟江南人民切盼和平，并且宁愿选北平式的和平，不愿选天津式的和平。"同日，毛泽东为中共中央起草致叶剑英并告林彪、罗荣桓、彭真电："请告颜、邵、章、江，毛主席欢迎他们来谈，时间二十二日或二十三日。"宴会结束前，叶剑英告诉黄启汉，毛泽东准备接见四位代表，希望黄启汉和刘仲华二人中有一人陪同。

次日清晨，白雪覆盖的西柏坡一片安静。毛泽东披着棉大衣，从他住的东院沿小路到刘少奇住的小院，前屋是新华社的小编辑部。他一进编辑部的门，起床不久的编辑们立即围上来，有人问："主席，今天你怎么起得这样早？"

毛泽东笑着说："我还没睡呢！"接着递过稿子，又说："刚写好这篇评论，你们看看，发了吧。"毛泽东一走，编辑们你一页我一页地争着读起来，有人边读边大声叫好。当时编辑部有严格规定，一切稿件都要经过编辑审核，直到连标点符号都没有错误才能发出。毛泽东的稿件也不例外。当然，这类稿件处理得迅速，很快送到文字台、口播台，通过电波传到空中。

这一时期，毛泽东写稿很多，他的稿件多半是由胡乔木带回编辑部的，像这样由他本人直接送稿的情况很少。这足以说明毛泽东对此稿的重视。事实上，这篇题为《蒋介石李宗仁优劣论》的文章是为即将开展的与上海和平代表团的会谈定调的，文中写道：

> 桂系首领战争罪犯李宗仁白崇禧的言论行动，究竟是否和蒋介石顾祝同辈有区别的问题，引起了人们谈论的兴趣。
>
> 人们说，从一九四九年一月一日起蒋介石谈和平，从同年同月二十二日起李宗仁谈和平，两个人都谈和平，这是没有区别的。蒋介石没有下过如像言论自由、停止特务活动等项命令，李宗仁下了这些命令，这是有区别的。但是李宗仁的命令全是空头支票，不但一样也没有实行，而且人民被压迫的更厉害了。南京方面连和平促进会也被封闭了，上海方面屠杀了罢工工人。白崇禧则活像顾祝同。顾祝同命令刘峙炸毁了津浦路蚌埠淮河大铁桥。白崇禧也正在命令张轸准备炸毁平汉路长台关淮

河大铁桥及武胜关的隧道工程，积两年之经验，黄河南北的人民深知桂系军队的野蛮，较之蒋系军队有过之无不及。

人们骂蒋介石为美帝国主义的走狗，蒋介石听惯了，从来不申辩。人们骂李宗仁为美帝国主义的走狗，李宗仁没有听得惯，急急忙忙地起来申辩。例如李宗仁在一月二十七日经过中央社发表的《致电毛泽东》里面说："贵方广播屡谓，政府此次倡导和平为政府与某国勾结之阴谋，此种观点系基于某种成见而来。"这里，李宗仁不但替一月二十二日以后的李宗仁政府求洗刷，而且替一月二十二日以前的蒋介石政府求洗刷，人们知道"倡导和平"这件事，蒋介石在前，李宗仁在后。

蒋介石昨天是凶神恶煞，今天也是凶神恶煞。李宗仁白崇禧及其桂系，昨天是凶神恶煞，今天则有些像笑面虎了。

蒋介石撒起谎来，大都是空空洞洞的，例如"还政于民""我历来要和平"之类，不让人家在他的话里捉住什么具体的事物。李宗仁在这件事上显得蹩脚，容易给人家抓住小辫子。例如，在他那个《致电毛泽东》里面说："现政府方面，已从言论与行动上表明和平之诚意。所有以往全国各方人民所要求者，如释放政治犯，开放言论，保障人民自由等，在逐步实施。事实俱在，何得谓虚？"人们说："事实毫无，何得谓实？"李宗仁说："事实俱在，何得谓虚？"李宗仁就是具有这样一种傻劲的人物。

但是李宗仁也有胜过蒋介石的地方。在应否惩办战争罪犯这个问题上，蒋介石及其死党从来不说可以惩办的话。他们或者不说话，例如在一月二十一日蒋介石的"引退文告"里对于中共的八条一字不提；或者表示反对态度，例如雷震、朱家骅、潘公展等人所发表的言论，根本反对将战犯当作问题来讨论。孙科也近似这些人，他说和谈条件必须"公平合理"，意思就是反对惩办战犯。李宗仁不是这样，他是又赞成，又反对，这就是李宗仁别致的地方。

李宗仁在其一月二十二日的声明里说："中共方面所提八条件，政府即愿开始商谈。"这即是说，李宗仁的政府愿意即刻开始商谈中共方而所提的惩办战争罪犯一项条件以及其他七项条件，他首先给你一点甜的东西吃。过了六天，李宗仁的腔调变了，而且变得很厉害。一九四九年一月二十七日，国民党反动卖国政府的代总统在其《致电毛泽东》里面说："贵方所提八项条件，政府方面已承认可以此作为基础进行和谈，各项问题自均可在谈判中商讨决定。在双方商谈尚未开始以前，即要求对方必须先执行某项条件，则何得谓之为和谈？以往恩怨是非倘加过分重视，则仇仇相报，宁有已时，哀吾同胞，恐无噍类，先生与弟将同为民族千古之罪人矣。"哎哟哟，李宗仁来得厉害，这一枪非同小可。但是李宗仁的枪法，仍然不过是小诸葛桂系教程里的东西，中国自有孙子兵法足以破之。夫"在双方尚未开始商谈以前，即要求对方必须先执行某项条件"者，是因为南京国民党反动卖国政府自其兵败如山倒以后，即如丧考妣地要求谈判。中共说，好，待我们准备好了你们即来谈。战犯们说，不行，非立刻开谈不可。中共说，你们闲得发慌，给你们一件工作做罢，你们去逮捕一批（自然不是全部）战犯。故事的过程就是这样。后来，中共又将逮捕改为监视，算是作了一个极大的让步，战犯们才安静下来，不再吵闹了。这是后话，不提。且说一月二十七日，李宗仁又说，恩怨是非不要过分重视，即是说不要分清战争责任，不要惩办战争罪犯。那怕黄河以南直至长江，黄河以北直至松花江，发生了"惨绝人寰的浩劫"（谨按，此语见之于李代总统一九四九年一月二十二日的文告），那也算不了什么。如果你们一定要惩办战犯，则战犯们的拥护者会要报复的。这种报复，可能达到可怕的程度，即全国同胞中没有一个能吃东西的了，都死完了。如此，你毛泽东和我李宗仁两个，将要做我们民族（谨按，既然都死完了，为什么还有民族，待考）判决为在一千年那么长久时期内的犯罪者。还好，只有一千年受罪，一千零一年又是一条好汉，这算是李代总统的恩典。

　　人们请看，李宗仁就是这样反复无常的，又赞成商谈惩办战犯，又不赞成实行惩办战犯，他的脚踏在两条船上，这就是他和蒋介石不同的地方。

第五章：和谈第二阶段：退守

1949年2月22日至4月1日

2月22日上午10时，颜惠庆等乘机飞往石家庄并转往西柏坡。毛泽东一见到邵力子，就握住他的手，叙说当年在重庆谈判时相见的情形，对邵先生在重庆给予的关照表示衷心的感谢。

另一位代表团成员章士钊和与毛泽东的交情就更深了。1920年，毛泽东筹划赴法勤工俭学，请求湖南同乡章士钊赞助。章士钊立即多方筹措，赞助两万银元。毛泽东将这笔巨款的一部分赞助湖南青年留法，一部分带回湖南闹革命。邵力子曾是中国共产党最早的党员之一，1945年8月重庆谈判中，邵力子虽为国民党的代表之一，但遇到国共双方看法不一致时，他就力排众议，既能基本上维护国民党的利益，又能满足共产党的要求，千方百计地求同存异，使之达成协议。

毛泽东说，你们为和平远道而来，共产党是爱好和平的，有什么事尽可商量，只是时间、地点、人选值得考虑。所以我们不必再重复表明来意。第二天早饭后，毛主席又同周恩来和代表团人员漫谈了一小时。当有人提出蒋介石愿意进行谈判时，毛泽东说：蒋介石在1月1日提出了愿意和中国共产党进行和平谈判的建议，但他又提出了先决条件，要保存伪宪法、伪法统和反动军队。他这还是想继续打仗，不是和平谈判。

会谈主要由周恩来出面,"上海人民和平代表团"与周恩来谈了两次,主要就国共和谈的可能性以及南北通邮、通航问题广泛交换了意见,出乎老先生们的预料,结果非常圆满。章士钊迅速起草了一个协议要点,提交讨论。经过简短的讨论之后,双方就协议的基本文字达成一致意见。

(一)谈判以中共与南京政府各派同数代表为之,地点在石家庄或北平。

(二)谈判方式取绝对秘密及速议速决。

(三)谈判以中共1月14日声明及所提八条为基础,一经成立协议立即开始执行。其中有些部分须待联合政府办理者,在联合政府成立后执行之。

(四)谈判协议发表后,南京政府团结力量与中共共同克服可能发生之困难。

(五)迅速召集新政协成立民主联合政府。

(六)南京政府参加新政协及参加联合政府之人选,由中共(包括民主人士)与南京政府商定之。

(七)南方工商业按照原来环境,依据中共城市政策,充分保障实施。

(八)有步骤地解决土地问题,一般先进行减租减息,后行分配土地。

这八条秘密协定,为正式和谈铺平了道路。后来,当和谈失败,解放军大举挥师渡江之后,章士钊、邵力子在5月18日致李宗仁函中追述说:"犹记某等初次到平,中共领袖对于公之是否力能谋和,颇难释然。经某等再三譬说,以为和平本身有无穷民意为之后盾,即属一种不可侮的力量;加以中共在同一旗帜之下相与提携,双流会合,并于一响,应足以克服可能发生之困难。中共同意此说,和平之门以启。"言下不胜惋惜。

2月24日,代表团带着毛泽东给李宗仁的一封信飞返北平。27日上午,"上海人民和平代表团"离开北平,叶剑英到机场相送,互赠了纪念品。下午2时1刻飞抵南京,国民党政要在机场欢迎。在机场,随行人员张丰胄代表四老发言,宣读了"四老"的书面声明。声明中表示,代表团胜利完成了初步任务。"和谈前途困难尚多,而希望甚大","对于便利南北人民之通航、通邮诸问题,均经于原则上商得同意"。当时全场掌声雷动,情绪热烈。

李宗仁的情绪也很热烈,这是他在政治上的一大胜利,他觉得离取代蒋介石的目标更近了。

此前，2月20日，李宗仁率领一群幕僚乘坐军用飞机突飞广州，向2月初奉蒋介石命令迁移到那里的行政院长孙科阐明利害，指出现在美国人支持的是南京而非溪口，如果孙科再不回南京，在南京的立法委员将要罢免其行政院长之职。孙科想想觉得有道理，遂返回南京。身在溪口的蒋介石闻讯连声痛骂孙科是"废物"。

李宗仁又连连致电国民党主和派的核心人物、此时以西北军政长官之职坐镇兰州的张治中回南京，但张治中也是顾虑重重，踌躇不前。在李宗仁和其他国民党要员的函电交驰之下，张治中方于2月22日来到南京。

这时，就连张群、吴忠信这些蒋介石的亲信也觉得蒋介石是个障碍了。吴忠信首先提出了一个解决问题的办法，让蒋介石出国，这个建议得到了包括李宗仁、张治中、张群等人在内的许多国民党大员的认可，司徒雷登也觉得是个好主意。3月3日，张治中和吴忠信一道前往溪口谒见蒋介石。

蒋介石似乎猜出张治中此行的目的，见到张治中后劈头盖脸就是一句："你们的来意，是要劝我出国吧？"说着，拿着桌上的报纸随手一扬，淡淡地一笑："报上已经登出来了。"张治中不觉一怔，刚要说什么，就被蒋介石抢先说道："他们逼我下野尚可，逼我亡命，这是不行的！我如今是个普通国民，到哪里都可以自由居住，何况是在我的家乡！"还说："我可以自动住到国内任何地方，即使到国外也可以，但是绝对不能出于逼迫。"

蒋介石已经把话说得很清楚，张治中自然也不敢再说些什么，只好跟蒋介石汇报一些和谈的情况。他对蒋介石说："总裁，南京方面对中共所提八条的第一项，意见是统一的，都认为不能接受。"

"嗯，嗯，"蒋介石的语气缓和下来，"当然啦！李德邻（即李宗仁）现在负的责任就是我的责任，德邻的成败也是我的成败。文白（即张治中），你可以告诉德邻，我一定竭力支持他。我自己愿意终老家乡，绝不再度执政。"

从3月3日到10日，张治中和吴忠信在溪口盘桓了八天。其间张治中又婉转进言："现在南京、上海、广州等地，大家认为政府职权应当保持完整，方足以集中力量，应付危局，因此大家都希望总裁有所吩咐……"蒋介石闻言冷冷一笑，板起脸说："我是一定不出国的，我不做总统，做个百姓总可以吧。我已经说过，今生今世再也不过问政治，我现在只埋头整理党务，以求恢复党的革命精神，重建党的革命力量！"

关于和谈的尺度，蒋介石向张、吴二人提出了一个框架，大致有三点：一、确保长江以南若干省份的完整，由国民党领导；二、使双方在未来政府中保持同等的发言地位；三、关于军队整编，先确定比例，后自行改编。

3月10日，送走了张治中、吴忠信之后，蒋介石晚上又和亲信袁守谦等人研究东山再起之道。蒋经国在当天的日记中称："父亲对党务改革方案之进行，分（一）整理（二）改造（三）新生三个阶段。止盖谓整理现状，改造过渡，筹备新生也。今日复手定改造过渡的办法：决先组织一个非常委员会，人数以二十至三十人为限。"

张治中在溪口的这些天里，李宗仁天天都在等张治中的电话，几乎坐立不安。因为张治中临走前曾和他约好，如果劝蒋出国有戏，就打电话出来。3月7日，李宗仁终于接到了张治中的电话，不过内容不是蒋介石同意出国，而是何应钦过两天即由奉化返京，蒋已同意由何应钦组阁。用何应钦取代孙科出任行政院长，也正是李宗仁的提议。因为何应钦与白崇禧曾长期共事，关系还不错，北伐的时候何应钦还曾与李、白二人联手取得过龙潭一战的胜利。长期指挥军事的何应钦这时在战与和的问题也更倾向于和，再加上除了蒋之外，也只有何应钦才能镇得住那些骄悍的黄埔生。李宗仁觉得自己的好运就要来了。3月8日孙科内阁总辞职。12日，李宗仁公开宣布任命何应钦为行政院长，重组内阁。

中共中央这时对李宗仁的组阁行动十分注意，尽管邵力子在北平时曾再三替何应钦开脱战争责任，说何应钦其实是主和派，但中共中央仍旧把何看成是蒋介石系统的顶梁柱。因此，当得知李宗仁准备让何出面组阁的消息后，叶剑英当即打电话给仍住在六国饭店的黄启汉，要他立即打电报给李宗仁，要李宗仁务必选最能够顺利进行和谈者担当行政院长之职，以免引起各方误会。黄启汉遂致电李宗仁，警告说："当兹和谈机会接近之际，行政院人选，各方甚注意，似宜以令争取和谈顺利进行者为第一前提，尤为避免引起误会是为幸祷。"

但是李宗仁显然有自己的主张。3月13日，他对刘仲华、刘仲容说："蒋介石完了，是条死蛇，无论军、政、经、党都已崩溃，大势已去，特务也不足为虑。何应钦是和平内阁，任命何出任行政院长主要是为了控制军队，便利将来改编缩军，希共方谅解。"他又半要挟半诉苦地说："我很害怕把一个好好的局面搞乱了。现在和平民主力量已经有了战胜封建死硬势力的基础，只要不打仗，和平前途绝对可以乐观。相反，如果解放军渡江，那么不要说蒋介石会重新出来，白崇禧也会打的，美国、日本都会放手支持蒋，那样的局面是我所不愿看见的。"不管"二刘"怎样向李宗仁解释，对中共无论如何不能以不渡江来作为条件，解放军渡江只会对宁沪杭一带的蒋系军队形成威慑，而不会威胁和平，李宗仁始终不改变态度。

3月5日至13日，中国共产党在西柏坡举行七届二中全会。毛泽东在全会作了报告。会议集中讨论彻底摧毁国民党统治，夺取全国胜利，在新形势下党的工作重心实行战略转移，即从乡村转到城市的问题。毛泽东指出：二中全会，可说是城市工作会议。城市工作必须以生产建设为中心。会议着重研究和规定了党在全国胜利后，在政治、经济、外交方面应当采取的基本政策，分析当时中国经济成分的状况和党所必须采取的正确政策，指出中国由农业国转变为工业国、由新民主主义社会转变为社会主义社会的发展方向。二中全会号召在胜利面前，全党务必保持谦虚谨慎、不骄不躁和艰苦奋斗的作风。二中全会规定，禁止给党的领导者祝寿，禁止用党的领导者的名字做地名、街名和企业的名字，防止对个人的歌功颂德。

3月17日，继南北局部通商、通邮之后，上海滩商界闻人、担任全国商业联合会及中华国产厂商联合会理事长一职的王晓籁为南北通商通汇事项，致电李宗仁、何应钦和毛泽东、叶剑英等人，电文中说：

> 安定以求进步，进步以求安定，乃相为用者，目前求安定，求进步，实为主观客观之需要，而为人同此心，心同此理者也。安定进步之要件，

则为人尽其才，物尽其用，货畅其流……乃近交通工具已不能适应需要，设再予以人为障碍，必致货不能畅其流，因以人不能尽其才，地不能尽其利，物不能尽其用。我国农工矿物，东西南北各有不同，如不互通有无，以有余补不足，则不但人民生活水准难免再低，经济秩序尤失常轨，即政府方面亦不免多费周章。因在不安定，必难有进步；而不在进步中，必难有安定。此次南北通邮、通电、通航，人心已得安定不少，社会已见进步现象，而在工商方面，以为继其后者，必为通商通汇，因遂准备加工进货，以望经济秩序之常轨可复，生活之最低水准确保……迅予实行通商通汇，实属公私两便。

王晓籁发出这样一份电报，一方面固然是反映工商界人士的心声，一方面也体现出当时国统区人士对和谈成功颇具信心。

3月22日，中共在得知刘仲华、刘仲容转告的李宗仁对和谈的立场之后，密电上海有关方面转告李宗仁："速以桂系可靠部队一个师守卫总统府，严防蒋系于情况紧急时对其暗算；不要惧怕我军渡江；速以谈判代表内定人数及名单即日电告；告白崇禧不要占平汉路；李宗仁本人必要时可与中共中央直接商谈；告白崇禧不要破坏平汉路。"对于中共方面善意的忠告，李宗仁大都承诺并兑现，同意调兵，同意必要时自己直接与中共中央谈判，同意通知白崇禧不破坏平汉路。唯对解放军过江之事却避而不答。

3月23日，初春的华北平原阳光灿烂。毛泽东、朱德、刘少奇、周恩来、任弼时兴致勃勃地登上汽车，离开西柏坡前往北平。毛泽东对周恩来说："今天是进京的日子，进京赶考去！"周恩来笑着说："我们应当都能考及格，不要退回来。"毛泽东说："退回来就失败了，我们决不当李自成，我们都希望考个好成绩。"同日，中共中央及所属机构陆续离开西柏坡及其附近村庄，于25日全部迁到北平。

3月24日，蒋介石在溪口接见宋希濂、关麟征，对他们大发感慨："我们自黄埔建军以来20多年中，遭受过许多挫折，但从未失败到今天这样的严重。抗战胜利后，我们的军事力量较以往任何一个时期都要强大得多，为什么在短短三年时间里，会弄到今天这个地步呢？军事上失败最主要的原因，就是我们军队的战斗意志太薄弱了！一个师甚至一个军，一被共军包围，只有几个小时或顶多一天工夫，就被共军完全消灭了。我们过去北伐时期，能以少击众，以一当十，是因为官兵具有不贪财、不怕死的革命精神。但抗战胜利后，很多部队完全丧失了这种精神，许多中上级军官利用到各大城市接收的机会，大发横财，做生意、买房产、贪女色，腐败堕落，弄得上下离心，军无斗志。这是我们军事上失败的根本所在。"他指示宋希濂："如果和谈不成，共军必然渡江。今后西南地区极关重要，你指挥的部队，可转移到鄂西山地去，以巩固川东门户。"

3月25日，李宗仁指定张治中、邵力子、黄绍竑、章士钊、李蒸等人为和谈代表，正式成立代表团；并指定张治中为首席代表，后来又增加了刘斐做代表。同一天，李宗仁通过黄启汉转电中共中央称："正当和平初现，和谈将开之时，中共部队连日向麻城、罗田、英山、望江、安庆、无为、巢县、泰州之线大举推进，迫近江边，致使此间人心惶惶，影响和谈进行甚大，务请从事考虑制止，并酌予后撤。以利求和，免生枝节，而顺民意。"出于策略上的考虑，同时也为了最大限度地争取桂系，等待李宗仁、白崇禧的觉悟，中共中央军委下令前线部队暂停向花园及其以南之孝感、黄陂、黄安、阳罗、黄冈、麻城、浠水等地推进。

蒋介石在当天日记中评论李宗仁指定的代表团："可决定其为十足的投降之代表。但共匪是否接受其投降，是一问题耳。李宗仁和谈方案，其中心条件，无异于协同共匪消灭国军之基础耳。"

3月26日，新华社播发声明："关于和南京国民党'反动'政府举行和平谈判事宜，中共中央决定：（一）谈判定四月一日开始；（二）谈判地点在北平；（三）中共中央派周恩来、林伯渠、林彪、叶剑英、李维汉等为代表，以周恩来为首席代表，与南京国民党反动政府方面所派代表团，按照一月十四日毛泽东对时局的声明，以及所提八项条件作为双方谈判的基础；（四）上述各项，将经由新华社广播电台即日通知南京国民党反动政府，按上述时间、地点，派遣代表团携带以毛泽东八项条件为基础的必要材料，以便举行谈判。"

3月29日，张治中携带李宗仁拟定的和谈"腹案"，再度来溪口谒见蒋介石。同行的还有顾问屈武。而吴忠信早就在溪口了。他呈递给蒋介石的以行政院名义拟就的"腹稿案"，只供代表团在谈判过程中掌握，并非提出的谈论方案，其内容，是针对中共的"八条"，把蒋介石新年文告再具体化。蒋介石早已知道，但还是看了一遍。

预拟与中共商谈之腹案：

一、双方既确认以和平商谈解决国是为全国人民之要求，则双方所应商谈者，端在国家元气之如何保存，人民痛苦之如何解除，国家政策之如何拟订，及政治制度之如何建立，以谋长治久安，是以关于战争责任问题，不应再提。

二、同意重订新宪法。此新宪法之起草，我方应有相当比例之人数参加。

三、关于法统问题，与前项有连带关系，可合并商讨。

四、双方军队应分期分年各就驻在区域自行整编，并应树立健全的军事制度，俾达成军队国家化之目的，至分期整编时双方应保留之军队数字，另作商讨。

五、"没收官僚资本"一节，原则同意，但须另行商订施行条例办理。

六、"改革土地制度"一节，原则同意，但须另行商订施行条例办理。

七、关于"废除卖国条约"一事，将来由政府根据国家独立自主之精神，平等互惠之原则，就过去对外签订条约加以审查，如有损害国家领土主权者，应予修改或废止。

八、同意召开政治协商会议，并由该会产生联合政府，唯在该会与联合政府中，我方与共方应同等名额参加，其属于第三方面人士之名额，亦以双方区域中各占其半。

九、代表抵京后，即向中共提出双方应于正式商谈开始之前，就地停战，并参酌"国防部"所拟停战意见进行商谈。

张治中补充说明，该腹案为国方可能让步之原则极限，商谈的时候还要逐条力争。

蒋介石淡淡地说："我没有什么意见。"

张治中显然不死心，说："总裁，还是做一点指示吧！"

蒋就叮嘱了一番："文白，你这次负担的是一件艰苦的任务，一切要当心啊！"

下午，蒋介石陪同张治中、吴忠信，沿着蒋母墓庐边的山中小路一直走到溪口。在蒋母墓庐下，蒋介石对张吴二人说："我还是要和平，再也不想开战了！我现在的愿望就是能终老故乡！"

张治中听了以后，高兴地说："总裁这话应该对和谈很有帮助的，也可以消除党内的分裂！不知是否愿意在报纸上发表一下？"

蒋介石随即表示："你斟酌着办吧！"

于是，3月31日出版的《申报》头版头条就是：

【本报卅日电】蒋总裁对和谈大计，决采完全不干涉态度，听由李代总统及何院长全权决定处理。蒋总裁并郑重表示，渠决以在野之身，尽力支持李代总统，使和平得到成功，蒋总裁此项表示，系廿九日面告代表国民党赴溪口向总裁报告和谈问题之张治中者。张氏卅日下午返京后，即赴立（法）院出席秘密谈话会，报告赴溪口经过，张氏称：蒋总裁在溪口，游览山水，意态悠闲，渠表示既已引退，决不过问政治，过去渠首先倡导和平，现则恳切希望各位努力完成。总裁与张氏出外散步时，面临山前溪流，怡然告张氏曰："我已有四十余年没有在故乡久住了，倘若和谈能够成功，天下能够太平，人民能够安居乐业，我得以终老故乡，那简直如神仙一样了。"言时态度至为轻松愉快。张氏并告立委称：蒋总裁自引退后，体重增加，过去一一八磅，今已一二五磅矣。各位立委获悉蒋总裁之表示后，咸以热烈的鼓掌，表示无限之欣慰……

张治中等人离开溪口的时候，由蒋经国陪送到杭州笕桥机场。蒋经国与屈武同车。分手时，蒋经国对屈武说："文白先生也太天真了！现在还讲和平，将来是没有好结果的，我看他会死无葬身之地的！"蒋经国这最后一句话，是其父蒋介石近几个月的口头禅。在飞机上，屈武把蒋经国的话告诉张治中，张治中呆了一下，生气道："你为什么不早告诉我？我要当面质问他，教训他！他父亲说一切要当心，他却说我死无葬身之地，这像什么话！"

刘斐是李宗仁增补的派往北平参加和谈的代表之一，他本来不愿意担当这个使命，李宗仁找他商量。刘斐说："仗是打不得了，全国人民要和，这是实在的。你想和到什么样子呢？"

李宗仁说："我想做到划江而治，共产党总满意了吧。只要东南半壁得以保全，我们就有办法了。"

刘斐说："划江而治是你的如意算盘。我估计目前情况下是很难做到的。你是以主和上台的，因此，在有利条件下要和，在不利条件下也只有和。所以首先你要有决心。"

李宗仁说："我有决心。和谈如果成功，我一定签字。共产党已取得这么多地方，我想他一时也不能消化。如能确保东南半壁，至少是可以在平分秋色的基础上来组织联合政府的。"

但即使解放军不渡江，国统区凋敝的民生又该如何挽救呢？李宗仁能想到的唯一方法就是积极与美国大使司徒雷登接触，希望美国政府给他提供 10 亿美元的援助，至少也要 5 亿美元，以帮助抑制通货膨胀。李宗仁强调：请司徒雷登注意蒋引退后中国政局已完全改变的事实，并向他保证今后将有效地使用美援。如果美国现在拒绝帮助中国来阻止世界共产主义的扩张，今后他要在远东做同样的事就要多花百亿美元，而且不会有什么效果，还会使美国青年不得不流血。

但司徒雷登拒绝了李宗仁的请求，并且清楚地说明，由于蒋介石仍在幕后控制着政府，中国的局面并没有改变。李宗仁一再地央求美国大使司徒雷登，希望美国能贷给中国一批白银，先行安定金融，再及其他。司徒雷登总是说："总统先生，你有其名无其实，政府实权完全未有更动，不管美国运来多少金银,还不是和以前一样,完全浪费。"一系列外交努力的结果仍然是:美国的对华外交政策已定,现在绝不能改变。

就在张治中离开溪口的同时,3月30日下午,刘仲容作为白崇禧的特使,再度秘密地辗转来到北平。他刚刚被安排住下还不到一小时,毛泽东就派人用车把他接到西山双清别墅自己的住处去谈话。两人长谈7小时,一直谈到晚上。综合刘仲容提供的信息,毛泽东得出结论:李、白有联合反蒋的诚意。因此,他当晚就打电报给华中前线高级指挥官,称:与白崇禧之间的电讯联系即将建立,"我们决定联合李白反对蒋党,李白对此计划已有初步认识",望前线各部准备与白崇禧在军事上进行配合。

但另一方面,当听到刘仲容转达白崇禧"划江而治"的建议时,毛泽东严正指出:"白先生要我们不要过江,这是办不到的。"如果白崇禧接受中共的和平条件,李、白二人可以保持其政治地位,参加联合政府。桂系的军队也可以暂时不动,将来协商解决。毛泽东要刘仲容回南京去,向李、白二人当面转达中共中央的态度。

4月1日,张治中率南京和谈代表团飞往北平。同行的除前述几位正式代表外,还有代表团顾问屈武等和其他工作人员共计20多人。起程前,李宗仁专门把黄绍竑找去谈了两三个小时,信誓旦旦地表示:"如中共条件真难接受,和谈破裂,我便下野;如中共条件并不太苛,尺度相当的放宽,大家仍不同意签字,因而和谈破裂,我亦下野;另外,不管中共条件如何,只要你们同意签字,即令溪口方面反对,我都可以完全负责。"

下午2时,飞抵北平的张治中一行走下飞机之后,发现中共和谈代表团首席代表周恩来没到机场迎接,心里顿时生出一种不祥之感。上飞机之前,南京机场上官盖云集,夹道欢送;当飞机飞临北平机场上空时,代表团本以为也会有同样热闹的场面。因此,张治中特地命令驾驶员驾驶飞机盘旋两周,以示礼貌。不想,下飞机后,机场上只有北平市副市长徐冰、中共和谈代表团秘书长齐燕铭、四野参谋长刘亚楼等寥寥数人迎接他们。由机场来到下榻的北平六国饭店时，代表团众成员抬头一看，一幅大标语赫然写着十个大字："欢迎真和平，反对假和平。"见此光景，张治中的顾问屈武说："看来，中共对我们的诚意是有怀疑的。"

当晚，中共和谈代表团首席代表周恩来在六国饭店宴请南京政府和谈代表团，参加的有中共代表林伯渠、林彪、叶剑英、李维汉、聂荣臻和秘书长齐燕铭；南京政府方面有首席代表张治中，代表邵力子、章士钊、黄绍竑、刘斐和秘书长卢郁文。丰富的晚宴和热情的招待，使代表们的情绪又重新高涨起来。

宴会结束后，周恩来、林伯渠和张治中、邵力子谈话。周恩来严厉地质问张治中："文白先生，你是李宗仁指派的首席代表，蒋介石早已下野，你为什么还要到溪口去向战犯头子请示？你这样做法，完全是为了加强蒋介石的地位，起了混淆视听、破坏和谈的作用。"毫无思想准备的张治中连忙辩称："第一，我是国民党员，蒋介石是国民党总裁，党员行动，总得让总裁知道吧！第二，现在名义上是李宗仁代总统，但实权仍在蒋介石手里，为了和谈工作不致夭折，我不能不去摸个底呀！"周恩来接着说："不管怎么说，只能说明蒋介石还在发号施令。这种由蒋导演的假和平，我们是不能接受的！"

林伯渠约章士钊谈话，也坚持在战犯问题上决不让步。章士钊面带难色地告诉林伯渠："如战犯问题不放松，则有两点顾虑。在人情上说，此次六个代表，除本人之外，均属国民党，如果一定要抓蒋介石，等于让儿子签字杀老子，恐怕五个代表决不肯签字，这是其一；二呢，从利害观点讲，目前蒋介石尚有残余力量，美国和日本又窥视在侧面，如逼得太紧，即是促成蒋介石系统的团结。"

就在南京和谈代表团抵达北平的当天，南京城内发生了震惊一时的"四一"血案。

大约在3月27日、28日之际，在南京的各大专院校的师生得知了国民党和谈代表即将赴北平谈判的消息，决定在4月1日，国民党和谈代表飞赴北平的那天举行游行示威。他们强烈要求国民党政府接受中国共产党的八项和平条件，尽快结束内战，实现真正的和平。

1949年3月29日,南京青年学生成立了"争生存联合会"。为了迎接更大更严重的斗争,还成立了"南京市专科以上学校应变联席会议",来领导这次示威游行。3月31日,应变联席会议发表了《争生存争和平宣言》,该宣言称:

> 在中国历史大转变的前夕、人民力量接近胜利的时候,垂死的没落反动势力仍试图作最后的挣扎,用尽了各种方法来企图苟延反动的统治政权。随着他们的困兽斗,中国人民的生活乃陷入更深的血泪中,我们的生活也陷入了更高度的困窘与饥饿,最起码的生存要求遭受到了空前的严重威胁与迫害。因之我们争生存、要活命的怒吼,不仅是为改善自己的生活、保障自己的福利,而更是要为我们永久的生存取得保障,从而为全中国人民取得永久生存的保障,这种生存是必须在全面的和平下才能获得的。

同时他们还设立了总指挥部,组织了纠察队、宣传组、救济组、联络组,决定了游行线路,规定了游行时的纪律。

南京卫戍总司令张耀明得到南京大专院校的学生要游行示威的消息后,惊恐万分,立即命令政治部于3月29日邀请了各高校的负责人开会,要求各校无论如何都要说服学生,不要举行请愿和游行活动,以免发生事故。与会代表也都纷纷表示,青年学生们的要求是符合全国人民的意愿的,任他们喊喊跳跳又有什么关系呢?3月31日,双方勉强接受了一个折中方案:以请愿为主,会后不举行集体游行,各校分路返校,就算游行好了。但是,各校的代表又提出一个条件,无论怎样,都不应再生任何枝节。

当天晚上,南京卫戍司令部就发表了一份充满威胁的声明:"依据戒严令,绝对禁止任何学校、团体假借任何和平名义,非法集合或聚众游行,违者严办不贷。"这也就给南京的军、警、宪、特一把尚方宝剑,他们可以依据命令阻挠和镇压学生的游行示威。但出乎意料的是,在31日晚11时,卫戍司令部的副司令覃异之接到司令张耀明的电话:"李代总统命令,准许学生游行。"

从这里也可以看出，李宗仁对和谈还是有诚意的。

会后，各高校的代表大都向学生应变会说明了明天停止游行的通知。当时很多做好准备的同学都很诧异。

4月1日上午7点钟的时候，中央大学的同学都吃了早饭，突然，学生应变会的杨育平在饭厅前大声地宣讲道："同学们，我们还是要去总统府请愿的。政大和建国法商学院的学生已经到了大操场，我们中大的同学不能失信。我们赶紧集合，到大操场整理队伍。"

当时，有同学就跟杨育平激烈争吵起来，说学校已经下发通知，停止示威游行一事。而杨育平更是慷慨陈词："难道我们中大怕死吗？难道我们向政府表达反内战、真和平的意愿也犯罪吗？"就这样，中大四牌楼本部的学生在文昌桥宿舍食堂前进行了半个小时的辩论，最后多数学生坚决主张按计划游行，并且队伍已经陆续集合起来了。中大集合1000多人的队伍，随后到大操场与大队人马会合，此时，其他学校的队伍也到了四牌楼的中大操场。

中大的同学正在集合队伍之时，中文系主任兼文学院院长胡小石派人把中大学生应变会的主要负责人常建宇、杨育平、黄学孝、刘敬坤等人找来。在中大礼堂的台阶前，白发苍苍的胡小石一面不停地挥舞着手中的手杖，一面急切地说："孩子们，今天不能去游行啊！我在办公室接连接到张耀明的几个电话，他说，你们学生有游行的自由，那我就有镇压学生游行的自由……你们万万不能出去游行啊！一旦发生流血事件，我怎么向你们的父母交代啊？"

这几位同学都被胡小石的话感动了，但是在那种"箭在弦上"的局势下，他们还是回到大操场，检查和整理队伍。4月1日9时左右，没有宣传车，也没有标语和布标，只有这些大专院校的校旗迎风招展。南京大专院校的6000多名学生从四牌楼的中大操场出发，经过保泰街到鼓楼与金陵大学的队伍会合后，沿着中山路、新街口、中山东路、大行宫、太平路、三山街、昇州路、中山南路返校。

游行进行了3个小时，也没有发生什么镇压的现象。

在散会之后，剧专的同学沿太平南路向学校后撤。他们边走边演活报剧《耍猴记》。

《耍猴记》的剧情是讲一个戴着星条蓝帽的外国佬，手牵两只活蹦乱跳的猴子，耍来耍去，这两只猴子对这老外做出各种可笑又可怜的姿态，一个像蒋介石，一个像李宗仁，这老外当然是指美国人了。

路边有很多市民围观随行，可谓人山人海，人群中不时爆发出哄堂大笑和雷鸣般的掌声。而学生抵达白下路后，继续向前，从大中桥的路口冲出来一批国民党的军官。他们正是所谓"容总"的人，即军官收容总队，都是些淮海战役战败回京的残兵游勇，对共产党对游行的学生恨之入骨。他们动用木棒对剧专的学生上来就是一阵猛打。

在此混战中，剧专的学生手无寸铁，显然不是这些训练有素的军人对手。政治大学的一些学生从学校开着卡车，到达了大中桥出事现场，来营救剧专的同学。

几百名"容总"的暴徒，不问青红皂白，一拥向前，咆哮着、跳嚷着，先把汽车玻璃砸碎，把卡车后的挡板扳开，然后用木棍、铁条和石块乱打乱砸赤手空拳的学生。这些同学，有的被打得骨折，有的被打昏倒。他们还将其中一些学生横拉着捆到一起，对他们百般羞辱，绑着一些同学的双手，推进"容总"，不停地恐吓他们，说"缴获了你们共产党的电台，今天要把你们送到雨花台去"，还对这些同学进行了非法审讯。政治大学的司机陈祝三当场被这些暴徒活活打死。

中央大学的游行队伍闻讯赶到总统府门前请愿。大概下午3点左右，学生应变会的几个同学陪同中大"校维会"的胡小石等教授，欲进入总统府去找代总统李宗仁说理，但看门的警卫不让他们入内。后来，李宗仁的一位秘书出来应付说："李代总统不在，兄弟我无权答复。大家请回吧！"在外面围坐着的中大同学，见此情形，齐声高唱国际歌，给那些警察很大的压力。后来，首都卫戍司令部的政工处长罗春波来到现场，威胁大家说："我劝你们还是回去吧！否则没有什么好结果的。"

这时已经到五点钟降旗的时候了，游行的中大同学立即起立行注目礼。刚降完旗，远处开来了一百多人的警察，密集地排在总统府门前，双方僵持着。

这时，突然从大行宫方向开来了三部卡车，车上全是手拿棍棒的军人，正

南京学生走上街头,为"争生存、争和平"举行请愿游行

"四一"惨案追悼会现场

是刚刚在大中桥制造了血案的"容总"暴徒。他们争先恐后地下了车，一面冲到请愿的队伍前，一面吼道："打小共产党，打死这些共产党！"这些"容总"的打手举起手里的棍棒对中大的学生就是一阵猛打。本来坐着的队伍一下子被冲散了，学生应变会眼见形势紧急，就立即指挥在场的同学分成两个部分。大部分人朝东跨过大路避开"容总"；西边的200多人冲向总统府门里。

他们首先猛力突破宪警设置的人墙，向总统府的大院里奔去，前厅架着机枪。跑在前面的二三十位同学突出侧门，通过巷道，直奔后面李宗仁的办公室。等他们跑到子超楼的楼梯口时，卫兵不让他们进去，反而把他们押往前厅。这时，跑在后面的几十名同学已经被后面追上来的"容总"军官围殴，有的已倒在血泊之中，有的正徒手与暴徒搏斗。在这场发生在总统府的镇压中，中大物理系四年级同学程履绎不幸牺牲，电机系二年级同学成贻宾重伤，4月19日不治身亡。

惨案接近尾声时，卫戍总司令张耀明从司令部坐上吉普车，手里举着手枪，冲到总统府，对正打在兴头上的暴徒高喊："我是总司令，哪个再敢打，我就立即枪毙他。"随着张耀明的高喊，同时他带来了一部分军警，那些"容总"的人被威慑住了，悄悄地溜走了。

此次惨案中，南京各高校被打学生共计195人，其中重伤80人，轻伤15人，当场牺牲和重伤致命3人。在这次惨案中，南京的人民始终是站在学生一边的，他们不仅为游行队伍壮威呐喊，心系学生的安危，多次劝告同学们要避开危险；在紧急关头还冒险伸出援手，把被打的同学藏在自己的身后，帮助同学伪装成食客，逃脱暴徒搜查。就连总统府的一个卫兵还帮助学生们躲藏，甚至把几个学生拖入警卫室，对围殴的"容总"人高声宣布没有看见人进来。

1949年4月2日，国民党首都警察厅关于解决"四一"学生运动致教育部的电文中，这样叙述了当时发生的状况：

>……边疆、政大两校学生6人于大光路军官收容总队门前举行反动宣传时，因激起军人公愤被打耳光，遂于下午3时许邀集同学百余人，在金大散会后分乘卡车3辆前往大光路，意图报复，并在白下路，向大中

桥方向行驶，沿途高呼"反饥饿、反迫害、反征粮、反美援、打倒反动军队"等口号时，大中桥附近军官收容总队官兵20余人更激起愤慨，上前质询："谁是反动军队?"学生答："戡乱军队就是反动军队。"随即触怒在场官兵，相互混打。……

大中桥混打后，边校学生当即分向中大、金大等校求援，至下午4时许，复有中大、金大等校学生500余人再向总统府请愿。……下午5时许，突有军官收容总队官兵百余人分乘卡车两辆到达东海路北口下车，手执木棍，蜂拥向总统府方向前来。……瞬间军人已冲到，军人、学生双方且打且退，退入总统府大门内。……下午6时25分，总统府警卫队鸣枪，军人始行退去。事后即协同卫戍总部派卡车，分将受伤学生送鼓楼等医院救治。本厅薛局长当时会同总统府卫戍总队在现场逮捕肇事军人7名，解送卫戍总部办理。

第六章：和谈第三阶段：破局

1949 年 4 月 2 日至 4 月 22 日

4月2日，新华社播发了南京"四一"惨案的消息并作出评价说："南京反动政府在和平谈判开始第一天，对要求真和平学生的屠杀，说明国民党反动政府的和平是怎么一回事。"当天，南京各大专学生会主席团联合会决定从即日起实行无限期罢课。对于受伤学生，有本市和外市写信来慰问的，有亲自到医院和学生自治会来慰问的，有送来慰问款的，有在慰问时咒骂国民党的。慰问的人群中，有学生、商人、教师、市民，还有不少是国民党军人，连军官收容总队也有个别军官寄来慰问信并附来若干慰问款。

当晚，周恩来在六国饭店接见了李宗仁的联络官黄启汉。在谈到以八项条件为谈判基础问题时，周恩来气愤地说："你们的代表团并没有诚心诚意地接受八项原则。根据这两天来和他们六位代表个别交换意见的情况，除邵力子外，其他几个人都异口同声地说：惩治战犯这一条不能接受。这是什么话呢？李宗仁不是公开宣布承认毛主席提出的八项原则为谈判基础的吗？怎么代表团来了又变卦呢？还有，南京代表团到北平来之前，张治中还到溪口去向蒋介石请示，这就产生另一个问题：你们代表团究竟是代表南京，还是代表溪口呢？这两个问题不解决，和谈怎么进行呢？"在谈判桌上，周恩来又屡屡提到南京政府统治之下，打死打伤学生的事实，认为应该禁止。这不但给国民党和平谈判代表团一个下马威，在谈判中，也迫使国民党代表团对共产党提出和平谈判八项基础提不出实质性的反驳意见。

这一天，坐镇溪口的蒋介石就向迁至广州的国民党中央党部发出了关于和谈原则的三条指示，即：第一，和谈必须先订停战协定；第二，共军何日渡江，则和谈何日中止；第三，其破坏责任应由共方承担。

在接下来的几天里，和谈双方代表开始进行个别交换意见。双方争执的焦点明显地集中在战犯问题上。多数南京代表认为，我们是第二号战犯派来的，第二号战犯怎么能办第一号战犯呢？这件事根本办不通。纵然签了字，不仅南京不会同意，而且我们根本就回不了南京了。可是，中共代表在战犯问题上毫不松口，只是同意谈判期间军队暂不过江。

在接连两天个别谈话摸底之后，中共中央对于南京代表团内部情况和要求已经十分了解。鉴于代表团中相当一部分人都与蒋系有关，因此他们对代表团谈判求得根本和平解决不抱太多幻想。中共方面这时的策略是尽量分化争取代表团中的动摇者，而对坚持与共产党为敌者置之不理，使其无所作为。同时，眼看长江快到涨水期，毛泽东也力图促使白崇禧能够在解放军渡江问题上保持中立甚至给予配合。

4月3日上午，李宗仁的私人代表黄启汉动身回南京。在他临行之前，周恩来再次接见他，重申了中共方面的立场。周恩来说：经过辽沈、淮海、平津三大战役，蒋介石军队的主力部队已被歼灭殆尽，可以说内战基本结束，剩下的不过是打扫战场而已。为了尽快地收拾残局，早日开始和平建设，改善人民生活，我们还是愿意在八项原则基础上通过和谈解决问题。

周恩来要黄启汉转告李宗仁和白崇禧："中国人民解放军完全有足够力量在全国范围内扫除一切和平障碍，李宗仁、白崇禧不应该再对帝国主义抱有幻想，不应该再对蒋介石留恋或恐惧，应该团结一切可以团结的力量，坚决向人民靠拢。也只有这样，才是他们唯一的光明出路。"

下午，抵达南京的黄启汉向李宗仁详细汇报了北平非正式谈判的情况，并说："临来之前，周恩来要我向代总统转达三条具体意见：第一，在和谈期间，人民解放军可以暂不渡长江。第二，白崇禧在武汉指挥的国民党部队，应先撤退到花园以南一线。第三，希望代总统在任何情况下，都不要离开南京，能够争取更多的军政大员留在南京更好。考虑到代总统的安全，希望调桂系部队一个师进驻南京以防万一，如蒋介石一旦发动攻击，只要代总统守住一天，解放军就可以开进南京。"

4月4日，新华社播发了毛泽东撰写的《南京政府向何处去？》的重要评论，指出："两条路摆在南京国民党政府及其军政人员的面前：一条是向蒋介石战犯集团及其主人美国帝国主义靠拢，这就是继续与人民为敌，而在人民解放战争中和蒋介石战犯集团同归于尽；一条是向人民靠拢，这就是与蒋介石战犯集团和美国帝国主义决裂，而在人民解放战争中立功赎罪，以求得人民的宽恕和谅解。第三条路是没有的。"

评论在历述了"四一"惨案经过后，指出："四月一日发生于南京的惨案，不是什么偶然的事件，这是李宗仁、何应钦政府保护蒋介石、保护蒋介石死党、保护美国侵略势力的必然结果。这是李宗仁、何应钦政府和蒋介石死党一同荒谬地鼓吹所谓'平等的光荣的和平'，借以抵抗中共八项和平条件，特别是抵抗惩办战争罪犯的结果。李宗仁、何应钦政府既然派出和谈代表团前来北平同中国共产党谈判和平，并表示愿意接受中国共产党的八项条件以为谈判的基础，那么，如果这个政府是有最低限度的诚意，就应当以处理南京惨案为起点，逮捕并严惩主凶蒋介石、汤恩伯、张耀明，逮捕并严惩在南京、上海的特务暴徒，逮捕并严惩那些坚决反对和平、积极破坏和谈，积极准备抵抗人民解放军向长江以南推进的反革命首要。"

评论以不容置疑的口气正告南京政府：

如果你们没有能力办这件事，那么，你们也应协助即将渡江南进的人民解放军去办这件事。时至今日，一切空话不必说了，还是做件切实的工作，借以立功自赎为好。免得逃难，免得再受蒋介石死党的气，免得永远被人民所唾弃。只有这一次机会了，不要失掉这个机会。人民解放军就要向江南进军了。这不是拿空话吓你们，无论你们签订接受八项条件的协定也好，不签这个协定也好，人民解放军总是要前进的。

> 签一个协定而后前进,对几方面都有利——对人民有利,对人民解放军有利,对国民党政府系统中一切愿意立功自赎的人们有利,对国民党军队的广大官兵有利,只对蒋介石,对蒋介石死党,对帝国主义者不利。
>
> 不签这个协定,情况也差不多,可以用局部谈判的方法去解决。可能还有些战斗,但是不会有很多的战斗了。从新疆到台湾这样广大的地区内和漫长的战线上,国民党只有一百一十万左右的作战部队了,没有很多的仗可打了。无论签订一个全面性的协定也好,不签这个协定而签许多局部性的协定也好,对于蒋介石,对于蒋介石死党,对于美国帝国主义,一句话,对于一切至死不变的反动派,情况都是一样的,他们将决定地要灭亡。

评论最后警告说:"南京政府及其代表团是否下这个决心,有你们自己的自由。就是说,你们或者听蒋介石和司徒雷登的话,并和他们永远站在一起,或者听我们的话,和我们站在一起,对于这二者的选择,有你们自己的自由。但是选择的时间没有很多了,人民解放军就要进军了,一点游弋的余地也没有了。"

4月4日和5日两天,白崇禧接连给身在北平的刘仲容来电,要求解放军在安徽停止进攻安庆,在河南停止向花园推进。毛泽东当即复电,表示整个华中问题的处置,可以由双方代表谈判解决,黄冈、黄陂、花园、孝感、汉川、黄陵矶一线及其以南地区,解放军将暂不进攻,只需将该线以东地区及安庆以西地区部队撤退即可。毛泽东并具体说明了白崇禧前线部队与解放军前线司令部取得联系的方法。

对于毛泽东的提议,白崇禧9日复电表示基本赞同,称已通知前线将领,但又解释说:要他从安庆撤退军队,还些有困难。因该地属京沪区指挥,他不便擅令守军撤退。对此,毛泽东表示充分理解,一面复电白崇禧,告诉他同意在安庆保持现状,一面指示前线部队停止对安庆的攻击,以待通过谈判来加以解决。

同样,对于这时李宗仁通过电话提出的请解放军不要占领镇江、芜湖,以免南京因可能受到炮击而政局动荡的要求，也迅速给予满足。

在这段时间里，国统区内上海交大、复旦、同济等学校纷纷罢课、罢教、捐款，要求严惩凶手，追悼"四一"蒙难同学，释放学生，实现和平。为了声援南京"四一事件"，上海交通大学等31所学校的千余人，举行集会，成立了"四一血案志哀会"。各系科代表决定联络上海各校代表去南京慰问。贵阳、重庆、广州、福州、青岛、汉口等地大专学生、教职员工在要求改善待遇声中，罢教罢课浪潮迭起。4月5日、6日，在台北的台湾和大陆师生聚集游行，当局以"张贴标语，散发传单，煽惑人心，扰乱秩序，妨碍治安，甚至捣毁公署，私擅拘禁执行公务人员"等罪名实行戒严，拘捕二十余名学生。

4月5日，在中共中央的提议下，来到解放区参加新政协的各民主党派派出朱蕴山、李民欣为代表，在刘仲容陪同下前往南京，邀请李宗仁亲自来北平进行和谈。

一见到刘仲容，李宗仁就热情地说："仲容啊，你这次去北平辛苦了！怎么样？见到毛润之先生了吗？"

刘仲容一脸凝重，神色严肃，说："见到了。毛润之先生还有话让我亲自转告德公和健公。"

李宗仁颇为兴奋，说："快说！什么话啊？"

刘仲容说："毛先生让我转告三点。一是关于德公（即李宗仁）的政治地位，可以暂时不动，还是代总统，还可以在南京发号施令。二是关于桂系部队的，只要不出去，解放军也不进行攻击，等到将来再具体商谈；至于蒋介石中央系的军队也是如此，如果他们不出去，由德公做主，可暂时保留他们的番号，听候处理。三是关于国家统一的，国共谈判时，如果德公出席，毛先生也亲自出席；如果何应钦或健公（即白崇禧）出席，则中共方面派出周恩来、叶剑英、董必武为代表；但谈判地点仍应在北平，而不考虑在南京；双方达成协议后，成立中央政府后，南京的牌子就不要挂了。"

李宗仁认真地听着，默不作声。

刘仲容又说："毛先生还说，美国和蒋介石是反对和谈的，希望德公和健

1949年4月1日,以周恩来为首的中共代表团与张治中为首的国民党代表团在北平举行和平谈判

公要拿定主意，不要上美国人和蒋介石的当。"

李宗仁点了点头："知道了，知道了！"

刘仲容停了一会儿，又接着说："毛先生还特别地提到健公，说白先生不是喜欢带兵吗？他的桂系军队也不过十来万人，将来和谈成功，成立中央人民政府，建立国防军的时候，可以让他继续带兵，请他带30万人的军队，人尽其才嘛，对国家也有好处啊！毛先生还强调，健公所言，解放军不过江是办不到的。解放军过江后，如果健公感到孤立，可以先退到长沙、广西，毛先生的意思可以来个君子协定，只要我们不出击，中共在三年内不进广西。"

4月6日，此前对于能不能同意惩办战犯和解放军渡江这两大问题颇感踌躇的南京和谈代表团作出决定：第一，战犯应受惩处，只要不正式提名，并且凡赞成和平条款及对人民作有益贡献者，均可酌情减免处罚。第二，同意解放军渡江，但应给南京政府必要的准备时间，不过也不必拖至联合政府之后。

同一天，国民党在广州召开中常会，行政院院长何应钦报告和谈经过。会议秉承蒋介石对4月2日对和谈方针之意见，制定了五项和谈原则：（一）为表示谋和诚意，取信国人，在和谈开始时，双方下令停战，部队各守原防。共军在和谈期间，如实行渡江，即表示无谋和诚意，政府应即召回代已表，并宣告和谈破裂之责任属于共党。（二）为保持国家独立自主之精神，出践履联合国宪章所赋予之责任，对于向往之国际合作，维护世界和平为目的之外交政策，应予维持。（三）为切实维护人民之自由生活方式，应停止所有施用暴力之政策，对于人民之处由权及其生命财产，应依法以保障。（四）双方军队应在平等条约之下，各就防区，自行整编，其整编方案，必须有互相等重、同时实行之保证。（五）政府之组织形式及其构成分子，以确能保证上列第二、三、四各项原则之实施为条件。

4月7日晚，一方面对"划江而治"仍然抱有期待，另一方面又被国民党中常会的决议"泰山压顶"的李宗仁斟酌再三，发出了一份给张治中并转毛泽东的电报，称："自宗仁主政以来，排除万难，决心谋和，悱恻之忧，谅贵党及各位民主人士所共谅察。今届和谈伊始，政府代表现已遵邀莅平，协商问题亦已采纳贵方所提八条为基础。宗仁愧于战祸之残酷，苍生之憔悴，更鉴于人类历史演成之错误，因为虑及和谈困难之焦点，愿秉已饥己溺之怀，更作进一步之表示：凡所谓历史错误，足以妨碍和平如所谓战犯也者，纵有汤镬之刑，宗仁愿一身欣然受之而不辞。至立国大计，决遵孙总理不朽遗嘱，与贵党携手，并与各民主人士共负努力建设新中国之使命。况复世界风云日益诡谲，国共合作尤为迫切，如彼此同守此义，其他问题可迎刃而解。宗仁何求，今日再冀，惟化干戈为玉帛，登斯民于衽席。耿耿此心，有如白水，特电布告，谨希亮察。"这份电报可谓用心良苦，工于辞令，既表示了"和平诚意"，又为战犯进行了开脱。"纵有汤镬之刑，宗仁愿一身欣然受之而不辞"，话中有软有硬，软硬兼施。给人的感觉是李宗仁在"认错谢罪"。其实，其口气之间，已经表示拒绝投降，希望取消八项条件中的第一项。

次日，毛泽东给李宗仁发了复电。电文指出："贵方既然同意八项条件为谈判基础，则根据此八项原则以求具体实现，自不难获得正确之解决。战犯问题，亦是如此，总以是否有利于中国人民解放事业之推进，是否有利于用和平方法解决国内问题为标准。在此标准下，我们准备采取宽大的政策，本日与张文白先生晤谈时，即曾以此意告之。为着中国人民的解放和中华民族的独立，为着早日结束战争，恢复和平，以利在全国范围内开始生产建设的伟大工作，使国家和人民稳步地进入富强康乐之境，贵我双方亟宜早日成立和平协定，中国共产党愿与国内一切爱国分子携手合作，为此项伟大目的而奋斗。"

这一天，毛泽东和周恩来在香山双清别墅会见张治中，再度作出策略上的让步。整个谈话过程中，毛泽东态度闲畅，对蒋介石亦称"蒋先生"，只有一次直呼其名。毛、周的意见可以概括为以下几点：首先，战犯问题，可以在和平协定条款中不提蒋介石三个字，对南京代表团的处境、困难表示理解，并同意将此问题拖到最后处理。其次，改编军队问题，所有国民党军队数额、番号、官长均可照日不动，驻地问题可以研究。第三，渡江问题，是否签字后马上渡江，也可以商量。第四，南京政府在和谈至新政协开会前，即到联合政府成立前这一段时间内，仍继续负责。第五，和谈方案正在草拟，拿出方案正式谈判时，两小时内便可解决问题。将来签字时，如李宗仁、何应钦、于右任、居正、张群等都来参加最好。

毛泽东、周恩来的谈话，使几天来始终处于极度不安和紧张中的张治中顿时长长地松了一口气。他也逸兴遄飞地谈了自己的治国观点，事后，他详细地告诉了秘书余湛邦，由余湛邦作了记录：

（一）抗日战争胜利后，在国民党政权中占统治地位的是亲美派反动集团，他们一边倒亲美、死硬反苏的错误政策是一个致命的孤注，给国家民族带来严重的灾难，不仅危及国家民族的命运，而且影响到远东的和平，因此我坚决反对一边倒亲美，主张美苏并重。平时美苏并重，战时善意中立。我是一生坚持孙中山先生三大政策的，但在亲苏联共的总方针下，不妨在外交策略上美苏并重，保持同等距离。

（二）战争结束恢复和平之后，就要进行全国性的建设。以中国之大，人口之众，建设不可能只靠自己，还得寻求外援。光靠苏联帮助不够，还得向英、美等国去争取才行；光靠任何一国都不行。

（三）我们还要做生意。现在世界交通日益发达，各国人民贸易往来，有无相通，是正常的事。我们要和所有的国家做生意，尤其和苏、美、英等国做生意，而不能像清代那样闭关自守，一律排斥外来的东西。

（四）我们既然主张和平，既然要和各国建立邦交和做生意，那么就得注意态度，不能对别人采取敌对和刺激的做法。

毛泽东一边仔细聆听张治中的话，一边冲着他笑。

回到六国饭店，张治中兴奋地告诉其他代表团成员："你们知道吗？可以肯定，按毛主席精神，和谈是可以成功的，因为今天双方谈判距离不大，甚至于没有距离。争执的焦点为战犯问题，但我们对战犯问题原则上是承认的，所争者仅是时间问题、技术问题，主张不必在此次和平条款中提出战犯名单，以减少我们的困难。可把战犯名单拖后到新政协，更为有利。惩治战犯将来由中共领导的新联合政府去，到时要办谁就办谁。"

张治中显然过于乐观了，毛泽东所说的"渡江问题，是否签字后马上过江，也可以商量"，潜台词就是解放军必须过江，而这无疑触及到了李宗仁的底线。李宗仁收到毛泽东的复电后，随即召集国民党"和谈指导委员会"进行研究，并由何应钦出面，于4月9日打了电报给张治中。一意孤行地要求张治中坚持4月6日国民党中常会制定的五项决议。

看罢何应钦的电报后，南京政府和谈代表团成员无不摇头叹息。在蒋介石的操纵之下，国民党中央突然提高谈判价码，使南京的谈判代表们刚刚看到的和平希望迅速化为乌有。张治中愤然致信蒋介石："默察大局前途，审慎判断，深觉吾人自身政治经济腐败至于此极；尤其军队本身之内腐外溃，军心不固，士气不振，纪律不严，可谓已濒于总崩溃之前夕。同时在平十日以来所闻所见，共方蓬勃气象之盛，新兴力量之厚，莫不异口同声，无可否认。假如共方别无顾虑之因素，则殊无与我谈和之必要，而具有充分力量以彻底消灭我方。凡欲重振旗鼓为作日后之挣扎者，皆为缺乏自知不合现实之一种幻想！此非怯懦自卑之言，实由我方党政军内腐外溃之情形，积渐所致，由来已久，大势所趋，大错铸成。尤其既失民心，今已不可复得。"——张治中追随蒋介石20余年，虽一向以直言敢谏著称，但措辞如此严厉，尚属首次。

这一天，李宗仁把白崇禧和夏威、李品仙等桂系重要将领都召集到了南京，商议刘仲容从北平带来的讯息。刘仲容对白崇禧说："健公，你给毛、周的信我都当面转交了。你要我向中共方面提出的'划江而治'，'政治可以过江，军事不要过江'的建议，我已经当面向毛先生和周先生谈过了。中共方面态度很坚决，毛先生说，政治要过江，军事也要过江，而且很快就要过江。"

白崇禧忿忿地说："他们一定要过江，那就非打下去不可了，那还谈什么？能让步的我们尽量让步，不能让步的绝对不能让。过江问题是一切问题的前提。中共如在目前战斗过江，和谈的决裂就是不可避免的。"

然后白崇禧又向李宗仁进言："目前最大的危机是蒋介石在幕后控制党政军大权，德公没有掌握政府的权力。而今蒋、李必须摊牌：如果蒋不出国，德公就应该急流勇退，让蒋重新出来当家做主。"

会后，李宗仁让程思远代他给蒋介石写信一封，称："和谈正在进行，结果未可预卜。回顾宗仁主政以来，形格势禁，难于集中权力，迅赴事机。果和谈万一破裂，战事重启，则宗仁断难肩此重任，深愿引身求去，以谢国人，未尽之意，托阎百川（阎锡山）、居觉生（居正）两先生代为表达。"阎锡山、居正专程去溪口见蒋介石，回来告诉李宗仁，蒋介石看了信后，竟然一言不发。

4月10日，毛泽东又接见了黄绍竑、刘斐。在十分轻松的气氛中，毛泽东神采奕奕，和蔼地说："人民的需求，我们最了解。我们共产党人是主张和平的，否则，也不会请你们到北平来。我们是不愿意打仗的，发动内战的是以蒋介石为头子的国民党反动派嘛。只要李宗仁诚心和谈，我们是欢迎的。"

毛泽东继续说："李宗仁现在是六亲无靠哩！第一，蒋介石靠不住；第二，美帝国主义靠不住；第三，蒋介石那些被打得残破不全的军队靠不住；第四，桂系军队虽然还没有残破，但那点子力量也靠不住；第五，现在南京一些人支持他是为了和谈，他不搞和谈，这些人也靠不住；第六，他不诚心和谈，共产党也靠不住，也要跟他奉陪到底哩！当然，只要李宗仁诚心和谈，我们共产党是说话算数的，是守信用的。"

已是中午时分，毛泽东留下黄绍竑、刘斐一起吃饭。当谈起各人爱好时，刘斐乘机试探地问毛泽东："主席，您会打麻将吗？"

毛泽东笑道："晓得些，晓得些。"

刘斐追问道："您爱打清一色呢，还是喜欢打平和？"

毛泽东差点失笑喷饭，立即说："平和、平和，中国有句古话，叫做'和为贵'，只要和了就行。"

这一天和第二天，朱德、周恩来也先后接见邵力子、章士钊、李蒸等谈判代表。众代表完全被中共领导人的气度和魅力征服了。

4月12日，代表团电告李宗仁，他们与中共已经在下述几点上达成了妥协，即（一）战犯名单可以不提；（二）军队整编数额可由南京政府自定；（三）解放军可暂不过江；（四）南京政府仍可过渡，等待政协召开，联合政府成立；（五）联合政府可以组织一个七人军事委员会，中共四人，国民党三人。目前只等中共方案提出，一旦中共提出方案，代表团讨论后，即派黄绍竑、屈武飞回南京，如南京同意，即与李宗仁等一同飞返北平签字。如不同意，亦请派于右任等来北平，以便讨价还价。（注：事实上，毛泽东确实给前线部队下达了"暂不过江"的命令,但他所说的"暂不"只是至多推迟一个月。)

当天,代表团就收到了何应钦的复电,电文中转达了南京政府和谈指导委员会作出的五项决议。除表示战争责任问题可依据代表团所谈原则处理外,明确要求对解放军"渡江问题应严加拒绝",即使签约,双方军队也应各驻原防。

代表团成员们都很清楚,解放军渡江不可避免,故对南京试图划江而治的企图深感绝望。最后,张治中请章士钊出面设法向毛泽东通融,要求中共考虑在和平条约签订后能够暂缓渡江。

同一天,刘仲容回到北平,说明李宗仁求和的态度不变,但拒绝中共渡江的态度,何应钦的电报实际上也正是李宗仁同意的。同样,白崇禧到南京后,虽仍反蒋,但也不主张与中共局部和平,更反对投降式的解决办法。

得知李、白态度如此暧昧,长江涨水期已到,毛泽东决定不再与南京代表团继续周旋。

4月13日,中共方面拿出了《国内和平协定草案》,作为正式谈判的基础,交国民党代表团研究。毛泽东给周恩来的信中,对谈判程序作了不容更改的规定:正式谈判时间为13日到17日,"4月17日必须决定问题,18日以后,不论谈判成败,人民解放军必须渡江。他们派回南京的人,14日上午去,15日下午必须回来"。

张治中一口气看完了《草案》,不禁大为失望。他后来回忆说:"第一个感觉是全篇充满了降书和罪状的语气。第二个感觉是:完了,和平是不可能的!实在说,这个草案在国民党顽固分子看来,不啻是'招降书''判决状',和他们那种'划江而治''平等的和平'的主观幻想固然是相差十万八千里,即就我想象中的条款来说,也实在觉得'苛刻'些。"

但代表团成员们再仔细研究《草案》,发现它其实已经依照与南京代表团达成的意向作了某些妥协:确实没有提到战犯的名单;没有规定整编人数;同意成立整编委员会,同意南京政府待联合政府成立后再办移交;同意吸收南京政府代表参加新政协和吸收若干国民党人参加联合政府。最重要的是,它没有直接提到解放军过江的时间问题,足以证明中国共产党的宽宏大量和言而有信。

当晚,双方正式会谈在勤政殿举行。大厅中间横放着一张长条桌,双方代表分坐两侧。条桌两侧的后面各有三张小条桌,是双方列席和记录人员座位。

周恩来率中共代表团由勤政殿东向进入会场,张治中率南京代表团由勤政殿西面进入会场,气氛十分严肃。周恩来首先发言,开门见山,言简意赅地阐明了中共方面的观点,希望南京政府代表团能够接受这个《国内和平协定(草案)》。接着,周恩来又对《国内和平协定(草案)》各个款项的具体内容逐项作了说明:一、明确战争的责任在南京政府。南京政府长期以来背叛孙中山先生的三民主义与三大政策,肆行反共;尤其自1946年以来,撕毁两党一切协定、协议,发动全面内战,使全国遭受空前灾难,已完全丧失人民信任。事实是很清楚的,战争的全部责任应该由南京国民政府担负。因为这是一个历史性的协定,是保证今后国内和平的一个文件,所以必须在条款的前言里明确这个责任。二、关于战犯问题。主要战犯必须严惩,但只要"认清是非,翻然悔悟,出于真心实意,确有事实表现,因而有利于人民解放事业之推进,有利于用和平方法解决国内问题者,将取消战犯罪名,给以宽大待遇"。三、国民党召开的伪国大是违背政协决议的,因而是非法的,它所产生的伪宪法也是非法的,它所规定的伪法统理应废除。四、国民党现在所保有的陆海空军、各军兵种、军事机关、军事学校、工厂、后勤机构,一律加以改编,其拒不服从者,即加以讨伐。五、官僚资本企业及其财产没收为国家所有,如私人股份,应加清理和承认。六、改革土地制度。七、凡国民党政府对外签订的一切条约、协定以及文件档案,一律移交联合政府审查,其中凡对国家不利,尤其出卖国家权利的,分别予以废除、修订或重订。八、召开没有反动分子参加的政协会议,成立民主联合政府,接收南京政府及其所属各级政府的一切权力。在联合政府成立前,人民军事委员会有权命令过渡期内的南京政府。解放军一开进,即实行军管,除反动分子之外,对广大公教人员和官兵绝不使流离失所,对进步分子、有用人才,还给予出力机会,对生产机构悉予保存。周恩来说:"我们对以张文白先生为首的代表团寄予极大希望,希望同意和签订这个协定草案,使和平得以实现,问题得以解决,一定为全国人民所永远赞许。"

张治中当场表示："代表团诚恳地承认国民党方面的错误和失败，但《协定》中有些过于刺激的字句，希望能够酌加删节；战争责任问题，希望不要作成条文；更不宜在条文上规定南京政府为人民革命军事委员会所辖的一个机构。国民党政权领导的失败，我们希望能作大家的前车之鉴。今后任何一党来执政，应该不再走国民党的道路。""我今天在中共代表团诸位先生面前，不想说什么恭维的话，但我愿唤起各位先生的注意，今后国家的责任，是落到了你们的肩膀上。国民党的政权当然是完了，今后的国民党或者再经过一番改造，作中共一个友党。目前则我们以至诚至敬之心，希望中共能从此领导国家，达到独立、自由和民主的目标，并建设国家，臻于富强康乐之境。"

4月14日，毛泽东致电一直厉兵秣马为渡江做准备的第二、第三野战军总前委："我方协定草案已交张治中代表团，并由双方代表团开了一次正式会议。张治中等表示原则上接受我方草案，仅在个别问题上有意见。唯南京李、何、白、顾等是否能拒绝美蒋干涉，愿意接受，则尚无把握。""如南京根本拒绝不愿签字，则争取张治中代表团签字，然后由我军渡江，威迫南京批准。""万一连张治中也不敢签字，则其曲在彼，我方可将协定草案公布，争取人民及国民党中主和分子及爱国分子的同情，对我军南进，甚为有利。"

也就是这一天，李宗仁就任"代总统"以来的多次苦苦哀求终于有了结果。美国国会通过议案，决定将1948年4月3日所通过的《援华法案》延期至1950年2月15日，以该法案拨款四亿美元中尚未动用的五千四百万美元继续援助国民党政府。消息传来，李宗仁唯有摇头苦笑，这不过是杯水车薪啊！

当天晚上，在反复商量和交换意见之后，南京代表团的成员们仍旧决定接受这个文件。张治中向中共正式提交了一个书面修改意见，要求取消原草案中的各种刺激性字眼。代表中唯一不是国民党员的章士钊看得开些，他笑着说："过去中共新华社发出八条的电报，内有十六个伪字，南京都答应了，今天一个伪字也没有，如果南京反不答应，那就是有精神病！"

第二天晚上7时，周恩来与张治中见面，在参照南京代表的意见，修改了部分文字后，把最后定稿的《协定》交给了张治中，并定于当晚9时在勤政殿举行第二次会议。

张治中注意到，这份文件已删去"草案"的字样。

周恩来说："这个协定是定稿，是不能改变的，南京政府同意就签订，但无论签订不签订，到4月20日为止，人民解放军百万大军立即渡江。"

张治中问："那么，就是说，这是最后的文件，只能说同意或不同意？"

周恩来点点头："这是一个时间表，也是我们最后的态度。"

张治中沉默了一会儿，接着深深吐了口气，说："也好，干脆！"

当晚9时，第二次正式会谈开始，周恩来具体说明了协议修改的内容。首先是中国人民革命军事委员会的权力问题，我方同意在联合政府成立前，南京政府与人民军事委员会的关系应为协商合作关系。同时，周恩来表示：凡原有的带刺激性的字眼都已去掉，但军队改编、政权接收等则不能改变。

周恩来特别强调：中国共产党对于反动好战分子，不相信有什么办法能够感动他们，他们对和平协定的破坏与阻挠是必然的。无论协定成败与否，中国共产党不能不考虑如何对付他们和打击他们的阴谋。中共之所以必须过江，也就是为了这样的目的。协定不成，解放军立即以武力的方式过江；协定达成，解放军也要和平地过江，占据长江下游十个县的地区，以使任何敢于破坏和平协定的国民党军队不能不有所顾虑。

周恩来进一步说：人民解放军没有宣布过停战。南京国民政府曾经要求停战讲和，我们没有同意。我们只同意这个协定签订之后永无内战。为了使谈判更顺利，我们愿在谈判进行期间命令人民解放军暂时不渡江。但是我们不能无限制地受到约束，所以我们今天正式地告诉文白先生，请南京代表团回南京去的先生转告李宗仁和何应钦，我们只能约束到本月20日为止。到那时还不能获得协定签字，那我们就只有渡江，不能再拖延到20日以后了。

周恩来的解说，标志着南京代表团的使命事实上已经完结。周恩来讲完后，张治中只是简单地发表了自己的意见和感想，并声明明天即派人到南京请示，再行答复。

最后，周恩来又解释文件为什么采取最后方案的做法。他说：如果我们没有最后的定稿，就使南京代表团无以说服南京当局；没有这个最后的定稿，就不能使它考虑同意与不同意的问题。我们认为，一个问题一定要有一个结束。

我们提的最后方案，南京代表团乃至南京当局都有他的自由，就是同意或者不同意。

会议于10时20分结束。

张治中后来在回忆录中写道："回到住处后，经过代表团郑重的研究，认为这个定稿已经接受了我们所提修正意见四十余处的过半数，特别是关于战争罪犯一项删去'首要次要'字样，把原来'南京政府和所属部队置于人民革命军事委员会统辖之下'一句也改换了，所以代表团一致的意见，认为尽管条件过高些，如果能明白'败战求和''天下为公'的道理，不囿于一派一系的私利，以国家元气、人民生命财产为重，那么，就只有毅然接受。以诚心承认错误，以勇气接受失败，则对国家、对人民、对国民党保全者实多，总比顽固到底、失败到底的好。大家表示只有接受这个《国内和平协定》为是。并决定在十六日派黄绍竑代表和屈武顾问带了文件回南京去，劝告李、何接受。"

《国内和平协定（最终修正案）》内容如下：

中华民国三十五年，南京国民政府在美国政府帮助之下，违背人民意志，破坏停战协定及政治协商会议的决议，在反对中国共产党的名义之下，向中国人民及中国人民解放军发动全国规模的国内战争。此项战争，至今已达两年又九个半月之久。全国人民，因此蒙受了极大的灾难。国家财力物力遭受了极大的损失，国家主权亦遭受了新的损害。全国人民，对于南京国民政府违背孙中山先生的革命三民主义的立场，违背孙中山先生的联俄、联共及扶助农工等项正确的政策，以及违背孙中山先生的革命的临终遗嘱，历来表示不满。全国人民对于南京国民政府发动此次空前规模的国内战争以及由此而采取的政治、军事、财政、经济、文化、外交等项错误的政策及措施，尤其表示反对。南京国民政府在全国人民中业已完全丧失信任。而在此次国内战争中，南京国民政府的军队，业已为中国共产党所领导，为中国人民革命军事委员会所指挥的人民解放军所战败。基于上述情况，南京国民政府曾于中华民国三十八年一月一日向中国共产党提议举行停止国内战争恢复和平状态的谈判。中国共产党曾于同年一月十四日发表声明，同意南京国民政府上项提议，并提议以惩办战争罪犯，废除伪宪法，废除伪法统，依据民主原则改编一切反动军队，没收官僚资本，实行土地改革，废除卖国条约，召集没有反动分子参加的新的政治协商会议成立民主联合政府，接收南京国民党反动政府及其所属各级政府的一切权力等八项条件为双方举行和平谈判的基础，此八项基础条件已为南京国民政府所同意。因此，中国共产党方面和南京国民政府方面派遣自己的代表团，授以举行谈判和签订协定的全权。双方代表于北平集会，首先确认南京国民政府应对于此次国内战争及其各项错误政策担负全部责任，并同意成立本协定。

第一条

第一款 为着分清是非，判明责任，中国共产党代表团与南京国民政府代表团双方（以下简称双方）确认，对于发动及执行此次国内战争应负责任的南京国民政府方面的战争罪犯，原则上必须予以惩办，但得依照下列情形分别处理：

第一项 一切战犯，不问何人，如能认清是非，翻然悔悟，出于真心实意，确有事实表现，因而有利于中国人民解放事业之推进，有利于用和平方法解决国内问题者，准予取消战犯罪名，给以宽大待遇。

第二项 一切战犯，不问何人，凡属怙恶不悛，阻碍人民解放事业之推进，不利于用和平方法解决国内问题，或竟策动叛乱者，应予从严惩办。其率队叛乱者，应由中国人民革命军事委员会负责予以讨平。

第二款 双方确认，南京国民政府于中华民国三十八年一月二十六日将日本侵华战争罪犯冈村宁次大将宣告无罪释放，复于同年一月三十一日允许其他日本战犯二百六十名送返日本等项处置，是错误的。此项日本战犯，一俟中国民主联合政府即代表全中国人民的新的中央政府成立，即应从新处理。

第二条

第三款 双方确认，南京国民政府于中华民国三十五年十一月召开的"国民代表大会"所通过的《中华民国宪法》，应予废除。

第四款 《中华民国宪法》废除后，中国国家及人民所当遵循的根本法，应依新的政治协商会议及民主联合政府的决议处理之。

第三条

第五款 双方确认，南京国民政府的一切法统，应予废除。

第六款 在人民解放军到达和接收的地区及在民主联合政府成立以后，应即建立人民的民主的法统，并废止一切反动法令。

第四条

第七款 双方确认，南京国民政府所属的一切武装力量（一切陆军、海军、空军、宪兵部队、交通警察部队、地方部队，一切军事机关、学校、工厂及后方勤务机构等），均应依照民主原则实行改编为人民解放军。在国内和平协定签字之后，应立即成立一个全国性的整编委员会，负责此项改编工作。整编委员会委员为七人至九人，由人民革命军事委员会派出四人至五人，南京国民政府派出三人至四人，以人民革命军事委员会派出之委员一人为主任，南京国民政府派出之委员一人为副主任。在人民解放军到达和接收的地区，得依需要，设立区域性的整编委员会分会。此项分会双方人数的比例及主任副主任的分担，同于全国性的整编委员会。海军及空军的改编，应各设一个整编委员会。人民解放军向南京国民政府现时所辖地区开进和接收的一切事宜，由中国人民革命军事委员会以命令规定之。人民解放军开进时，南京国民政府所属武装部队不得抵抗。

第八款 双方同意每一区域的改编计划，分为两个阶段进行：

第一项 第一阶段，为集中整理阶段。

第一点：凡南京国民政府所属的一切武装部队（陆军、海军、空军、宪兵、交通警察总队及地方部队等）均应集中整理。整理原则，应由整编委员会根据各区实况，在人民解放军到达和接收的地区，按照其原番号，原编制，原人数，命令其分区，分期，开赴指定地点，集中整理。

第二点：南京国民政府所属一切武装部队，在其驻在的大小城市，交通要道，河流海港及乡村，当人民解放军尚未到达和接收前，应负责维持当地秩序，防止任何破坏事件发生。

第三点：在上述地区，当人民解放军到达和接收时，南京国民政府所属武装部队，应根据整编委员会及其分会的命令，实行和平移交，开赴指定地点。在开赴指定地点的行进中及到达后，南京国民政府所属武装部队应严格遵守纪律，不得破坏地方秩序。

第四点：在南京国民政府所属武装部队遵照整编委员会及其分会的命令离开原驻地时，原在当地驻守的地方警察或保安部队不得撤走，并应负责维持地方治安，接受人民解放军的指挥和命令。

第五点：南京国民政府所属一切武装部队，在开动与集中期间，其粮秣被服及其他军需供给，统由整编委员会及其分会和地方政府负责解决。

第六点：南京国民政府所属一切军事机关（从"国防部"直到联合后方勤务总司令部所属的机关、学校、工厂、仓库等），一切军事设备（军港、要塞、空军基地等）及一切军用物资，应由整编委员会及其分会根据各区实况，命令其分区分期移交给人民解放军及其各地军事管制委员会接收。

第二项　第二阶段，为分区改编阶段。

第一点：南京国民政府所属陆军部队（步兵部队，骑兵部队，特种兵部队，宪兵部队，交通警察部队及地方部队），在分区分期开赴指定地点集中整理后，整编委员会应根据各区实况，制出分区改编计划，定期实施。改编原则，应依照人民解放军的民主制度和正规编制，将经过集中整理的上述全部陆军部队编成人民解放军的正规部队。其士兵中老弱残废，经查验属实，确须退伍，并自愿退伍者，其官佐中自愿退役或转业者，均由整编委员会及其分会负责处理，给以回家的便利和生活的安置，务使各得其所，不致生活无着，发生不良行为。

第二点：南京国民政府所属海军空军，在分区分期开赴指定地点集中整理后，即按原番号，原编制，原人数，由海军空军整编委员会依照人民解放军的民主制度，加以改编。

第三点：南京国民政府所属一切武装部队，在改编为人民解放军后，应严格遵守人民解放军的三大纪律，八项注意，忠实执行人民解放军的军事政治制度，不得违犯。

第四点：在改编后，退伍官兵应尊重当地人民政府，遵守人民政府法令。地方人民政府及当地人民，亦应对退伍官兵给以照顾，不得歧视。

第九款　南京国民政府所属一切武装力量，于国内和平协定签字之后，不得再行征募兵员。对其所有武器、弹药及一切装备，一切军事机关设备及一切军用物资，均须负责保护，不得有任何破坏、藏匿、转移或出卖的行为。

第十款　在国内和平协定签字之后，南京国民政府所属任何武装力量，如有对改编计划抗不执行者，南京国民政府应协助人民解放军强制执行，以保证改编计划的彻底实施。

第五条

第十一款　双方同意，凡属南京国民政府统治时期依仗政治特权及豪门势力而获得或侵占的官僚资本企业（包括银行、工厂、矿山、船舶、公司、商店等）及财产，应没收为国家所有。

第十二款　在人民解放军尚未到达和接收的地区，南京国民政府应负责监督第十一款所述官僚资本的企业和财产不许逃匿，或破坏，或转移户头，暗中出卖。其已经迁移者，应命其就地冻结，不许继续迁移，或逃往国外，或加以破坏。官僚资本的企业及财产在国外者，应宣布为国家所有。

第十三款　在人民解放军已经到达和接收的地区，第十一款所指的官僚资本企业和财产，即应由当地的军事管制委员会或民主联合政府委任的机构实行没收。其中，如有私人股份，应加清理，经证实确为私人股份并非由官僚资本暗中转移者，应予承认，并许其有留股或退股之自由。

第十四款　凡官僚资本属于南京国民政府统治时期以前及属于南京国民政府统治时期而为不大的企业且与国计民生无害者，不予没收。但其中若干人物，由于犯罪行为，例如罪大恶极的反动分子而为人民告发并审查属实者，仍应没收其企业及财产。

第十五款　在人民解放军尚未到达和接收的城市，南京国民政府所属的省、市、县政府应负责保护当地的人民民主力量及其活动，不得压抑或破坏。

第六条

第十六款　双方确认，全中国农村中的封建的土地所有权制度，应有步骤地实行改革。在人民解放军到达后，一般地先行减租减息，后行分配土地。

第十七款　在人民解放军尚未到达和接收的地区，南京国民政府所属的地方政府应负责保护农民群众的组织及其活动，不得压抑或破坏。

第七条

第十八款　双方同意，在南京国民政府统治时期所订立的一切外交条约、协定及其他公开的或秘密的外交文件及档案，均应由南京国民政府交给民主联合政府，并由民主联合政府予以审查。其中，凡对于中国人民及国家不利，尤其是有出卖国家权利的性质者，应分别情形，予以废除，或修改，或重订。

第八条

第十九款　双方同意，在国内和平协定签字之后，民主联合政府成立之前，南京国民政府及其院、部、会等项机构，应暂行使职权，但必须与中国人民革命军事委员会协商处理，并协助人民解放军办理各地的接收和移交事项。待民主联合政府成立之后，南京国民政府即向民主联合政府移交，并宣告自己的结束。

第二十款　南京国民政府及其各级地方政府与其所属一切机构举行移交时，人民解放军、各地人民政府及中国民主联合政府必须注意吸收其工作人员中一切爱国分子及有用人材，给以民主教育，并任用于适当的工作岗位，不使流离失所。

第二十一款　南京国民政府及其所属各省、市、县地方政府，在人民解放军尚未到达和接收以前，应负责维持当地治安，保管及保护一切政府机关、国家企业（包括银行、工厂、矿山、铁路、邮电、飞机、船舶、公司、仓库及一切交通设备等）及各种属于国家的动产不动产，不许有任何破坏、损失、迁移、藏匿或出卖。其已经迁移或藏匿的图书档案，古物珍宝，金银外钞及一切产业资财，均应立即冻结，听候接收。其已经送往外国或原在外国者，应由南京国民政府负责收回或保管，准备交代。

　　第二十二款　在人民解放军已经到达和接收的地区，即应经由当地的军事管制委员会及地方人民政府或联合政府委任的机构，接收地方的一切权力及国家产业财富。

　　第二十三款　在南京国民政府代表团签字于国内和平协定并由南京国民政府付诸实施后，中国共产党代表团愿意负责向新的政府协商会议的筹备委员会提议：南京国民政府得派遣爱国分子若干人为代表，出席新的政治协商会议；在取得新的政治协商会议筹备委员会批准后，南京国民政府的代表即可出席新的政治协商会议。

　　第二十四款　在南京国民政府业已派遣代表出席新的政治协商会议以后，中国共产党方面愿意负责向新的政治协商会议提议：在民主联合政府中应包括南京国民政府方面的若干爱国分子，以利合作。

　　双方代表团声明：为着中国人民的解放和中华民族的独立自由，为着早日结束战争，恢复和平，以利在全国范围内开始生产建设的伟大工作，使国家和人民稳步地进入富强康乐之境，我们特负责签订本协定，希望全国人民团结一致，为完满地实现本协定而奋斗。本协定于签字后立即生效。

　　4月16日晨，黄绍竑、屈武根据代表团的决定，乘飞机返回南京。当晚，黄绍竑、屈武向李宗仁当面报告了全部谈判情况和代表团集体意见。虽然李宗仁当初曾保证不管中共条件如何，代表团同意他就敢负责，这时却全然缩了回去。白崇禧一看《协定》"前言"，也立刻表示不能接受。

李宗仁把牌摊给了何应钦,让何应钦17日带《协定》到溪口去见蒋介石,以使自己可以脱身。他随后告诉黄绍竑:以后不要再提接受中共协定的问题了,这是不可能的。

何应钦也怕承担责任,又拉上了张群同行。果然不出所料,蒋介石看后拍桌大骂:"文白无能,丧权辱国!"

这一天,蒋介石在日记中写道:"共匪对政府代表所提修正条件二十四款,真是无条件的投降处分之条件。其前文叙述战争责任问题数条,更不堪言状矣。黄绍竑、邵力子等居然接受转达,是诚无耻之极者之所为,可痛!"

4月19日,李宗仁召开"和谈指导委员会"会议,否决了《国内和平协定》。南京广播了国民党中宣部长程天放的答记者问:

"和平的希望黯淡,如果共产党过江,国民党不会投降,而是抵抗。是成功还是失败,要靠我们的努力,反对渡江是国民党决策者一个月前就决定了的,这一立场今天才宣布,盖因在此以前发表恐危害和谈。"

这代表了南京政府的态度,更是蒋介石的态度。

4月20日,李宗仁、何应钦联名致电南京和谈代表团,明确拒绝了中共的协定,称:"乃纵观中共所提之协定全文,其基本精神所在,不啻为征服者对被征服者之处置,以解除兄弟阋墙之争端者,竟基于敌国受降之形式。且复限期答复,形同最后通牒……"希望中共方面能够"确认人民利益高于一切之原则,对此项协定之基本精神与内容,重新予以考虑"。而为了说明他之不得已,李宗仁随后又单独致电章士钊等,解释说:昨日立法院开秘密会议,何应钦宣读协定全文后,即使彻底主张和平之立委,亦噤若寒蝉,不敢有所主张。他自己即使同意也无济于事。

当天,李宗仁派教育部部长杭立武前往拜访司徒雷登,询问:"假如国民党军队对长江进行坚强的、有生气的防御,阻止共产党渡江,从而重获一般人民的支持,以抵抗共产党的南进,那么美国采取什么态度?"杭立武又明确地问:"在这种情况下,美国是否可能给予财政援助,以稳定地方货币,或者是否可能给予现金贷款,以应防守国民党统治下领土的军队所需?"司徒雷登非常明白,国民党的钱都在蒋介石手里,再给李宗仁输血是没有意义的。他以外交辞令油滑地答复："中国有相当数量的黄金、白银和外币的库存，现政府如何控制这一切财富，乃是中国内部的问题。"李宗仁得知后感到极度失望，大骂："我从未料到华盛顿的最高决策人竟会是一群目光短浅的政治家。"

当夜，解放军第24、25、27、21军在强大炮火掩护下，冒着国民党军军舰和江防炮火的拦截，在芜湖以西100余公里的江面上渡过长江。

4月21日，中国人民革命军委员会主席毛泽东、中国人民解放军总司令朱德发布命令：

> 各野战军全体指挥员战斗员同志们，南方各游击区人民解放军同志们：
>
> 由中国共产党的代表团和南京国民党政府的代表团经过长时间的谈判所拟定的国内和平协定，已被南京国民党政府所拒绝。……拒绝这个协定，就是表示国民党反动派决心将他们发动的反革命战争打到底。拒绝这个协定，就是表示国民党反动派在今年一月一日所提议的和平谈判，不过是企图阻止人民解放军向前推进，以便反动派获得喘息时间，然后卷土重来，扑灭革命势力。拒绝这个协定，就是表示南京李宗仁政府所谓承认中共八个和平条件以为谈判基础是完全虚伪的。……在此种情况下，我们命令你们：
>
> （一）奋勇前进，坚决、彻底、干净、全部地歼灭中国境内一切敢于抵抗的国民党反动派，解放全国人民，保卫中国领土主权的独立和完整。
>
> （二）奋勇前进，逮捕一切怙恶不悛的战争罪犯。不管他们逃往何处，均须缉拿归案，依法惩办。特别注意缉拿匪首蒋介石。
>
> （三）向任何国民党地方政府和地方军事集团宣布国内和平协定的最后修正案。对于凡愿停止战争、用和平方法解决问题者，你们即可照此最后修正案的大意和他们签订地方性的协定。
>
> （四）在人民解放军包围南京之后，如果南京李宗仁政府尚未逃散，并愿意在国内和平协定上签字，我们愿意再一次给该政府以签字的机会。

4月22日，蒋介石在杭州笕桥航校约李宗仁会晤。会谈开始，蒋拿出一纸文告对李宗仁说：这是一张我们两人的联合宣言，你代表政府，我代表党签署，表示共同奋斗，与共产党战斗到底。

李宗仁说："3个月来的和谈酝酿已成泡影，我对将来战局毫无把握，唯有请总裁重来领导，勉维大局。"蒋介石不等他说完，就插话说："和平是你负责，战争也由你负责。"

蒋介石说："为加强今后党政合作，我建议成立中央非常委员会，我当主席，你当副主席。今后中枢决定方针政策，先提交中央非常委员会审议，然后再交付政府实施。"李宗仁意识到这是蒋强加给他的一副锁链。但当时无法反对，只能留到以后再说了。

蒋经国在当天日记中写道：

　　会谈决定于本党中央常务委员会之下设"非常委员会"，俾本党经由此一决策机构协助李宗仁；凡政府重大政策，先在党中获致协议，再由政府依法定程序实施。另对当前时局及政府今后政策，郑重商讨，一致决议四事如下：

　　（一）关于共党问题，政府今后惟有坚决作战，为人民自由与国家独立奋斗到底。

　　（二）在政治方面，联合全国民主自由人士，共同奋斗。

　　（三）在军事方面，何敬之（注：即何应钦）将军兼任"国防部长"，统一陆海空军之指挥。

　　（四）采取紧急有效步骤，以加强本党之团结及党与政府之联系。

　　李于会后即回南京，白（注：即白崇禧）遄返汉口。何于夜间在南京发表公告，申明团结反共，奋斗到底之方针。并由行政院新闻处发表公报称："政府为谋取全面和平，使人民获得休养生息之机会，派遣代表前往北平与共党商谈停止战争，恢复和平之办法，经两周有余之折冲，迄未能达到协议。最后共党竟提出所谓'国内和平协定，并限期答复，全文八条二十四款，完全为征服者对被征服者受降之处置。其目的在施用武力以消灭国家军队，造成恐慌以摧毁人民自由与社会安全。一面更发动全面攻击，强行渡江。至此，共党毫无谋和之诚意而甘心破坏和平，扩大战乱，与国家人民为敌，已大白于天下。

次日清晨，解放军攻克南京。

第二部分 摧枯拉朽

第一章：操练水军

在中国古代战争史上，有过几次渡江的战例。东汉末年曹操在赤壁之战中，因北方士兵不服水土，流行疾病，又不习水战，被孙权、刘备的联军击败。北魏初年，太武帝拓跋焘率大军南下，在陆战中连续击败南朝军队，进至瓜步（今江苏六合县南），眼望波涛汹涌的长江，这位擅长骑马的少数民族君主丧失了勇气，叹道："嗟乎，天之所以隔南北也！"调头回中原去了。南宋初年，金军在完颜亮指挥下大举攻南宋，南宋文臣虞允文指挥精干的水师舰队，在采石大败金军，保全了南宋的半壁江山。而几次大规模的统一战争，如西晋灭吴、隋灭陈、北宋灭南唐渡江作战的成功，都是在双方实力对比悬殊的条件下，北方军队在充分准备后，从长江中下游多点突破，并以水师顺江而下协同作战取胜的。

原本有意联合中共反蒋的李宗仁白崇禧之所以将"划江而治"作为底线，就是因为他们觉得，解放军既无空军，也无舰艇，渡江主要依靠木帆船，和曹操的时代差不多。以木帆船冲破国民党军舰、飞机、大炮构成的长江防线，几乎是不可能的。更何况，枯水季节，江中有许多沙洲露出水面，为渡江提供了一定方便，而到了每年4月春雨桃汛之后，降水的增多导致江水水位上涨，道路泥泞，对作战就很不利了。在交通方面江南与江北条件也不一样。江南公路、铁路发达，便于部队运动。江北的公路、铁路条件要差得多。由于这些地理条件，使长江真正如同一条"天堑"，似乎足以确保国民党的半壁河山。

1948年12月中旬，淮海战役正在激烈进行中，毛泽东已经在构思进军江南的战略计划了。12日他致电淮海战役总前委，在电报中谈了他的初步设想，淮海战役结束后，中野、华东野战军休整两个月，然后完成渡江准备工作，约在1949年5月或6月举行渡江作战。华东野战军、中原野战军协力经营东南，夺取并控制南京、上海、杭州、福州等大城市。根据毛泽东的指示，17日总前委在萧县开会后，刘伯承、陈毅立即北上向中央军委汇报。12月底刘、陈到达西柏坡后，参加了1949年1月6日到8日的中央政治局会议。

毛泽东在1949年的新年献词《将革命进行到底》中就已经明确宣告："1949年中国人民解放军将向长江以南进军。"这次会议上，中央领导同志和各野战军负责人在一起研究1949年面临的形势和任务。会议研究了中国人民解放军的整编和正规化、整顿纪律、解放区建设和经济工作、召开政治协商会议、组成共和国的中央政府等一系列重大问题。会议决定：北平解放后，即召开中共中央七届二中全会。

淮海战役结束后，华东野战军全军开始休整。当中央政治局1月会议的指示电传到华东野战军后，华东野战军前委于1月19日至26日在徐州东北的贾汪举行扩大会议。20日，粟裕代表华东野战军前委作了题为《淮海战役的伟大胜利和华东野战军1949年六大任务》的总结报告。在报告中，粟裕充分肯定了华东野战军在淮海战役中取得的辉煌战绩和指战员们不辞艰苦英勇作战的优良作风。强调指出这次会议的唯一目的，"是为了打过长江去，解放全中国"。

过江不是一件容易的事。粟裕在报告中特别强调了政策和纪律问题。他长期在江南作战，对江南的情况非常熟悉。他告诉大家：到江南首先要尊重群众风俗习惯，爱护人民利益，正确执行党的政策，严肃群众纪律。他说："今后过江去执行政策很要紧。京沪杭是国民党反动派的经济、政治、文化中心，对国际上影响很大，如果执行政策不好，我们在政治上就会孤立。"

贾汪会议认真研究贯彻中央军委关于部队整编的指示。这是中国人民解放军正规化建设的一件大事。关于部队整编和统一组织编制的问题，中央在

1948年9月政治局会议上就已经考虑了。会议《通知》指出："由于我党解放军在过去长时期内是处于被敌人分割的、游击战争的并且是在农村的环境之下，我们曾经允许各地方党的和军事的领导机关保持着很大的自治权，这一种情况，曾经使得各地方的党组织和军队发挥了他们的自动性和积极性，度过了长期的严重的困难局面，但在同时，也产生了某些无纪律状态和无政府状态，地方主义和游击主义，损害了革命事业。目前的形势，要求我党用最大的努力克服这些无纪律状态和无政府状态，克服地方主义和游击主义，将一切可能和必须集中的权力集中于中央和中央代表机关手里，使战争由游击战争的形式过渡到正规战争的形式。"

经过认真研究，中央军委1948年11月1日发布了《关于统一全军组织及部队番号的规定》。在贾汪会议上粟裕传达中央关于编制的规定说："中央要求首先在全国范围内统一编制，统一番号。野战军各纵队一律改为军，军下为师，三三制，一直到团，团以上全国统一番号。""中央军委决定，三万人左右一个军（炮兵团除外），但目前全国统一困难，暂时可以按一个野战军为单位统一编制。我们每个军编九个步兵团，另一个炮兵团，共35000人左右。除编制、番号统一外，内务、装备、纪律等都要统一，一切按制度、条例行事。以后到差要报到，调动工作要办交代，对部队人员、马匹、武器都要弄清楚，多了要交，缺的要发，按一定手续来处理，一切要求高度的集中，提高正规化程度。"

1949年1月22日，陈毅回到华东野战军参加贾汪会议。26日他在会议上传达了中央政治局1月会议精神，并就形势、任务部署、政策等问题作了总报告。在陈毅、粟裕主持下，华东野战军部队进行整编，对高级干部进行人事调整。在报请军委批准后，华东野战军于2月9日发布整编命令，改称第三野战军，简称三野。到1949年3月底，三野整编工作基本完成。

渡江要有船。国民党军撤退时，已将长江北岸的船只全部拖到江南或就地毁坏，解放军筹集船只需要从内河、湖泊周边的老百姓手中征集。这不仅是战争的需要，还是一项政策性很强的群众工作。船是渔民、水手的命根子，征集的地区多数是新解放区，要老百姓连船带人支援渡江，不是一件容易的事。27军3月份到达安徽无为县后，即开始调查，征集船只。地方同志说能找到上千只船，水手也能保证配齐。实际情况根本不是那么回事。许多船民都把船藏了起来，27军在附近三个县才征集到400多只船，与需求差距很大。于是27军决定"以县为单位，组织调查组，沿河巡检漏报船只。有的从小河汊找出来，有的从水底捞出来，有的从部队演习船中查出来"。这样，27军集中了515只能用于渡江的船只，基本保证了一梯队两个师的需要。在地方政府的帮助和各部队努力下，到4月渡江前三野共筹集各类木船20977只，其中用于渡江作战的有8302只，同时动员了19000多名船工随船参战。

随船的船工、水手多数加入了封建帮会，以地域分为"淮帮""芦江帮""无为帮"等。帮头有很大的权力，帮与帮之间也经常打架。船上的风俗习惯完全是封建迷信的一套，如在船上不准说"翻、沉、滚"三个字，解放军送的锦旗上写着"一帆风顺"，他们嫌"帆""翻"同音不吉利，都不肯要。解放军宣传"翻身"他们不愿意听，要说"解放"才行。还不能在船上大小便，筷子不能平放在碗上。船老大和水手都重义气，好出风头，喜欢人家奉承夸奖，愿意见"大官"，愿意听"大官"讲话。对这些习俗，不是几天就能教育过来的。解放军干部在政治教育上采取灵活的政策，以团结为主，通过控诉国民党对船民的压迫摧残，启发他们的阶级觉悟。宣传解放军的伟大胜利，开展立功活动，在船民中培养积极分子。解决船民的家庭困难，进行救济，使其安心服务。对船只情况进行登记，损坏赔偿，保证船主利益不受损失。通过多种艰苦细致的思想政治工作，把工作做到实处，调动了广大船民的积极性。他们纷纷写了决心书，按上手印，保证在任何情况下送解放军过江，不畏缩不逃跑。不但不破坏船只，而且尽量保护与自己修补。

渡江的木船是从江北各地千辛万苦征集来的，为了保护好它们，实现战役的隐蔽性和突然性，不可能过早把船只摆在江岸边。如果把几千条船摆在江边，必定会遭到国民党军飞机和军舰的轰炸。在战役开始前，解放军的船只都隐蔽在长江北岸的河湖港汊里。内河的出口则被敌军严密监视，因此解放军的船只在战役开始时不能从内河进入长江。怎样解决这个难题呢？邓小平后来在新政协会议上作报告时说:"我们渡江需要船,原有的船被国民党全部拉到江南去了,我们的船停靠在长江以北的内湖和内河里(每船可载八至十二人,大者五十人,最大者一百人),但是内河的出口当时被敌人封锁了,因此船不能从内河入江。对这样的困难,有些所谓军事家认为不可克服,然而我们克服了。渡江的时候,敌人不知道我们的船是从什么地方来的。其实,我们的船不是从水路出去的,而是从旱路出去的。我们的办法叫做掘渠。我们是把船拖出去的。有时为疏通一条渠道使船出去,要掘几十里(最长的有六十里)的小河沟。为了掘渠翻坝,曾使用了两千一百万个人工。这样巨大的工程是在一个半月的准备时间中完成的,是我们几十万士兵、指挥员包括师长、团长亲自参加这个劳作,以及几十万民工的劳作才完成的。"

3月的江北,冷雨绵绵,即使碰上个好天,那阳光也是懒洋洋的。要渡江就要和水打交道,学游泳,学上船、下船、登陆,战士们成天在水里扑腾,江边的老乡们可开了眼,裹着大棉袄的老乡站在岸边,看着解放军战士们一个个光着脊梁,只穿一条短裤,跳进冰冷的河水中学习游泳、踩水、水上射击等动作,水中的战士还没叫冷,岸上的老乡们鸡皮疙瘩都起了。

看到解放军战士从河里把船翻到坝上,又从坝上翻到河里;上船、下船,又上船、下船;开始在河里练,后来乘雨天雾天把船抬到江里练;从单船动作,到成建制协同、队形训练……看得老乡们如堕云里雾里:"这大军是怎么了?"老乡们还没明白过来,解放军战士已经从不谙水性的"旱鸭子",练成了"水上蛟龙"。

大军云集,又活动频繁,江北几乎家家养狗,部队一动,满村狗吠,部队走到哪里,狗就叫到哪里,尤其是夜间,狗吠之声传出去很远,这无疑对部队的保密形成巨大威胁。军队正打算向地方政府提出,却发现狗迹全无。原来地方政府也发现狗吠问题,便向各村群众打招呼,为了大军安全过江,老乡们有的将狗关在地窖里,有的将狗送到北边亲友家,更多的村民干脆捉狗、宰狗、吃狗,无为一带江岸,一时狗肉飘香。

在渡江时,解放军面临的是国民党军的立体防御。国民党军拥有空军、海

渡江战役总前委。左起：粟裕、邓小平、刘伯承、陈毅、谭震林

军和相当数量的火炮。敌军企图在我军渡江时依托既设阵地，在海军、空军配合下，在江面上大量杀伤解放军，阻止其登上南岸。解放军的渡江作战必然要面临"强渡"的状况。那么，拿什么工具去"强渡"呢？救生衣、救生袋、橡皮船，这些工具显然是没有的，即便找到，也无法满足大部队的实际需求。所需器材既要求简单，还要适用。林彪在3月18日给军委写了个报告："关于渡江的技术问题，去年7月我在松花江边休养时略为注意研究。我曾用三块长方形的小木板钉成一个三角形，人在三角木板中可在江中自由浮走，而不致倾斜沉没，然当时系徒手。但估计如以全副武装亦必照样浮，至多再将木板略加宽长一点即可。……在不能使用船只（目标大易击沉）或无船只的条件下，在敌前渡江，估计使用此法甚有效。"军委将电报转给二野、三野，于是各部队都准备了三角板。而且，战士们很快结合实践，在三角板的基础上又发明了多种适合强渡的工具。当时的解放军报道员芳稷为此撰写了《天才的创造》一文，后来被收录到华东军区第三野战军政治部于1950年编辑出版的《渡江一日》中，文中写道：

> 面对江防，第一个抬到水里的，是木制的三脚架；但最初的三脚架只能"救生"，不能携带武器和弹药，更不便于水上战斗。而部队的任务却是去进攻，要准备战斗前进。怎样解决这个问题呢？几千副头脑围绕这个问题思考，班、排、连都展开了热烈的讨论。一天，两天，三天之后，十种以上的工具推到河里了。第四天，全团举行了示范演习，各种各样的工具在河水的急流里飞驶。机关枪在"三角芦苇"上张开黝黑的口，汤姆式架在改造过的三脚架的尖端，自动枪的水上试射划破了江边的沉寂。战士们按着水上队形，用各种各样的姿势鼓舞前进。
>
> 各种工具有着不同的出生历史。有一种叫做"担架船"，这是三连连长陆苏明同志的创造。他从木板的浮力上受到启发，对普通的担架进行改造，经过大胆推断试验终于制作成功。它具备快、稳和射击方便的特点。还有一种叫"独人船"，是用几块木板简单构成的梭形工具。据三排长潘良山说：为了发现更好的强渡工具，全排的人脑子都想焦了！一天，

当他们在冰冷的河水里试验某种工具的时候，房东老大爷被同志们高涨的热情深深感动，悄悄拉着潘良山的衣裳，轻声地问："你们练这东西可是要渡江？"

"不是，我们是试着玩的。"潘良山说。

老人拍拍胸膛对潘良山说："同志，你不要瞒我，你看我不也是穷人吗？你们早过江去一天，我们早一天过上好日子！我在江边住了几代了，让我告诉你更好的办法。"接着，这位忠实的老人就画出了独人小船的图样，小船走得快，行得稳，他曾用这东西几百几千遍地渡江去砍洲上的芦苇。

第二天，机枪手就蹲在第一只独人船上练习水上射击了。

主攻营的营长人民英雄孙玉水同志，对于"三角芦苇"的创造经过至今还津津乐道："从看地形的那一天起，这个事就在我脑子里转。"孙玉水同志说："当大家看到那条四十米宽、九尺来深的夹江的时候，觉得强渡的任务相当艰难。"因为首先一个问题是没有船，在江洲登陆的时候，船抬不到洲上来，更运不到夹江里去。在回来的路上，他想到了在洲上随处可见的成堆成垛的芦苇，这些江上的天然出产牵动着一个指挥员的智慧：他想起在水网地区作战时用过的芦头桥，就更增强了信心！芦苇是可以担当起这个任务的。

可是应当怎样用呢？一个人抱着一个过去吗？不行，芦苇在水里会不驯服地翻身打滚，把骑在它身上的战士摔到水里。他带着全营掀起研究的热潮，第一次失败之后又来了第二次，第三次。最后他命令试验的战士们，把两捆芦苇捆成一排，以增加它的稳力，"战士们是非常机动的！"孙玉水同志得意地说，"他们把两个芦苇的尖端靠拢，把后头微微地分开，这就增加了稳力、浮力，也增加了前进的速度。"当"三角芦苇"的模型在河里运行如飞的时候，他深深地体验到战士天才的伟大。他站在岸边，听取着大家对这个模型的评论，什么"头轻头重""稳不稳""前进速度加快"……他默默地记在心里，脑子飞快地转动，他综合了群众的智慧，把"三角芦苇"从一字形改进到人字形，又改到个字形,一直发展成强渡的利器。

……

什么困难能阻挠解放军前进的意志呢?在暮春的寒流里,指挥员、战斗员们脱得一丝不挂,赤身跳进水中,驾驶着集体创造出来的工具,起先是工具太少人太多,就有许多人争着下水,偷着下水,虽然岸上的值星干部几次关照:"上岸吧,再在水里面连骨头也会冻酥呀!"但是很少有谁照着他的嘱咐办事,有人在水里问:"要上岸开会吗?"……每当一件新的器材下水,试验的时候常常要经过一番争夺。

……

亲爱的同胞们,在胜利的日子里也不要忘记吧!人民解放军如何用伟大的智慧和无比的顽强,替每一个胜利创造了前提!

一切敌人所制造的困难,只是更加丰富着人民军队的智慧。人民军队的准备工作做到哪里,哪里的胜利就基本上确定了。让那些冒死顽强的敌人,在英雄们面前战栗吧!

解放军官兵们还研究了渡江作战中几个重大问题的解决办法。首先是如何对付敌人军舰。除以炮兵封锁外,敌舰夜航必须依靠江心的航标灯塔。我军在渡江前先破坏一部分灯塔,或以黑布遮蔽灯光。这样敌舰就不敢行驶,有利于我军渡江。第二是编制部分木排,用汽船拖引,输送火炮渡江,协助渡江部队登岸后坚持阵地。第三是渡江时用红绿色手电筒、报话机、敲钟等多种方式解决联络问题,加强南北岸部队的联系。渡江后采取锥形战术,集中兵力突破,巩固阵地,然后向两翼和纵深发展。

1月25日,蒋介石刚刚下野4天,就在奉化溪口召见何应钦、顾祝同、汤恩伯等,部署长江防线。他指示将长江防线分为两大战区:江西湖口以西至武汉归华中军政长官白崇禧指挥,总兵力40个师,约25万人;湖口以东至上海归京沪杭警备总司令汤恩伯指挥,总兵力75个师,约45万人。京沪杭战区的作战方针是:以长江防线为外围,以沪杭三角地带为重点,以上海为核心,采取持久防御，与台湾相呼应。按照通常的看法，共军想以木船突破长江防线，确实难度很大。但此一时非彼一时，国民党军在江北的连续失败，上下士气低落，人无斗志。汤恩伯一面对下级说："毛泽东的声明把我们都列为战犯，我们除了坚决死战之外，没有别的出路。"一面又对心腹说："从湖口到上海790公里，光靠18个军防守是不够的。"他的副司令万建藩也抱怨："如果不打徐蚌会战，今天我们守长江的兵力要雄厚得多。可见战略上决策的错误，影响太大了。"

国民党军的江防部署由蒋介石牢牢控制，不仅瞒着"代总统"李宗仁，就连坐镇华中的白崇禧也只知道蒋介石对华中江防的指示，关于华东江防，汤恩伯对白崇禧也保密。就在李宗仁指示南京卫戍总部制订防守南京的计划，并令"国防部"拨款构筑防御工事之时，在南京孝陵卫的汤恩伯总部指挥所，经常控制着一二百辆卡车，准备随时离开，并没有死守南京的打算。

3月初，在一次国民党政府"国防部"作战会议上，"国防部"作战厅厅长蔡文治指出：国民党军队的江防主力应当自南京向上下游延伸，因为这一段长江江面较窄，北岸支流甚多，共军所征集预备渡江的民船，多藏于这些河湾之内。至于江阴以下长江江面极宽，江北又无支河，解放军不易偷渡。其总体思想为李宗仁、何应钦、顾祝同所首肯。

就在蔡文治走到江防作战地图前，还要继续讲解时，京（南京）沪杭警备总司令汤恩伯断然打断他的话："这一方案根本行不通，它违背了总裁的意图。我认为，应把主力集中于江阴以下，以上海为据点。至于南京上下游，只留少数部队应付应付就可以了。"此言一出，四座哗然。

作为蒋介石的心腹重臣，汤恩伯手握上自江西湖口，下至上海的４５万大军。蒋介石给他制定的京沪地区的作战方针是：以长江防线为外围，以沪杭三角地带为重点，以淞沪为核心，采取持久防御方针，最后坚守淞沪，以台湾支援淞沪，然后待机反攻。

蔡文治实在忍无可忍，对汤恩伯说："就战略、战术来看，我想不论中外军事家都不会认为放弃长江而守上海是正确的。现在李代总统、顾参谋总长都同意我们作战厅的方案，为什么你独持异议？"

汤恩伯当即骄横地嚷道："我不管哪个同意不同意，我只按总裁的意见办！"

蔡文治顶了汤恩伯一句："总裁已下野，你还拿大帽子压人，谁负守土之责？"

汤恩伯至此已情绪失控，拍案怒骂："你蔡文治是什么东西，我枪毙你再说，我枪毙你再说！"同时起身拂袖而去。

蔡文治一时间百感交集，泣不成声。当汤恩伯冲出门去，他也甩掉军帽，解除武装带，申言不能再干。从此自动离职，几年后由港赴美定居。

李宗仁后来在回忆录中表达了对蒋介石、汤恩伯的极大不满："蒋先生最不可恕的干预，便是他破坏了政府的江防计划，蒋先生原非将才，东北及徐蚌二役可说是他亲自指挥垮了的。当时我和白崇禧力争，徐蚌之战应本着'守江必先守淮'的传统原则作战，而蒋不听，硬要在徐州四战之地与共军作战，卒至一败涂地。此次守江，虽属下策，但是我们空有强大的空军和数十艘军舰为共军所无，若善加利用，共军亦未必可以飞渡长江。无奈蒋先生无意守江，却要守上海一座死城。执行他这错误战略的，便是他最宠信而实际最脓包的汤恩伯。"

3月24日，解放军还没渡江，驻守在长江防线的国民党军第九十七师师长王晏清毅然率部起义，投向了人民的怀抱。这个师原是国民党政府"首都警卫师"，全师13000人，全部美式装备，其中的第289团，还曾是国民党军事委员会警卫团，直接负责蒋介石本人的警卫工作。国民党兵员枯竭，为了加强南京防务，蒋介石才把这支"御林军"交出来警备南京，归南京卫戍司令张耀明指挥。国民党"首都警卫师"的起义，尽管该部后来在准备北渡长江前往解放区时遭到国民党空军拦击而大部溃散，只剩王晏清100余人抵达解放区，但该师是蒋介石及其高级官员的内卫部队，王晏清是蒋经国亲自向父亲推选的少将师长，又一向被视为蒋家的"嫡系"。因此"御林军"的倒戈之举，实在令蒋介石始料不及。

根据中央军委的决定，渡江战役的兵力部署是：人民解放军第二、第三野战军和中原、华东军区部队共约100万人，统归由第二野战军司令员刘伯承、政治委员邓小平和第三野战军司令员兼政治委员陈毅、副司令员粟裕、副政治委员谭震林组成的总前委（邓小平为书记）指挥，准备在5月汛期到来之前，由安庆、芜湖、南京、江阴之线发起渡江作战，歼灭湖口以东的汤恩伯集团45个师的兵力，夺取国民党政府的政治经济中心南京、上海以及江苏、安徽、浙江省广大地区，并随时准备对付帝国主义可能的武装干涉。同时决定，第四野战军以第12兵团部率第40、第43军约12万人组成先遣兵团，由平（今北京）津地区南下，归第二野战军指挥，攻取信阳，威胁武汉，会同中原军区部队牵制白崇禧集团，策应第二、第三野战军渡江作战。

3月31日，由邓小平亲自修改制订了《京沪杭战役实施纲要》，上报中央军委。4月3日军委批准了这个《纲要》。《纲要》决定将渡江部队组成东、中、西3个突击集团，采取宽正面、有重点的多路突击的战法，于4月15日在江苏省靖江至安徽省望江段实施渡江作战，首先歼灭沿江防御之敌，尔后向南发展，夺取南京、上海、杭州等城，占领江苏、安徽省南部及浙江全省。

三个集团的具体兵力部署是：以第三野战军第8兵团指挥第20、第26、第34、第35军，第10兵团指挥第23、第28、第29、第31军和苏北军区3个独立旅，共35万人组成东突击集团，由粟裕、第三野战军参谋长张震指挥。其中第34、第35军位于江北全椒、仪征、扬州等地并攻占瓜洲、浦口、浦镇，吸引和牵制南京、镇江地区国民党军；主力6个军由三江营（扬中以北）至张黄港（靖江以东）段实施渡江，成功后向宁沪铁路（南京—上海）挺进，控制该路一段，阻击南京、镇江的国民党军东逃和上海方向的国民党军西援，并向长兴、吴兴方向发展，会同中突击集团切断宁杭公路，封闭南京、镇江地区守军南逃的通路，完成战役合围，尔后协力歼灭被围之敌。

以第三野战军第7兵团指挥第21、第22、第24军，第9兵团指挥第25、第27、第30、第33军，共30万人组成中突击集团，由谭震林指挥，在裕溪口（芜湖以北）至枞阳段渡江，成功后以一部兵力歼灭沿江守军，并监视芜湖守军；主力迅速东进，会同东突击集团完成对南京、上海、杭州地区国民党军的包围，尔后各个歼灭被围之敌。第7兵团并准备夺取杭州。为求得中、东两集团行动上的协调，迅速合围南京、镇江地区守军，中突击集团过江后统归粟

刘伯承（右一）、邓小平（左一）、张际春（左二）在研究渡江作战方案

人民解放军正在举行渡江作战的誓师大会

裕、张震指挥。

以第二野战军第3兵团指挥第10、第11、第12军，第4兵团指挥第13、第14、第15军，第5兵团指挥第16、第17、第18军及中原军区部队一部，共35万人组成西突击集团，由刘伯承和第二野战军副政治委员张际春、参谋长李达指挥，由枞阳至望江段实施渡江，成功后以1个兵团挺进浙赣铁路衢州及其以西、以北地区，控制该路一段，切断汤恩伯集团与白崇禧集团的联系；主力沿江东进，接替第9兵团歼灭芜湖守军的任务，并准备参加夺取南京的作战。（后来，为了便于部队就粮和避免过分拥挤，4月17日总前委又决定西突击集团过江后，第3、第5兵团直出浙赣铁路沿线，第4兵团执行东进任务。）邓小平、陈毅位于合肥以南的瑶岗，代表总前委统一指挥渡江作战。

4月初，准备渡江的解放军各部队已是万事俱备，只待按原定计划在4月15日中央军委一声令下了。

然而情况突然发生了变化。4月10日毛泽东致电总前委："我们和南京代表团的谈判已有进展，可能签订一个全面的和平协定，签字时间大约在卯删（4月15日）左右。如果此项协定签订成功，则原先准备的战斗渡江即改变为和平渡江，因此渡江时间势必推迟半个月或一个月。关于江水情形究竟如何，推迟渡江时间有何不利，望即告，以便决策。"

总前委、二野、三野负责人接到电报，都着了急。10日这天分别电告中央军委，表示推迟渡江极为不利。邓小平、陈毅汇集各方反应，10日下午电告军委："（长江）每年阳历5月初开始大水，而且5月的水比7、8月还大，两岸湖区均被淹，长江水面极宽，届时渡江作战将发生极大困难。同时现我百万大军拥挤江边，粮食、柴草均极困难，如过久推迟，则必须将部队后撤就粮、就柴草。"总前委建议："按目前部队情况，立即渡江，准备渡江把握颇大。先打过江，然后争取和平接收为更有利。"

尽管如此，毛泽东仍然认为，军事必须服从政治上的需要。4月11日他指示总前委："依谈判情况我军须决定推迟一星期渡江，即由15日渡江推迟至22日渡江，此点请即下达命令。"

毛泽东解释推迟渡江的理由是现在南京政府派往北平的和谈代表正准备和

签订和平协定,他直言不讳地说:"此种协定,实际上是投降性质。""公布后,对于主战派及江南敌军,估计必起大的瓦解作用。"我军在协定公布后渡江,"对于南京政府及江南军民表示仁至义尽。对方如有反悔,曲在彼方,我则理直气壮"。他一针见血地指出:"我方立脚点,必须放在对方反悔上面,必须假定对方签字后不公布,或公布后不执行。那时我方的损失只是推迟了七天渡江时间,此外并无损失。"因此,毛泽东告诉总前委:"总之,4月下旬必须渡江,你们必须精确地准备一切。"

附录:

渡江战役人民解放军战斗序列

总前委　委员　刘伯承　陈　毅　邓小平　粟　裕　谭震林

　　　　常委　刘伯承　陈　毅　邓小平

　　　　书记　邓小平

第二野战军　司令员刘伯承

　　　　　政治委员　邓小平

　　　　　副政治委员兼政治部主任　张际春

　　　　　参谋长　李　达

　　第3兵团　司令员　陈锡联　政治委员　谢富治

　　　　　副司令员　王近山　杜义德

　　　　　政治部主任　阎红彦

　　　第10军　军长　杜义德(兼)　政治委员　王维纲

　　　第11军　军长　曾绍山　政治委员　鲍先志

　　　第12军　军长　王近山(兼)　政治委员　王近山(兼)

　　第4兵团　司令员兼政治委员　陈　赓

　　　　　副司令员兼参谋长　郭天民

　　　　　副政治委员兼政治部主任　刘志坚

　　　第13军　军长　周希汉　政治委员　刘有光

第14军　军长　李成芳　政治委员　雷荣天

第15军　军长　秦基伟　政治委员　谷景生

第5兵团　司令员　杨　勇　政治委员　苏振华

　　　　　副政治委员　张霖之　政治部主任　甘渭汉

第16军　军长　尹先炳　政治委员　王辉球

第17军　军长　王秉璋　政治委员　赵健民

第18军　军长　张国华　政治委员　谭冠三

特种兵纵队　司令员兼政治委员　李达（兼）

第三野战军　司令员兼政治委员　陈　毅

　　　　　副司令员兼第二副政委　粟　裕

　　　　　第一副政委　谭震林

　　　　　参谋长　张　震

　　　　　政治部主任　唐亮　政治部副主任　钟期光

第7兵团　司令员　王建安　政治委员　谭启龙

　　　　　副政治委员兼政治部主任　吉洛（姬鹏飞）

　　　　　参谋长　李迎希

第21军　军长　滕海清　政治委员　康志强

第22军　军长　孙继先　政治委员　丁秋生

第24军　军长　王必成　政治委员　廖海光

第8兵团　司令员　陈士榘　政治委员　袁仲贤

　　　　　副政治委员兼政治部主任　江渭清

　　　　　参谋长　何以祥

第20军　军长　刘　飞　政治委员　陈时夫

第26军　军长　张仁初　政治委员　王一平

第34军　军长　何基沣　政治委员　赵启民

第35军　军长　吴化文　政治委员　何克希

第9兵团　司令员　宋时轮　政治委员　郭化若

　　　　参谋长　覃　健　政治部主任　谢有法
　　第25军　军长　成　钧　政治委员　黄火星
　　第27军　军长　聂凤智　政治委员　刘浩天
　　第30军　军长　谢振华　政治委员　李干辉
　　第33军　军长　张克侠　政治委员　韩念龙
　　第10兵团　司令员　叶　飞　政治委员　韦国清
　　　　参谋长　陈庆先　政治部主任　刘培善
　　第23军　军长　陶　勇　政治委员　卢　胜
　　第28军　军长　朱绍清　政治委员　陈美藻
　　第29军　军长　胡炳云　政治委员　张　藩
　　第31军　军长　周志坚　政治委员　陈华堂
　特种兵纵队　司令员　陈锐霆　政治委员　张　凯

第四野战军
　　第12兵团　司令员兼政治委员　萧劲光
　　　　第一副司令员　陈伯钧
　　　　第二副司令员　韩先楚
　　　　副政治委员兼政治部主任　唐天际
　　　　参谋长　解　方
　　第40军　军长罗舜初　政治委员　卓　雄
　　第43军　军长李作鹏　政治委员　张池明

渡江战役国民党军战斗序列

京沪杭警备司令部
第8兵团
　　第55军　第68军　第96军
第7绥靖区
　　第20军　第66军　第88军

第 6 兵团
  第 99 军

首都卫戌总司令部
  第 28 军　第 45 军　江宁要塞

淞沪防卫司令部　淞沪警备司令部
  第 37 军　第 52 军　第 75 军　吴淞要塞

第 1 绥靖区
  第 4 军　第 21 军　第 51 军　第 54 军　第 123 军　江阴要塞

第 17 兵团
  第 87 军　第 106 军

第 9 编练司令部
  第 73 军　第 74 军　第 85 军
  第 12 军　第 18 军　第 67 军

海军第 2 舰队　空军驻南京、上海的部队

浙江警备司令部

华中军政长官公署

第 1 兵团
  第 29 军　第 71 军　第 79 军

第 3 兵团
  第 7 军　第 48 军

第 19 兵团
  第 127 军　第 128 军

第 6 绥靖区
  第 56 军

第 8 绥靖区
  第 46 军

第 16 绥靖区

第 97 军　第 103 军
　　第 58 军　第 126 军
湘鄂边区绥靖司令部　第 14 兵团
　　第 2 军　第 15 军　第 124 军
海军江防部队
空军驻武汉部队
武汉警备司令部

第二章：洞烛敌情

　　根据渡江战役的兵力部署，27军奉命在9兵团编成内，属渡江战役三大集团之中集团，位于安徽境内荻港至鲁港一线之长江以北实施渡江准备。为更深入地了解敌情，研究拟定作战方案，1949年2月21日，聂凤智军长率军部前指先行出发，3月1日抵无为县江边一带，开展渡江前的各项准备工作。大部队于3月3日由宿县出发，十天后陆续到达无为县，全军渡江准备工作随即迅速展开。

　　27军当面的长江，正面宽达30公里，江道弯曲，江水由南向北奔涌而去，突遇江心的若干沙洲，转头折向东北，水流湍急，风大浪高。江面最窄的地方有一到两公里，最宽的是江心洲一带，足足有5公里，急速的江水突遇江心洲的阻挡，在江面上形成一个个漩涡，成为渡江的天然障碍。最大的沙洲方圆七八华里，当地人称作黑沙洲。它处在27军下辖的79师的正面。从望远镜中可以隐约看见黑沙洲北部有一座约三层楼高的炮楼式碉堡——这就是扼守着这一带江防咽喉的制高点，与江南敌军炮火形成交叉火力，成为解放军渡江时的重大威胁。地形、水情和敌情均于解放军不利。

　　1949年3月15日，79师侦察队副队长齐进虎带领两名战士宋协义和王林芳扮成敌军，乘雨夜驾船潜入黑沙洲。刚一上岸，迎接他们的就是几道手电筒光。"这回可是肉包子打狗,叫你们有来无回,看你共军侦探能插翅飞回江北",敌军指着齐进虎这样说道。趁着混乱,宋协义向敌人扔了一个手榴弹,齐进虎带着宋协义和王林芳迎着敌人火力网冲进了黑沙洲。黑沙洲上好心的居民王大爷收留了这三位解放军。而敌人也在岛上四处搜索。

为了不连累岛上居民,齐进虎三人白天躲在蚕豆地和稻草堆里,晚上就摸索黑沙洲的地形。这期间惊险不断,有一天他们刚好藏在一个稻草垛里,敌人过来搜查,问百姓话,大家都说不知道,没看见。而有个敌兵忽然将枪戳向了草垛,擦着宋协义的头皮,宋协义一动也不敢动,直到敌人离开。

躲了10多天后,敌人还没有搜到他们三人的踪影,但是他们知道三人一直都在岛上。为了防止他们逃跑,敌军送走了岛上所有的船和木盆。好心的王大爷跟他们说:"他们能搜,我们能藏。"原来王大爷已偷偷将一个采菱木盆沉到了水塘里,以备他们急用。又过了大半个月,敌人依然一无所获,气急败坏地要将洲上的群众赶到江南岸。此时的齐进虎等人已经摸清了洲上敌军的布防详情。当晚,王大爷带领齐进虎三人在塘里找到了木盆,他们一个坐在盆中央掌握平衡,另外两人在两边划水,成功回到了部队。

由于他们提供的详细的侦察资料,在后来的渡江战役中,79师的阵地万炮齐发,炮弹像长了眼睛似的飞向敌人的炮群、地堡,一个小时后黑沙洲成了一片废墟,使得敌军势力瞬间减弱,79师成功渡江,无一人牺牲。齐进虎也因此被华东军区授予"华东一级人民英雄"称号。那只渡江的采菱木盆作为文物被中国人民革命军事博物馆征集、展出。齐进虎后来不幸于1950年11月在抗美援朝战争中牺牲。

随着渡江作战任务的迫近,聂凤智感觉这样零打碎敲的偷渡侦察有一定的局限性,便大胆设想:能不能派遣一支侦察分队过江,与江南的地下党组织取得联系,及时而又周详地掌握解放军当面之敌的变化情况,通过无线电台不断向军部报告。当然,大军渡江前夕,由27军单独派一支小部队潜入江南,无论是这支部队还是27军的领导,都要承担很大的风险。但是聂凤智认为值得冒险一搏,多年以后,他在回忆录《战场——将军的摇篮》中说:

"敌正规主力部队,被我大军牢牢吸引在江防一线,纵深力量配备薄弱;

敌各部防守正面宽大，兵力不敷分配，到处有缝隙可钻；江南地方反动武装，面临我大军渡江日益迫近，各自考虑后路，忧心忡忡，骚扰活动有所收敛；皖南山区曾是哺育新四军的主要根据地，有较强的地下党组织和良好的群众基础；我侦察健儿多次出入敌阵，机敏善变，孤胆顽强，积累了丰富的敌后侦察经验。从我们多次组织偷渡侦察看，成功的把握是有的。"

据此，27军党委经过反复研究，将实施方案上报9兵团。兵团首长认为此事事关重大，在全军也没有先例，为慎重起见，需向上级请示。经过一级一级上报，最后得到中央军委和总前委的赞誉和批准。27军即以军侦察营1、2连和79、81两师抽调的3个侦察班，组成先遣渡江大队，由原在皖南地区工作过的81师242团参谋长亚冰（章尘）和军司令部侦察科长慕思荣分任大队长和副大队长。

当晚20时，章尘和车仁顺率大队机关及二连共180多人，从无为县石板洲，乘着20多条船，分成四个箭头齐渡。战士们全神贯注地环视江面，小心翼翼地划着船桨，离敌岸只有300米了，敌人的碉堡、铁丝网的轮廓隐约可见。这时，对岸突然响起了密集的枪炮声。这时大家都极度紧张，当时章尘站在船头，毅然发出命令："全速前进，强行登陆！"战士们拿起铁锹充当木桨，拼命划船。

王德清带领的船只划在最前面，遭遇到敌人猛烈的阻击。他后来回忆说："我们有个战士任陆臣同志，他打得挺猛，拿着机关枪与敌人交火，最后他牺牲了。他牺牲后王传宝又过来，拿起机关枪就射击，我起来拿着竹竿去捅，去撑船。战斗非常激烈。"

经过20分钟的激战，20时50分，战士们终于在十里长江堤强行登陆。而老班长张云鹏却落入水中，被江水无情地卷走，他没能踏上江南的土地，就永远地告别了战友。上岸以后清点人数，除了牺牲的战士外，另外还有19名战士失踪，生死不明，侦察分队中唯一懂得测绘的于建民也失散了。大队长章尘心头不由一沉，他预感到这个任务的完成将面临超乎想象的困难。他一咬牙，命令队员急行军60里，在拂晓前赶到狮子山，进入了山顶的清凉寺。这里将是他们侦察的重点地带。

慕思荣和刘浩生率一连及各师侦察分队组成的一个排共140余人，以铜陵县的北埂王至金家渡段为预定登陆点，从无为县的江心洲西侧洲头，分乘十几条木船，从20时开始渡江。经过小规模的战斗，他们于22时25分登陆，几经周折后到达了迪龙冲胡家村。

就在这一天深夜，国民党军统安徽站少将站长唐玉昆也凭借其老牌特工的敏锐嗅觉来到了芜湖。唐玉昆动作很快，他除了布置各县保安团展开地毯式的搜索，还调动了芜湖的特务网搜集情报，这个特务网甚至深入到了各个乡村。章尘带着队员们寻找制高点，准备绘制江防图，但他嗅到了空气中这种紧张的气息——敌人的防守明显严密起来了。

情况紧急而危险，所以章尘不得不采取一些非常的手段。凡是上山挖笋的农民，准进不准出，来一个扣一个。清凉寺里有间大房子，就把他们一起安置到那里。

中午时分，山下响起了一阵枪声。原来，唐玉昆派出的繁昌县保安团正在搜山。战士们立刻做好了战斗准备。

这时，负责在北边山口处警戒的一位班长，带着一个农民模样的人来找章尘，他是来送信的。

章尘打开一看，是张名片，正面印着"繁昌县保安团少校营长×××"，反面写着一行字："贵部是何部？往何处去？请奉告。"当时侦察大队临时党委的几个人经过紧急磋商，判断出他是地方部队，不是国民党的主力军，他现在还摸不清章尘他们是解放军还是国民党的部队，他摸不清就好办，于是就商量出一个"拖"的办法。

于是，章尘便叫写得一手漂亮行书的测绘员写了回信："我们是88军149师师部搜索队，前往某山区执行特别任务，不便奉告。"然后，又在"搜索队队长"的下方，盖上二连副指导员徐万里的图章。他那颗图章特别大，刻的是篆书，弯弯曲曲，也看不清楚，倒很像个"官印"。

章尘一面命令负责侦察的人员抓紧行动，一面派出徐万里与来人周旋。徐万里对搜山的敌人大声说："我们是88军的搜索连，你们怎么打枪了？你打伤我们一个兵，我们要扒你们团长的皮。"

保安团虽然将信将疑，但又怕得罪了"正规军"而担待不起，于是不停地在山下打枪。经验丰富的章尘分析，敌人很有可能是想拖住他们，等待援军到来，如果真正的88军来了，势将寡不敌众，看来必须尽快撤离。撤往哪里呢？章尘决定，侦察分队冒雨紧急赶往塌里牧村，希望与熟悉地形的地下党取得联系，另外派小分队深入敌军的前沿阵地，近距离侦察敌情，绘制地图。队员里跑得最快的高锦堂主动请缨，要求承担这一任务。

长江沿岸地区芦苇丛生。高锦堂率领的小分队日夜兼行，悄悄地潜入了敌人的前沿阵地。虽然离敌人很近了，但由于没能找到制高点，无法观测到敌人的炮阵方位。

侦察员们发现，在敌人阵地对面有一个陡峭的山崖，在那里或许能获得更加开阔的视野。侦察兵们搭起了十几个人的人梯，攀上了崖顶。果然，敌人的炮兵阵地尽收眼底。但可惜的是，还是被巡逻的哨兵发现了，随后大队的敌军蜂拥而来。

小分队赶快撤离，由于人员少，机动灵活，很快摆脱了敌人。但绘制江防图的计划再一次夭折了。而另一头，侦察分队在塌里牧村与地下党接上了头。地下党建议，到张家山去，那里地形有利，便于绘制地图。在张家山，侦察分队仍然使用了在狮子山的老办法，把进山的人员暂时扣押看管起来。

然而一个意想不到的情况还是发生了。

这个时候村里跑了一个人，他是国民党的村谍报员。当时国民党的地方谍报员在每个村都有，这样对侦察分队不利。此人迅速把解放军的活动情况向上级作了汇报。这样侦察大队就触及了唐玉昆的谍报网！事不宜迟，章尘下令马上撤离。但是已经来不及了，出山的大路被敌人封死，侦察分队被四面八方的敌人包围了！

章尘迅速把这一危急情况发电报告诉军部。电报刚发出去，一发炮弹落在了电台附近，电台被炸毁，译电员也牺牲了。怎么办？

章尘想到了一个办法。他派人穿插到村子里，让老百姓家家户户开锅烧水。袅袅炊烟在半山腰上升腾缭绕。敌人被迷惑住了，他们以为侦察分队还滞留在村里。于是敌人开始向村庄方向移动，而侦察分队则早已在向导的引导下，抄小路悄无声息地撤离了。

连续几天的侦察毫无进展，而发动总攻的日期就在眼前，身在长江南岸的章尘焦急地徘徊着。这个时候，登陆时失散的于建民突然商人打扮出现在他的面前。于建民是队里唯一的测绘员，在侦察分队渡江的那天晚上，于建民所在的班一上岸就被敌人打散了。幸好他没穿军装，干脆化装成老百姓，趁着夜色逃避了敌人的追捕，躲到了附近的一个小村子里。

随后，躲在村子里的于建民又被国民党军抓了壮丁，他被抓去修工事的地方竟然是敌人最核心的炮兵阵地，给他分派的活是给炮位打桩子！绘图能手于建民此时不可能拿出纸和笔，只能把敌人的炮兵方位以及掩体工事都牢牢地记在脑子里。黄昏的时候，趁看守的哨兵戒备松懈，于建民溜进了旁边的芦苇荡里。几经周折，化装成商人的于建民终于找到了大部队。尽管于建民绘制的图纸并不全面，但是再把前几次侦察的结果加以汇总，一幅基本完整的江防图就绘制出来了。然而军统特务唐玉昆已经在各个路口设卡严密盘查，侦察员们根本回不去了。而江防图必须万无一失地送到江北，否则将前功尽弃。由谁把江防图送往江北呢？

这个重大的任务交给了一位年仅23岁的女人，她就是地下交通员吴赛兰。因为地下党组织考虑，派妇女去风险相对要小一些。吴赛兰的特长是善于乔装打扮，化了装以后甚至连熟人都无法分辨。4月16日，地下党组织给吴赛兰布置任务的时候，她的身子正来例假。吴赛兰把江防图慎重地藏在身上，然后摇着一只小木船向江北划去。

行到江心的时候，吴赛兰被敌人的巡逻艇发现了，一炮打过来，将小木船打翻在江中。她就紧抱着一块木板不放，随着风浪一路颠簸，就这样渡到了江北。到江边时，当地的老百姓把她捞了起来。当时，她已经失去知觉，什么都不知道了，话也说不出来，腿也站不起来，手也抬不起来了。但是，藏在她身上的江防图却仍旧保存完好。

吴赛兰被老乡用担架送到27军军部，把这张珍贵的江防图交到了27军首长手中。

4月20日夜，当我军发起渡江战役之时，章尘又率领侦察兵们根据上级指示，切断敌军电话线，在敌江防区放火为号，为我军炮兵指示目标，扰乱敌指挥，错乱敌部署，并直接攻占敌江防据点，接应大军胜利渡江，又协同渡江的 80 师 238 团歼敌一部。后来，他们的这段侦察经历被改编成电影《渡江侦察记》，成为一个时代的红色经典。

南京市珠江路西口，吉兆营 24 号。这座小院是中共南京地下党员沈世猷的家，也是中共南京地下党的一个重要的联络点。该院东面百米之遥就是戒备森严的国民党"国防部"，小院对面住着保甲长。因为地理位置特殊，所以经常有军宪警在夜间突袭检查户口，或者进行重点搜查。在敌人鼻子底下设地下交通联络点是极其危险的，但又相对安全，关键是要时时刻刻提高警惕、打好掩护和采取必要的安全防范措施。

这个地下联络点是在 1948 年秋建立起来的，当时主要由华东野战军情报策反干部吴明义（化名邬一声）和来自上海的华东局地下党员王月英（化名李敏）一手领导，主要工作人员除了地下党员沈世猷、其妻丁明俊，还有他们的内侄丁良典。沈世猷的社会身份是国民党"国防部"第一厅的中校参谋，有关"国防部"的一些情报主要是靠他在工作中收集侦取而来的；丁明俊负责与地下党进行联络；而丁良典当时是国民党 CC 系控制下的建国法商学院的大学生，他主要负责联络点的安全保卫工作。情报到手后，迅速转交吴明义和王月英，由他们设法转送到解放军华东野战军司令部。

由于工作需要，特工干部吴明义和王月英调走了，中共地下党南京市委也专门成立情报工作组，卢伯明任组长，由陈修良直接领导、单线联系。

这座小院是面朝南的三开间三进老式平房，同西边的邻居是同山共墙，东侧是一条偏僻的小巷，第三进的后面二尺多就是一堵与北边邻居相隔的围墙。二进居的中间，原来是主房。中进的西间不临街巷，前后窗下都有一个不大的花坛，这间房的位置相对偏僻安静，原来是沈世猷、丁明俊夫妇的结婚用房，它有一个方便之处，前后有两个角门，后角门直通后院，可以直接从侧巷后门进出。卢伯明就住在这间房。沈世猷和妻子、幼女搬到后院后进居住。后进是正房两间，上面还有个阁楼。他们住到西边那间，可以和中进西间互相照应，而且那个里间还分内外两小间，他们住在内间，外小间作为联络点的同志们秘密议事之处。丁良典在小阁楼和东间各有一张床，既可以在楼上观察左邻右舍的动静，也可以在楼下随时照看后院和后大门。

这样安排后，地下联络点实际上就使用了中进西间、后进和整个后院。中进东间则出租给一位原籍安徽的中学女教师居住。而前进呢，正好是沈世猷在外地的同族亲戚一家人，因避战乱而来到南京。

在那种残酷的环境中进行情报工作，南京市委制定了严格的纪律。每个人都要隐姓埋名，一般用化名，比如地下市委书记陈修良对外就称"张太太"；平时工作中的联系、情报传递都是单线的；不该知道的情况绝对禁止知道，禁止随便打听，连当事人的妻子儿女也不例外；无论多么亲近之人、感情多深之人，见了面不能不择场合地流露感情，更不能正常迎来送往，通常用点头和会意的目光表示，大家就心照不宣，达成某种默契。

为了确保绝对安全，以防万一，丁良典对进出小院、迎来送往等这类很细微的问题，也都提出了具体要求，要所有人切实遵守。他要求地下党派来的人一律从后院后门进出；要求沈世猷、丁明俊夫妇迎送地下党来往人员只到后门为止，不出后门一步；他要他姑姑丁明俊平时上街买菜，进进出出，都要怀抱婴儿，给外人以标准的家庭妇女的印象。

丁良典还对沈世猷说："姑夫，你可以身着戎装，大模大样地从临街正大门进出，你的那些同僚，"国防部"或者部队的军官，就一律由你迎来送往；我也可以佩戴建国法商学院的校徽从大门正常进出。"

除了这样常规的安排，还必须有一套面对突发事件的应急预案。如果敌情到了前后大门，地下党的同志可以从卧室的角门，通过沈氏夫妇的卧室，登上三进上面的阁楼，站到侧巷的角门听听动静；如果敌情继续发展，到后院或者三进楼下，地下党的同志就可以轻轻打开阁楼的角门，一步跨到围墙上，背阁楼后墙而立，再听听动静；如果敌情发展到屋内，或者要上阁楼搜人，他就可以从后围墙跳到后邻矮房，可连续跃过几间矮房，乘机逃离虎口。

总之，通过他们精心的布置和安排，这个甚是平常的"国民党军官公馆"

变成了一个名副其实的"共产党地下之家"。沈世猷从国民党"国防部"获得的大量情报也源源不断地通过这里送往了中共上海局和解放军野战军司令部。

1949年1月5日，淮海战役即将结束，汤恩伯在常州筹建京沪杭警备总司令部，先驻防在南京孝陵卫。沈世猷原计划是去湖北执行策反国民党倪祖耀军的任务，而且"国防部"的人事部门也下发了将他调往湖北的命令。但在这时，沈世猷又接到了中共地下组织的命令，要他改变计划，打入汤恩伯的京沪杭警备总司令部，侦取跟江防有关的情报，这样对于中共和解放军的贡献将会更大。

接到这个命令后，沈世猷即向人事处长张光宇表示要去京沪杭警备总司令部工作，但张光宇明确表示不同意他去。沈世猷有一个特别强的能力，就是他的公关交际能力，多年来，他总是能与老同学、老上司、老同事保持比较和谐亲密的关系。于是他就想方设法，通过种种迂回的关系，利用各种关系以及国民党机关中的派系斗争，最后得到"国防部参谋长"周自强的支持。这其中，关键的一点是沈世猷曾与周自强同在国民党31集团军供职，交情颇为深厚。这样，就由周自强亲自下令，调任沈世猷到江防总部第三处任中校参谋，主管作战。

由于沈世猷长期在汤恩伯的嫡系部队中工作，又是军校毕业生，军阶较高，所以结交了一大批同学、老乡，这客观上为他做好情报工作打下了基础。同时，由于意识到人际关系对于地下工作的帮助很大，沈世猷平时对于人际关系处处用心，经常请这些熟人吃饭，与这些人打成一片，相处甚欢。这样一来，为他侦取情报带来了极大的便利。沈世猷名义上是江防总部第三处的参谋，实际上他成了"不管部"的参谋，经常跟随长官到处活动，参加各种军事会议，侦取了大量极其重要的情报。

当他得知江防总部的高级将领作战指挥密室里挂有一张大幅江防军事用图时，沈世猷又开始积极行动起来了。这个作战室是由一个专职参谋来管理的，他负责标记全部江防阵地的兵力配备的位置和数量，如果阵地的兵力部署有了最新的变动，他需要逐日逐时更换标记。

沈世猷有意识地接近这位参谋，主动地联络感情，在经济上慷慨解囊，在生活中处处表现出讲义气、善解人意的言行。不久，沈世猷便取得了这位主管参谋的信任，当上了他的助手。沈世猷可根据实际的工作需要自由进出这个作战室，随时了解江防阵地兵力部署的情况。然后在他下班回家后，再通过设在他家中的地下交通站把情报送出去。

1949年4月中旬的一天晚上，卢伯明又匆匆地来到了吉兆营24号。在第三进的小房间里刚一坐定，卢伯明就对沈世猷说："沈参谋，组织上交给你一个紧急任务。"

沈世猷回答说："我尽自己最大的力量不辱使命。"

卢伯明严肃地说："现在我军已准备渡江作战。望你迅速侦取到安庆到芜湖间国民党江防兵力配备情况，越快越好，越详细越好，重点是荻港一带的部署。我知道，这个任务既艰巨又光荣。你能完成吗？"

沈世猷沉默了一会儿说："我尽力而为。我想只要有机会我一定能完成任务。"

这个任务对于沈世猷而言，确实是困难重重。因为要了解某一具体地段的兵力部署，已经属于具体战术范畴了，而京沪杭警备总司令部（又称江防司令部）是最高军事指挥机构，这里很难搞到这类情报。如果要到绥靖区或者部队机关去实地猎取，其困难也是可想而知的。

同时，由于大战临近，京沪杭警备总司令部也对内部人员加强了监控，安插很多军统的耳目，如果稍有不慎，就有暴露的危险。

沈世猷在司令部上班之时，整天转来转去，时不时地到同僚那里串门、打探消息。功夫不负有心人，这时有一位姓古的参谋，他主管安庆到芜湖的防务，要外出视察江防。沈世猷就利用他平日里打下的人情基础，利用老同学、老同事的良好关系，跟主管的上司毛遂自荐暂时代理古参谋的业务。

在他代理古参谋的工作期间，沈世猷敏锐地寻找和分析各种资料来源，任何可能的蛛丝马迹也不放过。突然有一天，国民党军的第七绥靖区新报上来一张军事图，而这张军事地图正是荻港地段的兵力部署详图。这张图细致而复杂，不是看一眼两眼就能详细记清楚的。如果要重绘一张，需要花费好几个小时，在办公室绘制，肯定是不行的。而且，当时他也没有照相机。怎么办？机会稍纵即逝。沈世猷当机立断，把这张江防图带回家复制一份。而那位古参谋今天晚上也不会来办公室的，只要明天上班时再放回原处就可以了。

在傍晚下班时，沈世猷把这张江防图装进平时上下班随身夹带的公文包中，心里颇为紧张，但又装作若无其事的样子大摇大摆地通过岗哨，走出了戒备森严的江防总部。这天晚间，等天完全黑下来已是夜深人静之时，由丁良典负责望风放哨，沈世猷、丁明俊夫妇俩迅速把江防图铺在桌子上，把这一江防军事图上的所有兵力配备详情，一一誊写了下来，连荻港一带江心洲上一个排一个班的兵力配备，都没有落下。沈世猷夫妇彻夜未眠，直到东方发白才誊写完毕。天亮后，沈世猷带着那张江防图的原件回到了江防总部，放在原来的档案夹中，继续他的参谋工作。

丁明俊把誊写的江防图交给中共地下市委情报负责人卢伯明。卢伯明通过地下交通线，立即送到了解放军二野司令员刘伯承的手中。在漫长的千里战线上，解放军选择在荻港作为一个最早渡江作战的突破口，并在4月20日首先强渡成功。这张复制的江防图可谓立了大功。

1949年的4月19日，卢伯明又来吉兆营24号与沈世猷接头，交给他一个新的任务：当时情形十万火急，需要迅速侦取国民党军在长江南岸全部炮兵的火力情况，而且当时渡江作战在即，必须要在一天内获取此重要情报。

4月20日，沈世猷照常到位于东郊的江防司令部上班，在上班期间，又获取了相关的重要情报。但就在此重要时刻，江防总部突然宣布，规定机关内部人员一律不准外出，晚上也不准回家居住，一律住在机关内保持紧急战备状态。在这种情况下，沈世猷虽有情报，但怎么才能送出来呢？如果他偷偷溜回家，极容易暴露身份；如果让卢伯明来江防总部拿，那风险更大。

面对这种情况，卢伯明心生一计，对丁明俊说："只有麻烦嫂子和小红到中山陵去郊游一趟了！"丁明俊会意地点了点头，说："是啊，我好长时间没去中山陵玩了，正好去呼吸一下新鲜空气。"其实，小红不过是他们尚在襁褓中的女儿。于是丁明俊便怀抱婴儿，从吉兆营来到丈夫工作的地点孝陵卫，将情报悄悄地放在婴儿的襁褓之中，神不知鬼不觉地带了出来。当天晚上，卢伯明就来到沈世猷家中，把那份紧急的重要情报带走，即刻送往解放军野战军司令部。

沈世猷侦取的国民党军淞沪地区的工事构筑防御配备及作战计划要点、江南主阵地兵力配备、江北桥头堡阵地兵力配备、国民党军总预备队兵力控制地点、荻港兵力配备详图等，通过地下联络网都送到了二野司令员刘伯承手中。有些军史专家认为，沈世猷在渡江战役所发挥的作用相当于整整一个兵团。

国共和谈破裂后，张治中于4月22日向南京和中共方面表示，定在24日回南京"复命"。他天真地认为，代表团是为和谈而来的，和谈既已破裂，理应回去复命，特别是作为首席代表的他。

周恩来知道这一消息后，当天就到六国饭店去看张治中，情词恳挚地对张治中说："代表团不管回到上海或者广州，国民党的特务是会不利于你们的。西安事变时，我们已经对不起一个姓张的朋友，今天再不能对不起你了。"

4月25日，周恩来面带喜色地来到张治中的住处，对他说："文白兄，我们一起去接一个人吧！"

"什么人？我认识吗？"张治中好久都没有反应过来，问道。

"是你最熟悉的，到时你就知道了。"周恩来故作神秘地回答。

周恩来和张治中坐汽车直奔西郊机场。等了片刻，一架飞机徐徐降落在停机坪上。飞机上下来的，是几个中年妇女和孩子。张治中一看，又惊又喜，原来他们是张治中的夫人洪希厚、张治中弟媳郑淑华等家属九人。张治中揉揉发红的眼睛，深情地对周恩来说："恩来先生，你真会留客啊！"

原来，这架飞机是白崇禧派到北平来接南京政府和谈代表的。不但代表一个未接回去，反而把张治中的夫人和家属共九人一起送来北平。这是周恩来事先通知上海地下党组织秘密地将他们送上飞机的。承办这一秘密使命的，正是沈世猷和中共华东局的王月英。他们在张治中老部下、当时任上海机场基地指挥官的中共地下党员邓士章和夫人的帮助下，躲开国民党特务的跟踪，终于把两位夫人和其子女全部送上了专机。

第三章：渡江追寇

毛泽东本来计划将原定的 4 月 15 日渡江的日期推迟一周，也就是 4 月 22 日渡江。但由于汤恩伯部队大规模换防情况被章尘率领的 27 军渡江侦察大队获悉，而南京政府又拒不签署《国内和平协议》，总前委遂决定趁敌军混乱之际，提前打响渡江战役，由中集团在 4 月 20 日开始渡江，东、西集团则于 21 日开始渡江。总攻开始后，即不再停顿，一气打到底。完成渡江后，再略加整顿，东进追歼敌人。17 日总前委把上述部署报告军委，18 日 9 时毛泽东复电："完全同意总前委的整个部署，即二野、三野各兵团于 20 日开始攻击，22 日实行总攻，一气打到底，完成渡江任务以后，在考虑略作停顿，采取第二步行动。请你们即按此总计划坚决地彻底地执行之。此种计划不但为军事上所必需，而且为政治上所必需，不得有任何的改变。"

4 月 20 日 17 时，在谭震林的亲自坐镇指挥下，中集团解放军各炮群开始试射。24 军的炮火首先向江心的沙洲轰击，打掉敌军前沿阵地的地堡。同时掩护解放军渡江船只翻坝入江。在渡江作战中，解放军的炮兵显示出高超的技术水平。榴弹炮、山炮循环射击，摧毁独立的地堡，迫击炮则专打逃窜的敌人。当榴弹炮、山炮修正距离时，迫击炮连续射击填补空隙。对岸敌军炮兵反击，解放军立即抓住目标进行压制射击。在炮兵掩护下，解放军突击部队打开大堤的出口，将隐蔽在河道里的船只翻坝入江。黄昏时，空旷的江边已经排满了众多木船，战士们在临时码头上有秩序地迅速登船。

原定20时开始渡江，但各部队翻坝情况不一样。27军79师19时20分才开始拖船，1小时后235团拖出大部，237团只拖出少部。这时对岸敌军发觉，开始射击。军首长命令已经入江的船立即开始渡江，不必等齐。235团在近21时率先开始了渡江行动。21时24军统一开始渡江，有些翻坝慢的部队则在22时开始渡江。

夜幕降临，江上刮起了风。中集团三个军上千船只扬帆起航，船工用力摇桨，战士们纷纷用铁锹、钢盔帮助划水，加快船速。江心里波涛汹涌，江南岸是一片火海，映红夜空。章尘率领的27军侦察队在山顶点燃火堆，为解放军导向。27军79师的船只率先登岸，各部队也陆续到达南岸，平均渡江时间为15—20分钟。渡江部队纷纷在南岸点燃火堆，向北岸传递胜利的信息。船工们运完第一梯队，马上返回再运送第二梯队。21日凌晨2时，聂凤智率27军军部过江，作为第一批过江的高级将领，双脚一踩在南岸的土地上，他便向总前委发报："我们已胜利踏上江南的土地！"

在这次登岸行动中，究竟谁为"渡江第一船"，历来说法不一。如马毛姐、王东诚、张孝华等，都曾被誉为"渡江第一船"的英雄模范人物。现在军事史学界的定论是，27军79师235团1营3连5班所乘的船于20日21时，最先在长江南岸的夏家湖一带靠岸，才是真正的百万雄师"渡江第一船"。对此，著名军旅作家谢雪畴在《长江飞渡记》一文中早有记述："紧靠在我团右侧的，是二十七军济南第一团。这个团的突击队，乘的是一色的小木船。把这种小船从藏船场翻进长江，要比其它帆船快当得多。就因为这一点，他们的准备工作，赶在所有突击部队的前面完成了。于是，这支突击部队，划着几十只小船，一字排开，飞出江面，突出在全线部队的前面，杀奔南岸去了！……这支突击部队的提前起渡，牵动了所有突击的师和团，必须赶快跟上，一来不能让这支英雄部队，陷入孤军苦战的险境中去，二来不能让这支部队，独占了突破长江的光荣。"文中所述的"二十七军济南第一团"，指的就是27军79师235团。而该团1营3连5班所乘的船之所以能成为"渡江第一船"，又是因为通

繁昌荻港-渡江第一船纪念碑

信员传错了口令。当时 79 师于 19 时 20 分开始拖船,到 20 时 15 分的时候,235 团已拖出大部分船只,而 237 团只拖出少部分。此时,235 团 1 营下令"已拖出船只整理好,听令开船"。但通信员将口令误传为"船只管理好,开船"。同时敌军已经发觉情况,开始射击。师部据此情况,即刻下令 235 团、237 团使用已拖出的船只,立即发起攻击。后来,乘坐"渡江第一船"的战士除了宋孔广(80 年代任南京军区装甲兵副司令)一人以外,全部在上海战役攻击四川路桥时牺牲。

4 月 21 日,汤恩伯匆忙飞到芜湖部署堵击,然而在此守卫的三个军的国民党部队早已放弃阵地,仓皇南逃。前来支援的二线国民党军开到宣城,见势不妙也掉头就跑。就在汤恩伯措手不及之际,解放军东集团、西集团开始了更大规模的渡江行动。

东集团第 10 兵团的 23、28、29 军在强大炮火掩护下,从七圩港到张黄港一带渡江,直指南岸的江阴。这里是长江下游最窄的地方,江面仅宽 1500 米。第 10 兵团渡江的最大障碍,是国民党江阴要塞。江阴要塞是国民党经营多年的江防重镇,山顶有炮台,山腰有壕堑,山脚有地堡群,总兵力 7000 余人,新式重炮 30 余门,火力可以控制附近 30 公里的一段江面。要塞司令戴戎光是国民党顽固分子,正面攻击是相当困难的。但是在解放军渡江过程中,江阴要塞一炮未发,使第 10 兵团得以顺利渡江。

当年担任江阴要塞司令部参谋长的中共地下党员梅含章回忆说:

(一)江阴要塞司令部,设在江阴城内,司令戴戎光,他是江苏阜宁人,黄埔军校六期生,日本士官炮科毕业,1948 年 6 月由陆军总部兵工处少将调任本职。(二)工兵营:营长唐秉煜,他是江苏盐城人,军校十五期毕业,是唐秉琳的胞弟,1949 年初由"国防部"第三厅上尉参谋,调到江阴要塞任少校工兵营营长。他趁调动期间,秘密到江北与解放军取得联系。要塞起义,他在地下党领导下起很大的积极作用。他同守备总队长吴广文是表亲,同我在"国防部"三厅同事,感情是不错的。(三)要塞炮兵总台:总台长唐秉琳,江苏盐城人,军校第十期二总队炮

解放军35军乘火轮驶向南京的中山码头

唐秉琳（右一）等部分江宁要塞领导起义人员合影。

科毕业，是唐秉煜的胞兄。在戴戎光到江阴要塞前，他已经在前任司令孔庆桂下面当守备总队长。1948年6月我到江阴，就接任他的职务，他被调为要塞炮兵总台的总台长。江阴要塞的起义，他在地下党领导下，也起了很大的积极作用。炮兵总台下辖三个大台，共有炮七十门左右。(四) 游动炮兵团：团长王德蓉，安徽人，军校第八期一总队及陆大十五期毕业。1948年6月由陆军总部兵工处副处长调任江阴要塞司令部参谋长，1948年底由参谋长调任本职。他是参加江阴要塞起义小组之一员。游动炮兵团下辖三个营，有炮三十六门。(五) 守备总队：总队长吴广文，江苏盐城人，军校八期一总队毕业，1948年6月由陆军总部兵工处科长调到江阴要塞任参谋主任，1948年底接我的守备总队长的职务。他同我和王德蓉都是军校八期同班同学，同唐秉琳、唐秉煜是表亲。所以在江阴要塞起义前准备时期，他在地下党领导下是起了桥梁和核心作用。因为他年龄比我们大，历世经验也比较丰富，做工作比我们老练，听说他在大革命时期，即1927年，曾经参加过共产党，后来失去联系，到抗战时期，在1937年于汉口与周总理见过面，接上了头。因此，他到江阴要塞就早有所用意和打算。在1948年底又正式入了党。守备总队下辖三个大队，兵力约三千人左右。(六) 江阴要塞参谋长梅含章，浙江人，军校八期一总队及陆大十七期毕业，1948年6月由陆军总部兵工处科长调到江阴要塞任守备总队长，1948年底调任参谋长。此外，江阴要塞的部队还有：通信连、勤务营、照测队。

　　1948年5月，戴戎光在南京任陆军总部兵工处少将处长，陆军总部总司令顾祝同与戴是苏北同乡关系，所以总司令部办公室苏北老乡也比较多。刚刚那时我任兵工处科长，吴广文也是科长，王德蓉是兵工处副处长，大家同在一个单位工作。正好在这个时候，江阴要塞司令孔庆桂（江苏仪征人，保定军校毕业），私囊已饱，想作寓公，以享清福，故辞去要塞司令职务。他向蒋介石保荐江阴要塞的炮兵五十一团团长李道恭或参谋长聂琦（江西人，黄埔六期炮科毕业）继任要塞司令职务。江阴要塞司令是一个肥缺，因为：1.要塞在江阴黄田港设立检查站，该处是长江南北交通的要道，贪污走私，有利可图；2.江阴沿江一带芦苇的收入；3.要塞附近矿山开采权，有利可图；4.要塞有数百亩田出租；5.在江阴坐地分红，如在棉纱工厂搭干股等；6.用要塞公款在上海做投机买卖；7.吃士兵空缺。因此这个肥缺一出，引起很多人的垂涎，到处钻营奔走，都想当上江阴要塞司令。胡宗南曾飞电保荐郑瑞充任要塞司令（郑瑞是浙江温州人，黄埔六期炮科毕业，后来到德国学军事，是胡宗南的部属）。那时重要军事人员之任用，都直接向蒋介石保荐，必须通过国民政府军务局局长俞济时，经俞签呈才有获得批准的可能。俞济时下面有个上校机要参谋朱永堃，是上海人，同济大学学生，军校十期一总队及陆大十九期毕业。朱在军校入伍时，我任他的班长，在军校德文班同班上学，陆大又先后期同学，所以他与我感情很好。朱永堃透露消息，说江阴要塞司令出缺，由各方保荐来的人已有六个，俞济时的签呈中李道恭列第一名，这份公文正要送给蒋介石亲自批示，文件都在朱的手中。戴戎光知道我同朱永堃的关系，所以他一清早就来到我家里，要我给他想办法。于是我即时就到西白莱园朱的宿舍，和朱商量如何给戴戎光的名字列上，并且要列在李道恭名字之前，就是说把戴戎光的名字列在第一名。当时事关紧急，首先要由陆军总部办公室开到一纸保荐书，才有所根据。戴戎光就到陆军总部弄来一纸保荐书，填好之后由我直接交与朱永堃。朱永堃当夜把戴戎光名字列在第一名，并在戴的考语栏内给他写得特别好。第二天呈送蒋介石，蒋介石连看也没看，把俞济时签呈中名列第一名的戴戎光就此圈上。不几天，蒋介石要戴戎光去谈话，主要的是要看看戴戎光是如何的人。戴戎光听到已经圈上了他，欢喜万分，又听到召见，赶忙做了一番细致的准备工作。第一件，把头发完全剃去，刮成光光的和尚头；第二件，把嘴里上面门牙上镶的那一金牙齿挖掉。其他如服装整理等等，自然不在话下，戴戎光是摸清了蒋介石的脾胃的。蒋介石平素对部下，是只重视外表，尤其不喜欢军人戴金戒子和镶金牙齿等，所以戴戎光就是这样钻营取巧地当上了江阴要塞司令。要塞司令公文发表后，戴把陆军总部兵工处的全班人马几乎都搬到江阴要塞去。兵工处副处长王德蓉调任江阴要塞参谋长，科长吴广文调任江阴要塞参谋主任，我在戴戎光当上要塞司令过程中帮了他的忙，所以调任我为江阴要塞守备总队长，以此报谢。这一幕人事活动的丑剧，也可以略见国民党军队内部人事腐朽情况之一斑。

1948年年底，由于戴戎光为人狡猾，贪污中饱，对下刻薄，又加上他较一般人反动思想要顽固，如蒋介石下野时，他也脱去军装，换上便服表示与蒋介石同进退等。因此，部下对他是阳奉阴违，背后都对他很不满。后来尤其我，因为他把我由总队长调为参谋长，以明升暗降的办法对付我，令人可恨。这个时候党已派来地下工作人员，如党员唐秉钧同志，他是唐秉琳的哥哥，由江北过来，住在我总队部附近，以养病为掩护。另外还有解放军敌工部派来担任交通的吴明同志，以及后来派到要塞作内线工作的营教导员徐以逊同志等。所以当时吴广文、唐秉琳等已经在地下党领导下进行了渡江准备工作。由于我和吴广文是同班同学关系，他约我参加过数次起义小组秘密会议。记得有一次在我的总队部开的会，又有一次在我家里开的会。会议参加者，有吴广文、唐秉琳、王德蓉和我等。在我家里开会那一次，除我们四人外，还有唐秉煜也参加的。我参加起义小组，当时思想深处真实情况，是看到国共两党斗争非常尖锐，将来究竟鹿死谁手，还不得而知。我和蒋介石是浙江同乡，是黄埔八期学生，又是陆大十七期毕业，手中有"黄、陆、浙"三张王牌，在蒋帮部队里是够混了。但是共产党一旦胜利后，我怎么办呢？我一张也没有，我就不能混了。因此，为了给自己留后路，能够在共产党胜利后情况下，也能够混起见，所以就想有机会最好通过一个关系，对共产党也有所表现，作为我日后能够混的一个出路。恰好吴广文约我参加起义小组，一方面在吴广文的友谊支配下，另一方面又恰恰正好合我的心意。后来唐秉煜秘密到江北解放军总部汇报军情，取得一切联系，以及如何协同解放军行动等问题，这些渡江前准备工作，都是仅仅瞒过了戴戎光。所以江阴要塞的解放，可名之为江阴要塞军官起义。

在大军渡江前夕，大约在1949年4月间，吴广文因放船事，引起戴

人民解放军占领总统府（邹健东 摄）

毛泽东在北平香山双清别墅，正在阅读南京解放的号外

戎光的怀疑，因此，借放船贪污嫌疑，戴戎光将吴广文逮捕。后来吴广文逃脱，秘密地去到无锡。

在解放军渡江头一天，即1949年4月20日早晨，戴戎光派我到常州参加丁治磐所召集的军事会议。其主要内容是已侦悉解放军炮兵阵地的地点，令要塞炮兵今晚向江北解放军在八圩港以西二公里附近地带的炮兵群进行歼灭性射击等。会毕，当晚返江阴，先到黄山要塞指挥所见戴戎光。只见他头上冒气，慌慌张张地在那里打电话，我也没有把会议内容告诉他，仅仅说了一声我开会回来了。他也没有问会议的内容，就叫我回江阴城内司令部坐镇，专与友邻部队及上级联络。当晚我在司令部，步上阳台，瞭望四野，一片死气沉沉。当夜23时左右，风向急剧地转了一百八十度，由东南风变为西北风，这正是有利于大军渡江，此乃天时作美。

由于要塞地下党的领导，作了许多渡江前的准备工作。4月20日半夜，看到江北岸上燃起三堆火光，这是表示渡江战役的开始。要塞上的炮，事先已经把炮弹的信管卸掉，变更了射击口令和射击的距离，作了一系列的措施。第二天，即4月21日1时左右，解放军趁着有利的风势，万船齐放，以排山倒海之势，二十分钟就到达南岸。仅在黄山要塞东边长山附近，与二十一军一个营的防守部队有过小小的接触。

在要塞附近渡江，都是顺利地飞上南岸。当先头渡江部队上岸后，唐秉煜和地下党徐以逊同志以及刚渡江过来的营长等带领少数人，换上国民党的军帽，首先进入黄山要塞总台的指挥所，巧妙地活捉了要塞司令戴戎光。于是江阴要塞在地下党组织领导下，得到解放，光荣地回到人民的手中。

江阴要塞既经解放，迅速地把炮口转过来向二十一军阵地射击。当时，二十一军的一四五师适由江北八圩港向南岸败逃，渡江时，遭到要塞炮兵阻击，伤亡甚大。在21、22日，解放军以江阴要塞既得阵地为据点，在江阴东西两侧地区陆续登岸，并迅速地占领和扩大了各处滩头阵地，使国民党苦心经营三月之久的长江防线，完全崩溃。解放军百万雄师，胜利地渡过长江，汤恩伯所属各部队在解放大军全线突击的巨大威力震撼下，被迫放弃沿江要点，分别向上海、杭州、浙赣线实行总退却、总崩溃直到总消灭。

江阴要塞的失陷对蒋介石的打击是致命的。因为他的计划是放弃南京，据守沪杭，而江阴要塞是守卫沪杭的要冲，失去江阴则沪杭危殆。当时国民党方面误以为戴戎光主动向解放军投降，蒋介石在4月23日的日记中郁愤至极地写了一行醒目大字："戴戎光叛变，南京撤守。"

当解放军炮火封锁长江航道后，国民党海军海防第二舰队司令林遵率大小舰艇25艘在南京长江下游的笆斗山江面起义。这次起义也是在中共地下党的策动下举行的。林遵是福州人，英国皇家海军学院毕业。中国海军最初是在福建发展起来的，所以海军军官中福建人最多。1948年底，海防第二舰队被调入长江，官兵们对打内战都表示厌恶。这时，林遵的同学、国民党海军司令部官员郭寿生受地下党委托来镇江基地找林遵，要他率领舰队起义。林遵认清了形势，知道国民党大势已去，就联系了几位思想进步的舰长，等待时机。解放军发起渡江战役前夕，林遵派人通知我党联系人舰队将要起义，并告知适宜渡江的地域，避免冲突。20日夜解放军开始渡江后，海军总司令桂永清命令林遵率舰队马上去芜湖，阻止解放军渡江。林遵拖延时间，没有执行。22日解放军已全面渡江，桂永清又在下关召集南京江面的舰长们开会，要他们当晚冲出长江，逃往上海。"永绥"舰舰长邵仑是起义组织者之一，借故拖延，使各舰未动。桂永清命令林遵马上去南京，带领舰队下行。23日晨，林遵乘"永嘉"舰到达笆斗山，召集舰长们开会。向大家说明了形势和起义的意向，征求各位意见，结果主张走和留下的各占一半。林遵宣布起义，派人起草文告。几个顽固的舰长密谋后于傍晚起锚，有的舰不明真相也跟着开走。林遵用报话机呼叫，四舰返回，七舰逃跑。林遵派参谋到浦口与35军接洽起义，24日凌晨，第二舰队起义成功。停泊在镇江的江防舰队23艘舰艇也随即投降。这些舰艇后来成为新中国海军的基础。

第10兵团渡江时，东集团的另外一翼第8兵团也开始了渡江作战。21日20时，20军自三江营渡江；22日，34军由仪征至扬州段渡江；21日夜间，

35军向江浦和浦口之敌发起攻击，22日晨，敌军获悉解放军主力已经过江，害怕被歼，逃往南京，江浦、浦口随即解放。

　　35军主要是由济南起义的吴化文部队改编而来，并非华东野战军主力，本来只是协同作战。但由于国民党军队溃败得太快，粟裕、张震遂于4月22日24时致电该军："如南京之敌逃窜，则35军应即渡江进占南京，维持秩序，保护敌人遗弃之一切公私财产。"电报中还特别嘱咐："该军应特别注意遵守政策，严肃城市纪律。"35军原先没有渡江任务，手里一条船也没有。接到命令后，全军上下顿时忙碌起来，到处寻找船只。4月23日下午，103师侦察连在浦口的小河汊里找到一只小划子，经再三动员，船主表示愿意送他们过江。请示军部同意后，103师侦察班长魏继善带着四个侦察兵，在火力掩护下渡江。17时左右到达下关码头，看见江边并无国民党军队的踪影，连忙用旗语制止射击。他们找到下关发电厂，在地下党组织的帮助下，带领工人将"京电号""凌平号"运输艇、水上警察局的3艘巡艇，还有下关轮渡公司的十几艘大小机动船，开到浦口码头等候。至第二天凌晨3时，35军的1.5万人就全部到达下关。整顿军容后，开始入城接管南京。

　　下关码头为何没有国民党军队的踪影呢？这一方面是因为汤恩伯秉承蒋介石的旨意，原本就没有打算守卫南京；另一方面也是中共地下党里应外合的结果。下关狮子山有一座江宁要塞第一炮台，负责封锁长江，是解放军攻占南京的重要障碍。炮台台长、地下党员胡念恭早就精心策划，将炮弹用水浸潮，在解放军渡江前几天，对前来检查的江宁要塞司令报告"弹药受潮，火炮不能射击"，上司看到受潮的炮弹，信以为真。当解放军追击到浦口时，胡念恭又以同样理由搪塞，未发一弹。当上级命令撤退时，胡念恭带着士兵和武器投奔了解放军。

　　中共南京地下党还动员各方力量，迎接南京的解放。他们做通了首都电厂厂长陆法曾和工程师陆佑曾的工作，成立护厂纠察队，粉碎了特务要炸电厂的阴谋。4月22日，电厂职工在枪炮声中进厂发电，保证了南京解放时的正常发电。自来水厂工人坚守岗位，既保护了厂，又保证了市民饮水的供应。南京电讯局坚持正常营业，保持电讯畅通。由地下党员团结2000多名警员组成人

"五一"伟大节日 中共中央电贺南京解放

南京迅获解放，国民党反革命中心从此宣告灭亡。

（新华社北平卅日电）南京解放，中共中央特於五一节通电祝贺。电称：

中国人民解放军第二野战军刘伯承、邓小平、张际春诸同志，中国人民解放军第三野战军陈毅、粟裕、谭震林诸同志，两大野战军全体指挥员战斗员同志们，其他各野战军地方兵及南方各游击部队全体同志们，全国工农商学各界同胞们：

我人民解放军第二第三两大野战军执行人民解放军总部命令，奋勇出击，横渡长江，敌军望风披靡，南京迅获解放，国民党反动统治从此宣告灭亡，江南千百万人民迅即重见天日，全国欢腾，环球鼓舞。此皆我前线将士英勇善战，后方军民努力支援，江南民众奋起协助，其他野战军地方军一致配合行动所获的结果。当此伟大节日，中国共产党中央委员会特向你们致以热烈的祝贺。以将介石为首的国民党反动派，对外勾结帝国主义，对内糾合一切暗势力，建立以南京为中心的反民族反人民的血腥凶统治，业巳二十二年。全国人民，痛心疾首而反抗者，先后不绝。国民党反动派的反革命内战於前，又拒绝和平协定於后，自以为长江天堑可以限制人民解放军前进。不意人民解放军渡江三日，南京反革命中心即告覆亡，国民党第四军全部，第九十九军第四军，第二十一军，第二十八军大部，第四十六军，第五十四军，第九十六军各一部，安庆、芜湖、镇江、无锡、苏州诸名城，常熟、长兴、广德、溧县、彭泽之线以北地区，相继解放。形势对我极为有利，尚望前线将士继续攻进，后方人民努力生产，现在整个形势对於人民和人民解放军，解放全国人民，建立统一的民主的新中国而奋斗。

第八十七军，对我聚歼之战光复）团长蒋军第四十七军，第九十九军，第二十一军一致同归合息协力，共同为消灭反革命残余力量，

中国共产党中央委员会
一九四九年五月一日

民警察总队，在市内巡逻放哨。4月22日下午，敌军工兵准备炸老江口的火车轮渡栈桥，正在老江口水上警察局岗楼执勤的地下党员潘逸舟，一面喊话示警，一面用机枪扫射，阻止破坏。共产党员林大宗带领起义警察奔向栈桥，吓退敌工兵。同时，策动原来的警察继续维持治安。东区警察局副局长周春萱被动员后，以"南京地下工作团"名义，带领1000多名警察在主要干道上执勤，维持秩序。

可以说，南京虎穴的大门对解放军是洞开着的。而打开这座虎门的，正是以地下市委为核心的党组织及数百名地下党员。4月24日下午率大部队进入南京的解放军第8兵团司令员陈士榘，便称赞南京是"和平解放"。4月29日，邓小平以总前委名义致电中央军委："此次各机关保护尚好，秩序尚未大乱，主要得力于秘密市委，他们的工作做得很好。"这是总前委对南京地下党组织在迎接解放过程中工作的高度评价。

4月24日，35军104师312团首先进入"总统府"，将红旗插在"总统府"门楼上。三个师划分了防区，张贴解放军城市政策的"约法八章"布告。以吴贻芳等民主人士组成的南京市民"维持会"协助维护城内秩序，并与解放军接洽接收。守卫中山陵的国民党军一个营护陵部队向解放军投诚，将中山陵完好地转交到解放军手中。

4月21日晚，西突击集团也在预定地段突破守军江防阵地，控制了宽100余公里、纵深5至10公里的滩头阵地，于22日占领彭泽、东流等地，并解放安庆。至23日，西集团野战军主力全部渡过长江，像一支楔子切断了汤恩伯和白崇禧两大集团的联系。由于汤恩伯根本就没有打算防守这一段江面，西集团的代价小得惊人，第一拨渡江的6个步兵团中，伤亡不到10人。

在北平香山的"双清别墅"，毛泽东阅读"人民解放军解放南京"的号外，心情激动。挥笔写下了《七律·人民解放军占领南京》：

> 钟山风雨起苍黄，
> 百万雄师过大江。
> 虎踞龙盘今胜昔，

天翻地覆慨而慷。
宜将剩勇追穷寇,
不可沽名学霸王。
天若有情天亦老,
人间正道是沧桑。

毛泽东写下这首诗以后,并未示人,随手将诗稿弃置一旁。秘书田家英一向珍惜毛泽东的手迹,把这份诗稿保存了下来,后来又征得毛泽东的同意公开发表。

4月22日下午,汤恩伯下令国民党军全线撤退。在江阴、镇江段的国民党两个军绕过太湖向上海逃跑。南陵、芜湖、铜陵段的国民党六个军向郎溪、广德、杭州方向逃跑。在混乱状态下,国民党军狼奔豕突,完全丧失抵抗力。总前委原来估计渡江是一场艰苦残酷的战斗,没想到敌军如此不堪一击。

过江后解放军没有喘口气,就立即转入追歼敌军的行军作战中。粟裕、张震在23、24日连续发布命令,要中、东集团各军向指定的合围地区加速前进。10兵团除以29军进占苏州外,28、31军沿太湖西侧向长兴、吴兴猛进;20、26军归10兵团指挥,与23军沿丹阳、溧阳之线南下,尾追南京、镇江逃敌;9兵团各军只留30军监视芜湖之敌,中集团各军沿南陵、宣城、广德之线急进。几大箭头都指向郎溪、广德地区。

在解放军快速追击下,南逃的国民党第4、28、45、66军和51军一部不敢再沿京杭国道撤退,转向郎溪、广德的山区逃窜。为了协调部队行动,围歼逃敌并解放杭州,粟裕决定以第9兵团司令员宋时轮统一指挥9、10兵团部队全歼被围之敌,第7兵团迅速向杭州进军。24军接管南京,23、35军归还7兵团建制。

形势发展非常快。26日中集团先头部队已经到达郎溪、广德地区,同日东集团的28军占领长兴,27日中集团的27军在吴兴与28军接上联系,封住了"口袋"。解放军的23、24、25、31、33五个军围住了国民党五个军,各部队猛冲猛打，开始分割围歼敌人。

与此同时，7兵团的21、22军在谭震林、王建安指挥下，日夜兼程向杭州挺进。国民党军仓皇向宁波、温州方向撤退，准备炸毁钱塘江大桥，阻止解放军南下。21军62师在余杭稍事休息，就向杭州方向强行军。5月3日拂晓，62师越过五云山，突然出现在钱塘江大桥旁。仅半小时战斗，就打垮了敌军守桥部队。敌军慌忙炸桥，只造成轻度损伤，大桥保住了。5月3日下午，解放军侦察部队进入杭州，发现敌军已经撤走，城内比较平静。随后，21军部队迈着整齐的步伐入城，受到市民群众的热烈欢迎。谭震林等领导人也陆续到达，开始了紧张的接管工作。杭州的解放，标志着渡江战役第一阶段作战的胜利结束。由于浙江是蒋介石的老家，解放杭州无疑意义重大。

渡江后形势发展之快，出乎意料。陈毅5月10日在丹阳三野干部会议上谈到渡江后的情况时说："这次部队过江准备两个半月，4月20日晚上开始渡江作战，4月23日占领南京，5月3日晚上占领杭州，5月4日占领上饶，并且解放了镇江、丹阳、常州、无锡、苏州等地，整个渡江作战任务便完成了。任务完成得很快，当天晚上渡过长江，三天解放南京，不到两个星期或仅仅两个星期，占领了整个苏南、皖南（上海除外）和浙江大部，历史上从来没有这样的进军。百万大军（三野60万，二野30万加上直属队）携带重武器骡马辎重等，十天内外进军千里，横渡长江天险，粉碎敌人反抗，平均一天进军100里，普通老百姓空身走路，也没有这样快。敌人在江南设防共有二十一个军，其中十个军被全歼，七个军大部被歼，最多的只逃掉一个团，仅在上海防守的几个军比较完整。这是历史上一个空前伟大创造，完全出乎我们意料之外。我们原先认为渡过长江需要经过三四天甚至于一个星期的恶战，或者渡过去了站不住脚又被打回来；或者只能占领滩头阵地逐步发展，不能像秋风扫落叶一样横扫千里。原来准备在无锡、南京要打一下，一个半月打下南京，结果三天就实现了计划，半个月解放苏南、皖南，进入浙江、赣东北，证明了人民解放军的强大，敌人的腐朽，军无斗志，亡魂丧胆，不敢抵抗，缴械投降。解放军的威力发展到最高峰，敌人的战斗意志降到零点，标志着全中国民主革命的胜利，而南京的解放又代表着一个全中国的胜利。"

第四章：鏖战上海

4月26日，蒋介石从溪口来到上海，亲自策划部署上海防御。他连续召见团以上军官，训话打气。表示自己留在上海不走，"要和官兵共艰苦，和上海共存亡"。他分析的国际形势是不出三个月，就会爆发第三次世界大战，到时候美国就会恢复援助。上海战略和经济地位重要，守备上海的兵力是雄厚的，军用物资是充足的，阵地也是坚固的。只要守上三个月到半年，形势一定会朝有利的方向转化。他终日忙碌不停，不断对军官们重复这些话。但其实蒋介石向汤恩伯交的底是：尽可能坚守一个时期，待上海的资金和物资全部转运台湾后，就可以放弃上海。

4月27日毛泽东指示总前委和粟裕、张震："你们不但要部署攻击杭州，而且要准备接收上海，以便在上海敌人假如迅速退走，上海人民要求你们进驻的时候，不致毫无准备，仓猝进去，陷于被动。""为着多有一些准备时间，不使国民党过早退出上海，解放军仓猝进入上海，请粟张注意不要使解放军过于迫近上海。同时，争取在数日内完成进驻上海的准备工作，以便在国民党迅速退出上海时，解放军亦不至毫无准备地仓猝进去。"毛泽东强调："何时进驻上海，须得我们批准。"中共中央对于解放上海的政策，是"慎重、缓进"，要充分做好一切接管的准备工作。

由于战线推进太快，许多准备工作来不及或不细致。后方的物资和接管干部尚未到达，部队入城纪律和政策教育还不深入。4月30日，就在蒋介石来到上海的当天，总前委报告军委，要求推迟进占上海。电报说："根据南京经验，在我党解放军未作适当准备，仓猝进入大城市，必然陷于非常被动的地位。就军事上说，杭州、上海很快即可拿下；就政治上说，我们许多重要准备都未作好。加以上海、杭州干部尚在长江北岸，人民币因火车拥挤不能及时运到，煤的问题因缺运输工具，则更难克服。粮食在南京无大问题，估计杭州多无大问题，上海还不知道有无存粮。而在部队本身困难亦多，政策及入城守则尚未深入教育，连续行军作战尚未整理，大批俘虏尚未处置。如不经过十天左右的整训，进城之后一定会发生许多问题。35军因非主力兵团，骄气较少，故该军在南京虽然出了不少乱子，但纪律还算比较好的。其他主力军如不训练，不会比35军的情况更好。我们考虑，以尽可能推迟半月到一月入上海为好。"

5月1日，新华社广播了以中国人民解放军司令部发言人名义发表的一项声明，要求英、美、法三国迅速自海陆空撤退其在长江、黄浦江及中国其他地点的武装军队、兵舰、军用飞机及海军陆战队，不再援助中国人民的敌人从事内战。中国人民革命军事委员会及人民政府愿意保护在华从事正当职业的一切外侨，并在平等、互利、互相尊重主权和领土完整原则的基础上与各国建立外交关系，但各国政府首先必须与国民党政府断绝关系。

声明发表当天，杜鲁门在白宫召集紧急会议，讨论中国新局势。与之同时，美西太平洋舰队司令白吉尔将军的旗舰也悄悄溜出吴淞口，泊在长江口外。5月3日，美海军发言人宣布：美、英、法三国兵舰已全部驶离黄浦江。司徒雷登大使也"以个人负责的态度"告诉中共方面，吴淞口内已无美国兵舰。

5月3日，毛泽东批准了总前委的请求，复电说："上海在辰灰（5月10日）以前确定不要去占，以便有十天时间做准备工作。在辰灰以后，则应作两方面的计划：甲、即去占领上海。这是假定汤恩伯在十天内由海上退走，上海成了无政府状态，迫使你们不得不去占领。你们的准备主要地应放在这点上。否则，你们将陷入被动。过去，你们在三个月准备渡江期间，没有抽出一个月时间令军队学习政策和接管城市事项，没有作很快占领诸城的精神准备和组织准备，吃了亏。现在只好在十天内补足此种缺点。乙、拖长时间至半个月或二十天或一个月再去占领。只要汤恩伯不走，就应如此。占领浏河的时间亦可推迟。"

5月初，京沪线边只有3万人的小小的丹阳县城突然热闹起来。粟裕和即将接任上海市军事接管委员会主任的唐亮于5月2日，陈毅、饶漱石于5月3日，邓小平于5月6日到达这里，主持解放上海的准备工作。数千名干部从各解放区、北平、香港日夜兼程赶来，投入接管上海的集中整训。他们当中有许多人是著名的"上海通"，如上海地下党负责人刘晓、从事文化工作的夏衍、从事秘密工作的潘汉年、从事经济工作的许涤新等。各路精英汇集一堂，分头进行调查研究和准备工作。有关上海的政治、经济、社会、文化等多方面的资料，有从敌人那里缴获的、有上海地下党调查的、有上海来人报告的，整理成200多本小册子。大家根据这些材料和中共中央的有关政策，研究接管上海的具体方针措施。如上海的官僚资产阶级和民族资产阶级如何区别对待，外国人的企业如何接管，国民党政府机构如何处理，金融如何稳定，流氓帮会怎么办，市民的粮、煤等生活必需品如何保证供应等等，事无巨细，都要考虑周全才行。5000多名接管干部加上2万多名警卫旅在这里学习整训。陈毅、饶漱石不分昼夜地与分管各方面的干部研究情况，听取汇报。单是财政接管纵队的汇报陈毅就听了两天两夜，对于如何紧急调运粮食、棉花、煤炭保证上海市民的需要，做了周密部署和应急准备。

5月10日，在丹阳县城南山外大王庙召开了一次大会，陈毅对数百名接管干部作入城纪律的报告，他说："上海城市工作中的困难，第一是管理指挥600万老百姓。这是一个大问题。我们过去指挥几十万军队，但没有集中的指挥过几百万老百姓……上海是个吞吐港，有青红帮、反动势力等，很复杂，诸如此类，我们都不大懂，我们不能自大，吹牛。上海一天要烧20万吨煤，600万人这一张大口又要饭吃，要解决几百万人的粮、煤及生活问题，单是每天的大小便问题不解决就不得了，每天的垃圾不解决，几天就堆成一座山。我们管理不好上海，就无法向老百姓说话。毛主席说过，进上海是中国革命过一难关，我们进城后要虚心谨慎，我们野战军的'野'，在城市不能'野'。在城市不能采取在火线上对敌人的态度，老一套是危险的……上海是最现代化的城市，是帝国主义反动派的窝巢，是百年来发展起来的各式各样、奇形怪状的复杂的城市，我们没有经验是很难进行工作的。因此除了具有信心以外，必须要有谨慎小心'临事而惧'的态度，这样才能多考虑问题。否则是低级的幼稚的，就一定会栽筋斗。进入上海是中国革命的最后一个难关，是一个伟大的考验。上海搞得好不好，全中国全世界都很关心。我们搞得好，世界民主力量就会为我们高呼、庆祝、干杯；搞不好就会使他们失望。"

怎样才能接管好上海，陈毅强调："必须强调入城纪律，入城纪律是入城政策的开始，是和市民的见面礼。纪律搞得好，政策就可以搞得好，搞不好就会影响政策的推行。上海人民对我们的希望很大，把我们看成'圣人'，如果一进去就搞乱了，他们就会大失所望，再去挽回影响就要费很大的劲。"陈毅对部队入城后的纪律提出极为严格的要求，最基本的一条就是"不入民房"。有的干部提出：遇见下雨、有病号怎么办？陈毅坚持说："这一条一定要无条件执行，说不入民宅，就是不准入，天王老子也不行！这是我们人民解放军送给上海人民的'见面礼'！"

粟裕、张震率三野前委机关渡江后，进驻苏州，筹划上海战役。5月2日，粟裕返回丹阳，与陈毅、饶漱石等研究作战方案。粟裕提出了三种设想：一是围困。进入解放战争后期，解放军曾对很多内地的城市采取这样的战法。但上海情况特殊，有600多万的市民，生活物资基本上靠从外面运入，如果长期围困，人们连自来水可能都喝不上，人民生活将入绝境。而敌军有海上通道，我们围不死，所以，此法并不可取。二是从薄弱处突击。这种办法要选择敌人防御的薄弱地点——苏州河以南实施突破，虽然避开了敌人的重点设防区吴淞，伤亡不会很大，但主战场将放在市区，上海这座大都市很可能被打烂。三是把进攻的重点置于吴淞，钳击吴淞口，暂不攻击市区。这样可以在一定程度上封锁住敌人的海上退路，并切断敌人抢运上海物资的通道。如果敌人要坚

解放军"济南第一团"于 5 月 20 日夜,在外滩与敌人作战

解放军进驻上海后,露宿于街头

守的话，必然要为保护其唯一的海上退路而要集中兵力在吴淞口周围与解放军决战。这种战法将是硬碰硬的攻坚战，解放军要付出较大的代价。但是为了保全上海这座大城市，第三方案应该是最佳方案。

三野第10兵团司令员叶飞于5月10日接到了对上海作战的命令。命令他率领10兵团的第28、29军为西路军，5月12日从常熟出发，限14日拂晓前到达吴淞口。而10兵团所属的第31军，暂时调归担任东路军的9兵团指挥。

叶飞对此命令颇有意见，常熟离吴淞口有120多公里路，即便急行军也就每天六七十公里，虽也能勉强赶到，但中途还要经过太仓，渡过浏河，经过嘉定、月浦、杨行、刘行等敌人永久性设防区。这个任务不一定能如期完成。但三野司令部回复叶飞说，现已得到情报，驻守上海的国民党军队准备起义，不会有什么仗打。因而在"文进"还是"武进"的选择上，他们认为"文进"的可能性大。

情报并非空穴来风。时任国民党太湖警备区警备司令和总后勤部中将视察员的张权在中共上海地下党的策反下，弃暗投明，策划了一个在市区举行武装起义的周密计划。因为当时杭州已经解放，蒋介石从陆路逃跑已无可能。张权计划通过海军的关系，把军舰炸沉，堵住航道，让蒋介石乘坐的军舰驶不出吴淞口；通过空军的关系，把机场控制起来，不让蒋介石乘坐的飞机起飞；再以精兵一部，强攻北四川路淞沪警备司令部，得手之后于楼顶高悬白旗，以扰乱军心，然后与解放军会合，包围复兴岛，活捉蒋介石（后因5月7日蒋介石就乘军舰悄悄离开复兴岛，故转而计划活捉留在上海督战的蒋经国）。

也正是因为有此情报，三野对于攻打上海的作战部署很不周密。叶飞后来回忆说："战前，既未规定各部队的作战任务，使各部队能作充分准备；临战，又没有召集参战部队首长参加的作战会议，研讨作战方案，就下达了作战部署和作战命令。"叶飞当时也有轻敌思想，匆匆召集军师干部开了会，28、29军就分头出发了。当时三野自上而下都没把敌人放在眼里，认为不费劲就能拿下上海。28军在淮海战役后发展壮大到7万人，每个团就有五六千人，武器装备是三野最好的。渡江之后，部队在追击过程中普遍滋长了骄傲情绪，不少战士认为上海不是打的问题，而是接收的问题，甚至连军一级的干部都不知道当时上海是否有工事。

事实上，上海外围在抗战前就修筑了不少坚固的碉堡，侵华日军也修筑过永久性工事。1948年以来，国民党军在上海加紧构筑新的工事和配套设施，到1949年5月前，上海外围有4000多座碉堡，1万多野战工事。配上地雷、铁丝网、鹿砦等，形成了严密的防线。国民党军队在上海的防御阵地分为三层：以南翔、华漕、七宝、华泾之线为浦西外围阵地，以川沙至北蔡为浦东外围阵地。以吴淞以西的狮子林向南经月浦、杨行、刘行、大场、真如、虹桥、龙华至黄浦江为浦西主阵地，以高桥向南经高行、洋泾、塘桥之线为浦东主阵地。在市区以国际饭店、四行仓库、海关大楼、百老汇大厦（今上海大厦）等高大建筑物为坚固防守据点。其兵力部署是以6个军20个师防守黄浦江以西地区；以2个军5个师防守浦东。海空军实施机动支援。

5月12日上午8时，29军从苏州出发，第二日凌晨顺利渡过浏河，攻下嘉定。叶飞感到些许纳闷。过浏河，一枪一炮都未放，就顺利渡过。国民党军对于浏河应该派兵把守的呀，这毕竟是上海外围的第一道防线。看来国民党军队起义的情报确实不假，但是到目前为止没有任何人前来联络，怪了！

可是第二天形势就变了。13日29军向月浦发起攻击，86、87师沿着公路并排前进。月浦、刘行的守敌国民党第52军，是辽沈战役中从营口撤退的一个主力军，建制完整。军长刘玉章是黄埔四期毕业生，是林彪、张灵甫和胡琏的同学，曾经在背水一战的情况下绝地反击，俘虏东北野战军25师1700余人，自此被蒋介石倚为重镇。52军凭借严密的地堡、工事防御系统，顽强阻击，给29军造成重大伤亡。28军进攻刘行、杨行战斗同样严重受挫，不过数十年后刘玉章回忆起这场血战也是心有余悸："……枪炮声密如连珠，战火遍地，战场之激烈状况，超越抗日战争。尤以月浦、刘行、杨行一带最为惨烈，我月浦守军伤亡殆尽……"5月15日以后，杨行、刘行、月浦一线，双方进入相持阶段。解放军不但在正面攻击中受阻，而且从侧翼也无法穿插进去。

这时叶飞明白了，自己已经进入敌人永久性设防的要塞工事地带，这样，猛进穿插战术就不适宜了，想迅速攻克吴淞口也是不可能的。叶飞决定改变战术，采取淮海战役中的近迫作业攻坚战术，逐段、逐点攻击。他把情况和想法报告野战军司令部，粟裕表示同意。5月16日，粟裕、张震指示各兵团并报总前委、军委，要求改变战术。

再说张权，他原计划于5月16日发动数万名官兵起义，但就在5月15日，由于被一名下属叛卖，走漏风声，张权及其他几位策划起义的领导人被捕。各路起义队伍失去指挥，无法行动，上海起义流产。张权被捕后，特务多次对他进行审讯，要他供出中共上海地下党的情况和准备参加起义的国民党官兵的名单，但他始终守口如瓶。5月21日，距离上海解放只有六天，张权遇害，后被追认为革命烈士。由于张权功败垂成，解放军面临的困难更大了，但也冷静了。

粟裕、张震指示说：敌守备特点，"吴淞、月浦、杨行、刘行、大场线，均为既设阵地、碉堡林立之永久性筑垒地带。部队为沪敌守备之精华，战斗力为蒋军之最强者"。"敌图以地堡群为核心，配以炮兵火力网，实行阵地前面积射击。故我在攻击前与突入后伤亡大，两天来，我歼敌一个营，要付出1000人代价……目前我作战不同于野战，亦不同于一般攻坚战，已为我济南战役后再次之攻坚战。因此，对永久设防阵地攻击，应慎重周密组织。"其战术是"对主阵地攻击，应周密侦察，选择敌突出部或接合部与较弱的敌攻击，楔入敌之纵深。尔后由敌侧背，或由内向外打来，撕破敌之防御体系"。"集中兵力（应是小群动作），尤应集中火力与发射筒，轰击一点，以炸药来软化敌钢骨水泥工事，轮番不停的攻击。""交通壕作业迫近敌人。可采用淮海战役歼灭杜聿明时钳形作业，交替攻击，力求歼敌于阵地内。""发挥孤胆攻击与守备精神，发挥爆破威力，以炸药开辟冲锋道路。"

根据野战军的指示，10兵团接受了教训，改变了战术，稳扎稳打。他们调整了部署，以28军主攻杨行，29军主攻月浦。调33军上来配合作战。当时连日阴雨，战士们夜以继日地挖交通沟。上海郊区水田多，挖下去1米就见水，近迫作业比淮海战场要困难得多。大家不顾雨水和泥泞，在敌军炮火下挖出一条条纵横交叉的交通沟，接近敌军阵地。17日以后，部队以单人爆破，先打孤堡，后打群堡的方法，逐步推进。大大减少了伤亡，增强了部队的信心。19日，28军攻克国际无线电台，俘敌1500人。

上海人民欢庆解放

好在这时从浙江北上进击浦东的第9兵团捷报频传。5月12日,9兵团的20军首先由浙江北上,先后占领了金山、奉贤,进至松江地区集结。27军占领松江、青浦后,在泗泾地区集结。30军在20军之后迅速推进到川沙境内,矛头指向敌军海上通道和防御重点的高桥。汤恩伯未料到解放军如此快便打到浦东,他本想在海潮到来时,炸毁奉贤县柘林地段的海堤,使浦东川沙至金山卫一带成为一片汪洋泽国,借以阻挡解放军进攻,谁知5月14日奉贤县城即告失守,遂使他阴谋未遂。驻守川沙的国民党第51军本来就是渡江战役之后逃到上海的残部,编制都未满员,5月16日夜与解放军30军交战,一触即溃,军长王秉钺被活捉。逃回去的残部仅千余人,被收容重编为两个团,在市区苏州河驻守。

此时31军业已攻占周浦,与30军并行北上,进攻高桥。5月18日拂晓,解放军占领高桥外围,切断了高桥守敌与浦东市区守敌的联系。国民党军队对高桥格外重视,紧急调遣部队增援高桥。从5月19日起,国民党军依靠三面环水的有利地形,在海空军配合下,与我30、31军展开激烈的争夺战。因为高桥地形狭窄,河流纵横交错,桥梁多被破坏。解放军部队展不开,特纵炮兵上不来,在敌军火力压制下伤亡较大。30、31军白天击溃敌军进攻,加固工事,晚上组织进攻,与敌军争夺地堡。这样你来我往,形成相持状态。

在第一阶段的外围作战中,解放军的主攻方向是吴淞和高桥,从两面钳击国民党军出海口。汤恩伯被迫从市区调出三个军增援浦东和吴淞方向,造成市区兵力空虚。这正符合粟裕、张震先前制定的争取在市郊与敌军决战,保全上海市区的作战意图。但鉴于吴淞、高桥战斗进展缓慢,而接管上海的准备工作又业已就绪,5月17日,总前委指示粟裕、张震:"在敌固守上海的情况下,在部署上似应由南向北实行攻击,因苏州河南为敌防御守备较弱部分。且多面攻击,才能分敌之势,使我易于奏效。"

先前赋诗"宜将剩勇追穷寇"的毛泽东此时也再度拾起了"穷寇勿追"的古训。5月20日,他接到总前委的报告后,指示总前委和粟裕、张震:"攻击步骤以先解决上海,后解决吴淞为适宜。如吴淞阵地不利攻击,亦可采取攻其可歼之部分,放弃一部分不攻,让其从海上逃去。"先攻市区和允许吴淞之敌逃跑的决策,使三野放开了手脚,采取灵活战法,加速了解放上海的进度。

这时,汤恩伯已经对坚守上海失去信心,22日登上军舰退到吴淞口外遥控指挥。指挥淞沪防御和警备的石觉、陈大庆也撤到吴淞要塞,做好了随时逃跑的准备。陈大庆找来赋闲的第1绥靖区副司令刘昌义,提升他为淞沪警备副司令兼51军军长,要他指挥51、21、123军和四个交警总队,撤退到苏州河北岸坚守。

5月23日夜里,三野发起总攻。20、27、23、26军分别从东、南、西三个方向攻击市区。24日,20军攻占浦东市区,国民党第37军渡过黄浦江向北市区逃窜。27军先后占领虹桥、龙华,控制了龙华机场。然后越过徐家汇铁路,进入市区。当天夜里,27军79、81师分别沿中正路(今延安路)、林森路(今淮海路)、徐家汇路、南京路突击前进。到25日凌晨已攻取了苏州河以南的主要街区。25日清晨,南京路上升起第一面红旗。

但苏州河北岸的国民党军队居高临下实施火力压制,27军多次组织攻击均无效果,中午,军长聂凤智接到前线指战员打来的电话,请示动用炮火攻击。

此前,中共中央要求"军政全胜",尽可能地保全上海,尽可能地保护好人民的生命财产。聂凤智根据自己的理解,命令部队不打一炮,不用一个炸药包。也许是因为扫清外围战斗不是很激烈,到目前为止战略部署都没有什么问题,可一到市区矛盾就出来了,甚至还有些尖锐。

聂凤智赶到苏州河边。苏州河虽然只有30多米宽,但是在北岸,敌人利用岸边的高楼大厦,部署了强大的交叉火力,桥头、路口筑有坚固的碉堡,坦克和装甲巡逻车不时开过,把河面、桥面、道路封锁得滴水不漏。南岸,却是一条空旷的大马路,部队进攻通道暴露在敌人密集的火力下。由于禁止用炮,无法有效地摧毁敌人的火力点,无法有效地压制对方,进攻的部队几乎成了敌人的活靶子。特别是外白渡桥边,敌人的轻重机枪从对面高耸的百老汇大厦上疯狂地扫射过来,正在攻击的部队一批接一批地倒下。27军的许多将士纷纷向聂凤智请命，要求开炮压制敌人火力。军党委临时会议上也发生了激烈争论。最后，聂凤智以军长的身份再次严令："已经有令在先，谁要打一炮，我就要这个人的脑袋；谁要用一次炸药，我就要这个人的脑袋！这是个大是大非的原则问题，错了我个人负责！"聂凤智接着要求部队改变战术，在夜间实施迂回进攻。

正在这时，驻守苏州河北岸的国民党第51军军长刘昌义派人前来联系起义。刘昌义早年出身冯玉祥的西北军，抗战中被编入汤恩伯的部队。汤恩伯中原战场溃逃时，刘昌义与日本人打了几个硬仗，受到蒋介石的表彰。但他毕竟是杂牌，抗战胜利后就被解除军长职务，挂个空头副职，长期赋闲。1948年底，刘昌义与民革的人接上关系，准备相机起义。因条件不成熟，一时没有机会。5月24日，刘昌义得知汤恩伯等人已经登上军舰逃跑，遂召集21、51、123军的军官开会，主张起义。大家虽然同意，但苦于没有可靠的关系，解放军未必相信。

正在此时，中共地下党员、上海策反委员会委员田云樵得知驻守苏州河北岸的是第52军，遂找到了曾经担任上海海关税警大队长的国民党少将王仲民，要他去51军军部劝降与他相熟的军长王秉钺，其实王秉钺此时已经被解放军俘虏，王仲民在军部见到了刘昌义，而两人恰好也曾在西北军中共事。由此刘昌义和解放军接上了头。5月26日，刘昌义率部起义。之后，解放军又与驻守邮政大楼的一个国民党营长反复商谈，最终达成协议：守楼敌军停战缴械，解放军则尊重他们的"军人人格"。衬着苏州河上空阴霾密布的铅灰色天幕，邮政大楼、河滨大厦和百老汇大厦的窗口上先后伸出了白旗。

解放军攻克苏州河北岸后，所向披靡。驻守吴淞、高桥的国民党军队无心恋战，或投诚，或被俘，或乘军舰逃走。到5月27日上午，只有上海东北角——杨树浦方向枪声尚未最后沉寂，据守发电厂和自来水厂的21军230师的约8000人还在负隅顽抗。这是上海战役的最后一仗。进攻杨树浦的27军军长聂凤智果断地下达指令：在军事上施加压力的同时，采取政治攻势，分化瓦解敌人，尤其要保护好发电厂和自来水厂。他向已经到达上海的陈毅请示，听取了聂、刘汇报后，陈毅皱眉沉思了一会，问："守敌属于哪一部分？""21

军230师。"身为四川人的陈毅突然脱口而出："这个师是川军,他们的副师长叫许照,如果是他在指挥的话,你们赶快查找蒋子英的下落,他一直住在上海,过去曾在国民党陆军大学当过教授,许照是他的得意门生。"机要人员很快查找到蒋子英的住址和电话号码,聂凤智与他通了电话,蒋子英答应尽力而为。通过蒋子英的说服,也迫于大势所趋,许照终于放下武器,率部投降。

5月27日,上海全部解放。

60年后,上海的一位张崇信老先生对上海初解放时的情景依然记忆犹新(以下文字摘自2009年2月16日《解放日报·新闻晚报》):

5月25日的黎明来临了。我是被叫醒的。东方已经泛白,周围仍是那么安静,电灯依然亮着,自来水依然淌着,一切与昨天一样,只是听不到枪炮声了。我们对外面发生的变化一无所知。也许妈妈觉得孩子比起大人不显眼,于是打发我和四姐去为父亲买热豆浆。

我提着小钢精锅小心翼翼地走出弄堂,一下子就被眼前的景象惊呆了——穿着黄布军装的士兵齐刷刷地躺在人行道上,少说也有七八十个。有的搂着枪侧卧着,有的抱着枪仰卧着,一个个静静的睡得正香呢!靠墙边还支着好几挺黑油油的机枪!他们头上戴的不是美式钢盔大盖帽,而是缀着红五角星的软边鸭舌帽;脚上穿的不是牛皮军靴,而是白布袜黑布鞋,小腿被绑腿裹得细细的。这是我从来没见过的士兵装束。他们一律头靠墙、脚朝路。没有盖被子,5月的上海晚上还是很冷,他们蜷缩着的身体能看出来晚上吃了不少苦。

这般景象与后来见到的一幅著名的"解放军进入上海"的照片一模一样。要不是照片上的地砖大小比我见到的大,我真会相信那张照片是在我们弄堂口拍的呢!

一名荷枪的哨兵正在静悄悄的马路上来回走动,看到我们姐弟俩就停住了脚步,静静地等我们从他面前穿过了马路才打了个哈欠继续踱步。奇怪的是"老苏北"夫妇依旧在老地方摆摊,像往日一样笑嘻嘻地卖大饼油条和豆浆,似乎这些当兵的根本不存在似的。

我端回豆浆向妈妈交差，一边报告外面平静而奇特的景象。她的眼睛瞪得大大的，一声不吭，好像不太相信会有这等平静。四姐在一旁证实了我对解放军的"侦察报告"，妈妈这才同意我们吃泡饭和咸菜，照常去上课。我们吃完早饭时太阳已经升起来了，外面的寂静终于被打破了。当我背着书包第二次走出弄堂时，穿黄布军装的解放军像变戏法似的全都不见了。人行道上空空如也，马路上干干净净，连一张纸片也没有留下。

两天后，姐姐才告诉我："上海解放了。"在我的印象里，上海解放的翻天覆地变化就是在一个早晨静悄悄地完成了。

第五章：反谍肃奸

1949年，淮海战役之后，军统作为蒋介石直接领导的特务机构，在此时也作出了撤出南京并在南京部署潜伏特务组织的准备。

军统潜伏人员的选拔条件是：身份从未暴露过；与革命阵营有一定的人事关系，可以打入以后的共产党军事部门的；或有一技之长有社会职业能够潜伏下来的。一旦选定之后，经过谈话，即作潜伏计划，计划批准后，就进行具体的潜伏部署。这些人员就不再与一般人员联系，也不再公开露面。

根据毛人凤批准的潜伏计划，一个名叫李林的人被任命为保密局"潜京一组"组长，军衔为少将。为了掩护身份，毛人凤下令将俗称蹦蹦剧团的艳云评剧社和新华剧团一起交给李林负责，并委派其担任经理。下一步计划是解放军一旦进城，就将剧社改组为秧歌舞蹈剧团，打入北平文艺界。

李林从保密局领取了205块银元、83000元金圆券、41担大米，作为潜伏经费。他先用21担大米预付了夫子庙钞库街40号房屋的半年租金，秘密架设好电台，然后让演员们陆续搬进去居住，以掩人耳目。除组长外，"潜京一组"还配备有交通员、报务员、译电员和勤务员。同时，这位叫李林的特工还兼任前身为中统的内务部调查局南京实验区专员，接受了该组织二线潜伏任务。

当时保密局南京站潜伏人员关堃垕是"潜京二组"的组长,李林是"潜京一组"的组长,但就连关堃垕也不曾与李林谋过面。

在一次偶然的机会里,关堃垕知道了李林的真实身份。有一天,蒋介石召见毛人凤时,特地选取了一批军统的优秀分子一同召见。当时李林和关堃垕都名列其中。可是点到李林名字的时候,并没有人应声。这时,毛人凤向蒋介石小声地说:"这个人叫荆有麟,因为保密没来。"关堃垕就站在他们旁边,听得一清二楚。李林原来就是荆有麟,就是那个曾经打入"左联"并写了一部叫《间谍夫人》的长篇小说的作家。关堃垕读过这篇小说,内容是写一位间谍的夫人,知道丈夫牺牲后,要求参加间谍工作,为丈夫报仇。她在重庆先后侦破了几起汉奸特务的活动,后又到上海,混进日伪上层官场,不惜失身,获取了重要情报,最后打死了日本专使和与她同居的汉奸,她自己最后也被日本特务所杀。

那么,这个荆有麟到底是一个怎样的人呢?

研究中国现代文学史的人应该对这个名字不觉得陌生,此人写过一本叫《鲁迅回忆》的书,内容比较翔实,提供了不少鲁迅的第一手资料。1924 年,荆有麟在北京世界语专门学校求学时,因向鲁迅请教写作、翻译问题开始与鲁迅交往。1925 年该校停办,经鲁迅介绍,他在京报馆任校对,并参加《莽原》周刊的出版。当年他经常出入鲁迅家,鲁迅南下后,他仍去鲁迅在北平的住所,对鲁迅母亲时有关照,与鲁迅保持密切的通信联系。从 1924 年 11 月 16 日起至 1931 年 7 月 16 日间,《鲁迅日记》记到他的地方达 320 多处,内容多为荆有麟来访、送稿、书信往来等。鲁迅在 1927 年 12 月 6 日致函蔡元培,介绍荆有麟参加收编北洋军散兵的工作。鲁迅在此信中称荆有麟为"旧日学生"。

荆有麟著的《鲁迅回忆》,在此前先以《鲁迅回忆断片》为书名,1943 年 11 月由上海杂志公司在桂林出版。1947 年 4 月,同一公司将书名改为《鲁迅回忆》,在上海重排出版;1949 年 3 月又重印。他的长篇小说《间谍夫人》完稿于 1943 年 12 月,1944 年 3 月由作家书屋在重庆出版,同年 10 月再版。荆有麟还有一本随笔杂文集《流星》,1942 年 10 月文献出版社在桂林出版。该书收随笔、杂文三十六篇,都是在报刊上发表过的。可以说,在当时荆有麟也是小有名气的作家。

关堃垕在 1949 年 4 月向中共公安机关自首后，迅速把荆有麟是"潜京一组"组长的情况报告给南京市公安局侦讯处，但他也不知道荆有麟现在在做什么。

其实，早在 1927 年，荆有麟担任国民党中央党部上海宣传委员会秘书兼训练总干事时，就开始从事特务活动了。据《鲁迅全集》注释称：荆有麟"一九二七年五月开始投靠国民党反动派，先在南京办《市民日报》，后任国民党中央党部工人部干事。一九二八年任国民党军第二十二独立师秘书长。一九三〇年至一九三一年先后在河北怀远及江苏萧县任教员。一九三六年时为国民党中央考选委员会科员。一九三九年加入国民党中统、军统特务组织，混迹于进步文艺界，进行反革命活动"。

1939 年 8 月，他被重庆考选委员会派往国民党军事委员会"防奸防谍"训练班受训。1940 年，受军统组织派遣，荆有麟利用自己的文学才能，以"左翼"作家面貌为掩护，打入了郭沫若在重庆所主持的文化工作委员会，受命监视郭沫若，在文工会的公开身份是上校秘书。后来，他打入中华全国文艺协会，利用工作的便利条件，秘密调查"左翼"文化名人的言行，专门刺探文化界的情报。在当时特殊的工作环境中，荆有麟深得中统、军统的重视。平时荆有麟将在文化界的所见所闻，收集上报特务机关。每个星期天，特务机关派专人到荆有麟家取情报，每月发给他数十元的津贴。荆有麟的老朋友中共办事处的何成湘、《新华日报》办事处的鲁明，都成为他收取情报的对象。文化工作委员会中的知名人士及进步人士，如沈钧儒、章伯钧、邹韬奋、茅盾、老舍、田汉、洪深、史良、翦伯赞、侯外庐、冯玉祥、邓初民、马寅初、陈铭枢、欧阳予倩、曹靖华等，中国共产党驻渝代表周恩来、董必武、邓颖超、徐冰、陈家康、廖梦醒、廖沫沙、欧阳凡海、胡绳、戈宝权等等，均在他的监视范围内。他长期跟随在郭沫若左右，白天监视郭沫若，晚上到特务机关去写汇报。

荆有麟有"左翼"作家的身份，是中苏文化协会理事、文艺协会驻京（南京）成员之一，因此能渗透到文化界各个领域，常与文化名人接触。他平时还从事文学创作，曾写过一本名为《国共之间》的书稿，其主题是宣传国共一致抗日，颇符合民意。他考虑到此书出版后政治影响比较大，想征求周恩来的意见。1942年10月，重庆市文艺协会邀请各界人士联欢，荆有麟也随郭沫若被邀请。晚上8时，神采奕奕的周恩来来到现场，顿时全场沸腾。荆有麟抽空找到周恩来，把写此书的目的及出版的难处诉说了一通。周恩来当即表扬了荆有麟，表示可以看一看，要荆有麟把书稿交给中共驻渝代表，也就是1949年负责接待南京和谈代表团的副市长徐冰（当时周恩来不知道荆是特务）。不久，因为荆有麟写的小说《间谍夫人》有颓废色彩，受到左翼文化界的批评，他才未敢将《国共之间》的书稿送到徐冰处。

有一次，周恩来在重庆借用文化工作委员会的名义，一连数天邀请重庆各界进步人士，征询对国共合作的意见。荆有麟将此情况报告了特务机关。蒋介石得知后，一怒之下将文化工作委员会撤销了，使得文艺界人士失去了一个可以依靠的组织，同时也使中国共产党失去了一个统战工作的阵地。

抗战后期，荆有麟更神气了。他同时向中统重庆区三科和军统送情报，领取双份薪水，加上津贴与奖金，生活阔绰得让一般穷作家望尘莫及。文化工作委员会被撤销后，该会城乡两处的房屋被收回，工作人员被解散，荆有麟的情报工作中断，中统将他的津贴取消，只以一个干事的名义发给补助，并要求其另谋公开职业。荆有麟再三考虑，决定搞投机情报，即根据报纸上的通讯稿件和平时了解到的消息，编成情报送给重庆特检处第二科情报科，并编造假情报。他凭空捏造了一年多的情报，未被特务机关发觉。

国民党政府还都南京后，荆有麟因为屡建"奇功"，一下子从上尉晋升为少将，这在军统内部是绝无仅有的一例。戴笠甚至夸奖他为"军统灵魂人物"。

在解放军进入南京城之初，荆有麟利用自己的中苏友协理事和治安维持会机要秘书身份，来往于苏联大使馆和军管会之间。他还安排众多部属打入南京市文工团，解放军二野军政大学，解放军三野69师文工团等部门。

"潜京一组"天天向台湾发出解放军的政治、军事、经济情报。为此，远在台湾的毛人凤对"潜京一组"的工作非常满意，特发奖金美钞1000元。

得知荆有麟就是"潜京一组"组长后，南京市军管会公安处（1949年5

月 15 日改为南京市公安局）立刻开始调查和寻找荆有麟。

同时，公安局侦察科的干警也注意到一个可疑的电台讯号，经常与台湾联系，具体内容由于尚未掌握密码，还没有破译出来。但可以肯定与解放军进城后的政治、军事、经济等情报有关。发报的手法相当熟练，是受过专业特务技术训练的，而且经常向国民党保密局呼叫。

经过测向发现，发报地点就在城南夫子庙一带，而荆有麟的蹦蹦戏剧团就在夫子庙秦淮河东岸的钞库街。

不久，侦讯处接到密报，有人反映在南京解放时，荆有麟担任过南京治安维持会的秘书。可是，南京市军管会成立后，治安维持会随即宣告解散，他也随之无影无踪了。就在调查工作受阻之际，侦讯处通过启用逆用电台侦查到一个可疑的电台讯号，引起了时任南京市长的刘伯承的高度重视，他立刻指示市公安局全力以赴，"先捉大鱼"。市委副书记、军管会副主任宋任穷也批示：荆有麟在特务组织中很有影响，抓住荆有麟，对其他特务可以起到"敲山震虎"的作用。根据秘密自首人员提供的两个地址——钞库街 40 号和莫干路 21 号，上门侦查后也是查无此人。荆有麟已几次搬迁。

南京市公安局领导考虑周一凡在地下工作期间，比较了解敌特机关的活动规律，对荆有麟的情况掌握较多，而且熟悉城市环境下的侦察工作，于是决定派周一凡协同侦破荆案。

周一凡从市委宣传部文艺处和统战部分别了解到，荆有麟仍在以搞剧团为掩护进行活动，正在积极参加地方剧调演，争取被优选进入全国首届文代会汇演。从南京市文工团还了解到一个有价值的线索，该团团员阎杰，解放前参加过军统组织，持有手枪，现在与荆有麟互有来往。

经过跟踪调查，发现阎杰行动诡秘，常常晨出夜归。而且很有一套反跟踪技术，往往在大马路上摆脱盯梢后，不知去向。1949 年 6 月 11 日晚，阎杰回到文工团请假，要于次日去北平。文工团领导一边同意了他的要求，一边将情况密报公安局。侦讯处当机立断，下令立即逮捕阎杰。12 日早晨 7 时许，阎杰被秘密捕获。

据阎杰交代说：为了迎接第一次全国文代会的召开，也为了庆祝南京解放，市政府决定举办文艺汇演，从各剧团演出的节目中挑选优秀剧作，到北平演出。荆有麟想借此机会到北平实施更重要的潜伏计划，通过阎杰让剧团重新整理上演了传统戏《乾坤福寿镜》，并于12日演出，接受市文化部门领导的审查。

6月12日上午9时整，荆有麟终于露面了。他西装革履，一副文人学者的儒雅风度，挽着他的情妇、"潜京一组"电台译电员方华，走进剧场。他转向四周环视了一下，猛然发觉剧场的情况有点异常：每个出口处都站着两个陌生的年轻人。多年来特务生涯养成的职业敏感，使他意识到：阎杰出了问题。于是他向方华使了个眼色，起身向后台走去，准备从后台的边门溜走。

刚进后台演员化妆间，南京市公安局的工作人员突然出现在他的面前。他的身后，也同时出现了两个年轻人。他们身着便衣，侦讯处的张若千对荆有麟说：

"你就是新华话剧团的荆经理，荆有麟先生吧？"

"我就是。你们有什么事？"

"你在等人？"张若千又问。

"不，下一个节目就是我团演出，因为是新戏，我不放心，特意到后台来看看。"

"我们是公安局的，你被捕了。"

荆有麟的脸色"刷"地变白了。他晃了晃脑袋，用质问的口气说："小同志，你们恐怕弄错了吧？我们搞戏剧汇演，马上到北平向毛主席汇报演出。"

"不要再装了，李林先生，难道非要让毛人凤站在面前，你才肯承认不可吗？"

一听到他潜伏在南京的化名"李林"时，荆有麟知道事情全暴露了，不由沮丧地低下了头。这时，公安局的人押着阎杰出现在他面前。

在荆有麟的新住处侯家桥32号，公安人员搜出了电台、伪造的证件以及密码本等。又从已经转移到中华路友安里5号报务员陈天锡家中，搜出电台一部。随后"潜京一组"的特务成员被逮捕的逮捕，自首的自首，无一漏网。

1949年10月11日的《大公报》刊登了一则新闻，标题是《彻底扑灭特务匪徒！》：

【南京通信】南京新民报本月九日载：据新华社讯：南京人民政府公

安局近破获怙恶不悛、作恶到底的特务匪徒案三起，其中一起为过去曾在文化界活动的荆有麟所主持，经过情形如下：

"双料"特务头子荆有麟，是伪军统南京组少将文化组组长，兼中统南京区专员。

解放前，受军统特务大头子毛人凤之命，为南京第一分组少将组长，决定潜伏南京进行破坏工作。他在解放前重庆时代即伪装进步文化人士的面目出现，混入文艺协会，中苏文化协会，专门盯梢文化界知名人士，尤其是对郭沫若、茅盾、夏衍、戈宝权、胡绳、乔木、阳翰笙、胡风、侯外庐、孔罗荪、宋之的、翦伯赞等。经常密告他们的行动言论，连同国际文化界友人的起居，他都用"报甲"情报直接送给蒋匪介石；同时也从蒋介石那里收到过不少的"报甲"奖金。（特务的情报分甲、乙、丙、丁四级，甲级由蒋匪亲阅，乙级由特务头子亲阅，丙级转卫戍部，丁级送军队。）他同时也曾跟踪周恩来、董必武、徐冰、陈家康、潘梓年等。荆匪为每一个进步的知名的文化界人士作过"报甲传"，把他们的家庭生活、思想情况等详尽地密报给蒋匪，伪国民党军委会政治部文化工作委员会就是根据荆匪的密告而被蒋匪手令解散的。特务机关根据荆匪这些报告而失踪的、死亡的、被关到集中营的进步文化人士，难以计算，因此荆匪成为军统特务"最优秀"的人员之一。国民党匪帮自南京溃败时，由保密局在钞库街替他租好一所房子（名义是胜利剧团的宿舍，另外以唱蹦蹦戏的"胜利剧团"为掩护，荆自任经理），把报务员陈天锡安置在那里任售票员，密设电台，密报我军情。在他指挥下的还有译电员岳薇（化名岳华），通讯员杜艳香、白云楼（都是胜利剧团的负责人），及勤务徐继等，由保密局拨大米五千斤，伪金圆券七万多元为应变费，并且答应按月送钱接济。与荆匪发生横的关系的还有不少特务，都借各种身份混进我各部门，受荆匪指挥，在我各部门进行挑拨、离间、分化等颠覆性的活动。

荆本人并企图在文化界利用其文协会员的身份进行活动，到处散布谣言。初解放时，荆匪任维持会机要秘书，胜利剧团也在新街口大鸿楼出演作进一步的掩护。荆本人更伪造了军管会"〇二八九一"号通行证，并且在莫干路二十一号住处门口贴上了盖有伪造的军管会印信的条子："此处系民主人士住宅，任何机关部队不得进驻！"人民政府当场在其住处搜出物证：SMC特工发报机二座（20W、10W，皆可用），密码本八本；治安维持会职员名册，及伪造证件二十余种。人民政府对于荆匪决将予以严厉惩处。

新闻报道中所言"胜利剧团"当为笔误，应为"新华剧团"。至于说"莫干路二十一号"原来是女作家郁风的住处，但当时她已去上海，荆有麟就搬了进去，还煞有介事地伪造了军管会的告示，不可谓不狡猾。

文中提到"将予以严厉惩处"，后来对荆有麟执行了枪决。

1949年8月的一天，一份神秘的信件出现在南京市公安局侦讯处处长林浩然的手上。该信收件地址是"香港九龙界限街41号大光明电影公司"，收件人是"华延胜"，发件人是"王有智"，没有落款发信地址。

引起林浩然注意的是，这封信是明、暗两文。明文是说南京解放后，市民生活安定，中国共产党的政策英明伟大，人民解放军纪律严明，情况一天比一天好，以及自己欢庆解放的喜悦心情等等。经过化学处理后，暗文也显示了出来，看起来似乎也相当平常：

华兄：

自三十八年四月灰（十日）最后一次晤面，迄今已四月有余。临别情景，犹在眼前。兄之恩泽及训教，当不敢忘。弟现已在京找到职业，收奉尚好。闲暇之时，常与同事三四人小酌，亦怡然乐也。想兄今身在港，亦时刻思恋故土。故特备金陵之土特产若干奉上。但因雷嫂不久前突然病故，无法送去，心中甚为焦急，望兄见信后速想办法，以解心中之急……

林浩然知道，香港九龙界限街41号大光明电影公司，实际上是台湾保密局的一个秘密联络点，"华延胜"是保密局用来联络的化名之一，"雷嫂"指电台，那么"王有智"则很可能是保密局布置的一个潜伏组织的化名。那么，这封信的内容就是向保密局汇报这个潜伏的特务组织已经建立，他们的成员也都取得了合法的职业身份掩护，站稳了脚跟。但由于潜伏的电台出事，失去联系，情报发不出去，请求保密局指示。

"王有智"这个名字，林浩然倒还是有一些印象的。据已经落网的国民党保密局南京潜伏电台组成员方叔、方季交代，当初接受任务时，保密局秘密人事科科长任鸿清向他们交代，该潜伏台的主要任务是将一个化名"王有智"的小组搜集到的情报及时发回，联系方法是每周六晚上在白鹭洲小火车站前与一个赶黑漆马车的人接头。他们还交代，那个赶马车的人四十五六岁，中等个子，瘦长脸，河南口音。林浩然判断，这个"王有智"很可能就是为方叔、方季电台组提供情报的潜伏特务组织。

林浩然将这个任务交给了侦查科长罗振。罗振带了两个副手从查寻这辆马车的车夫开始侦查，但他们找遍了南京的车站、码头、旅馆，却没有发现那辆黑漆马车。身着便装的罗振又来到建康路状元境巷口的一个马车行寻找线索，并从一个马夫口里得知，他曾在中华门附近见过这辆马车，罗振马上赶到中华门马车班。解放初，在南京赶马车的行当里，车夫之间都较为熟悉。有人告诉罗振，那辆马车是一个名叫朱玉峰的人的包车，此人在市马车公会工作。两天后，罗振顺着这条线索来到了位于鼓楼保泰街的市马车公会，找到了车主朱玉峰。据朱玉峰讲，他是有一辆马车，雇请了一个名叫王开芳的河南人为其赶车。可前不久，这个王开芳因与他拌嘴赶着马车不辞而别了，眼下他也正在到处找他。虽然罗振有一种直觉，事情不会像朱玉峰说的那么简单，但由于找不到更多的线索，也只能且听他言。侦查工作陷入了僵局。

3个月后的一天，南京市公安局接到了一封开封市军管会转来的开封市警备司令部的信函，该函称：开封市警备司令部在审查捕获的一批国民党军统特务时，得到了一个名叫朱宏毅的国民党军统局少校专员的情况，该人极可能就在南京，住在南京牵牛巷24号。

牵牛巷24号是一个老式居民住宅院落,不大的院子里住了三四户人家,没有朱姓人家。据一位老住户回忆,大约在1948年底,这里曾经住过一个姓朱的人家,说在三山街开了个马车行,住了不久就搬走了,但去向不明。侦查人员在调阅管段户口档案时,发现住在牵牛巷32号的朱玉峰的情况与朱宏毅十分相像。朱玉峰,男,44岁,安徽当涂县人,1948年从开封迁来南京。这与开封方面反映的时间相吻合。此人以前干过马车行老板,现在市马车公会做文书。档案中还显示,其家中有一妻一妾,4个孩子,其中两个女儿在河南上学。

这时,市局侦讯处接到六分局的报告,那辆失踪的黑漆马车又出现了。侦查员了解到,现在这辆马车的车夫杨老四原在下关龙江桥马车行赶车,这辆马车是他刚刚从三山街马车行里低价买来的。不过杨老四向公安人员说了一件蹊跷的事。那是他买车后的第五天早上,他驾车出工路过龙江桥10号早餐店时,该店的老板倪某上前拦住他的车头莫名其妙地问道:"是大哥叫你来的吧?大哥情况怎么样?"这话令杨老四一头雾水,便反问道:"你是说的哪个?"见此情景,倪老板面带恐慌地离开了。这个细节使早餐店倪老板进入了公安人员的视线。侦查员通过"蹲坑",又发现了一个与倪老板有密切联系的二十四五岁的年轻人。经过核实,几个可疑人物的身份很快显现出来。

早餐店老板倪希成,真名朱玉甫,朱玉峰的堂弟,解放前曾为国民党特务组织少校成员,自从那次唐突的问话后突然失踪。与朱玉甫频频联系的年轻人名叫康英杰,24岁,西安市人,曾任国民党陆军独立第47师无线电排中尉排长、中美合作所特训班上尉译电员、军统南京站少校电讯检查组长等职。此人现住江北大厂镇,眼下在鼓楼保泰街上的市马车公会朱玉峰手下供职。原黑漆马车车夫王开芳,国民党潜特组织上尉交通员,以赶马车的车夫为掩护,为敌潜组织担当交通联络员的角色,现已潜逃。堂弟、马车公会会员、车夫,上述3人都与朱玉峰有密切联系。南京市公安局判断,朱玉峰很可能是一个国民党潜伏特务组织的负责人,但还不能确切证明他就是朱宏毅。

1949年冬天。南京市公安局接到了一份由公安部转来的电报,电报称:"朱光,河南大学学生,坦白其父朱玉峰(又名朱宏毅),系军统少校专员。开封解放后迁往南京。蒋介石曾亲自拨给电台一部、报务员、马车及经费等,令其潜宁。解放后任职马车公会。"并随电附来国立河南大学注册科的公函和朱光检举信原件。

这封信使朱玉峰的真实面目得到了确认，南京市公安局同时认定，"王有智"的密写信与开封警备司令部转来的信函，两案实为一案，均为朱玉峰特务组织所为。市局决定立即逮捕朱玉峰等4名潜特。但此时发现，朱玉甫、王开芳两人已经潜逃，康英杰住在江北，朱玉峰也由牵牛巷32号搬到了白下路紫金坊1号。为求一网打尽，市局决定先逮捕康英杰，通过审讯，以弄清其他潜伏特务的行踪。

与此同时，正在河南大学读书的女儿朱光也给朱玉峰写来了一封信，信中写道："我是一名新中国的大学生，青年团员，你的历史身份和现行活动，我都已向组织上报告了，你现在的出路只有赶快向人民政府自首，立功自赎……"

朱玉峰立刻给女儿写回信，称："你对家庭情况坦白不甚详尽，对我不完全了解，兹补充材料如次，望详细向学校补充……我早已参加共产党，并做地下工作，那些伪职均为掩护……你不要隐瞒组织，要当无产阶级女战士。"他想通过女儿向组织作个"补充说明"，借此拖延时间，准备出逃。

1950年1月的一个晚上，朱玉峰把一本毛泽东著作《论人民民主专政》单行本交给康英杰，要他一定设法把书送到台湾。在这本书的字里行间，朱玉峰用密写水写满了其特务组织的"工作计划""工作报告"和搜集到的中共新政权的重要情报。但两天之后，准备赶赴广州的康英杰即在下关火车站落网。

经过突击审讯，康英杰慑于强大的政策威力，坦白交代了他们这个特务组织是如何按照军统的指令在南京解放前潜伏下来，如何通过方叔、方季的独立电台密发情报，如何在电台被破获后写信联络保密局方面，又如何诡称马车丢失，扰乱侦察视线的。康英杰指证，朱玉峰也就是朱宏毅，原来是开封的军统少校，开封解放后逃到南京，经原保密局南京站站长杨蔚推荐，担任了军统上校组长，受命潜伏南京。

根据康英杰交代的情况，南京市公安局立即与大连和河南公安机关协同破案，彻底摧毁朱玉峰的这一伙特务组织。数月后，朱玉峰被南京市人民法院判处死刑，立即执行。

第三部分

折冲英美

第一章："炮舰外交"的终结

1949年4月20日早晨，长江北岸扬州东南20公里处的三江营（今江苏泰兴县口岸镇西）第8兵团阵地上，配属20军的特纵炮3团战士们正在进行渡江作战前的准备工作。兵团主力20军就要从这里渡江，炮团的任务是准备掩护步兵渡江。团部于4月18日率一连（有日式105榴弹炮3门）和七连（有日式野战炮3门）进驻三江营阵地。

三江营一带港湾很多，大运河就在扬州和镇江之间穿过长江，是强渡长江的有利起航地，而对岸的扬中县原是江中的一个大沙洲，由于泥沙的淤积在南岸形成一个小江岔子。北岸有一条小河也在这里汇入长江。长江在这里拐了一个弯，江面不宽，水流不急。兵团首长认为三江营是一个很好的出发阵地，对岸也是理想的登陆场。

上午9时许，兵团司令员陈士榘正在扬州城里召集军师干部开会，作渡江前的最后部署。突然从三江营方向传来了一阵急促的炮声。不久就接到炮3团报告：一艘挂米字旗的英国军舰由西向东闯入我军防区，通过我7连第三炮位后，发现北岸我炮兵阵地，首先向我开炮射击。我炮兵立予还击，当即将英舰甲板及炮台、司令台、机轮仓击中数处。英国军舰当即折向南岸，此时对岸的龟山敌炮兵阵地也配合英国军舰，合力向我阵地攻击。英国军舰快要接近南岸时,因为搁浅,行动失灵。我右翼 1 连炮阵地亦协同 7 连作战,英舰中弹 30 余发。但由于我炮兵未配备破甲弹和延期信管,未能将其击沉。看到英国军舰升起了白旗,我炮兵遂停止炮击,但须臾英国军舰又降下了白旗,升起了米字旗。密切监视该舰的我炮兵又开始了炮击,英国军舰吃不住炮轰,只好再次升起白旗。此时,军舰距解放军阵地有七八千米远,加上江上烟雾弥漫,英国人唯恐我炮兵观察不到而继续开炮,索性连着升起了三面白旗。我炮兵这才停止了炮击。

事后得知,这个"不速之客"是英国海军护航舰"紫石英号"(Amethyst,又译"紫水晶")。据说他们的任务是到南京"保护"英国侨民的,英国军舰根本没有把北岸的人民解放军放在眼里。

炮声没停歇多久,下午 1 时半,另一艘英国军舰"伙伴号"(Consort)闻讯后从上游疾驶而下,赶来增援"紫石英号"。"伙伴号"三次接近"紫石英号",又被解放军炮火轰开。"紫石英号"用无线电劝"伙伴号"尽早离开,免得吃大亏。"伙伴号"连续中弹 5 发,但未受重创,后在全速驶离解放军的火网之后又转过头来,利用解放军野炮阵地死角开始轰击,炮 3 团 7 连的阵地全毁,两门长管野炮受伤,炮手伤 1 人,亡 1 人。"伙伴号"旋即掉头向上海方向驶去。

这天傍晚,南京国民党政府宣布拒绝《国内和平协定》,毛泽东与中共中央军委决定百万雄师强渡长江。天黑以后,江面漆黑而平静。受伤的"紫石英号"熄灭了所有的灯火。晚 9 点以后,"伙伴号"又趁夜色的掩护再度驶近三江营江面,一面向解放军阵地炮击,一面靠上"紫石英号",将这艘受重创的军舰拖出搁浅地区,在三江营以西的夹江口停泊下来。

此时,眼看渡江战役即将开始,而英舰停泊的位置对我步兵渡江和登陆非常不利。为保证渡江战役顺利进行,上级命令炮 3 团一定要将英舰从现在停泊的位置赶走。

炮 3 团正计划派人送信让英国军舰来人接洽之时,只听得天空一阵马达声,一架英国海军水上飞机飞临江面。飞机盘旋片刻后,降落在"紫石英号"另一侧的水面。后来才知道,原来"紫石英号"的舰长史基纳中尉在上午的炮战中被打死了,这架飞机给"紫石英号"送来给养和新舰长。在关键的时候军舰不能没有舰长,英方就临时抓差命英国驻华使馆海军副武官克仁斯少校担任。当晚,克仁斯少校正在南京应邀参加国民党海军总司令桂永清的宴席,据说他入席后,刚摘下白手套,还来不及端起酒杯,就被急召离席,仓促上飞机赴任了。

英军的水上飞机刚刚停落水面,解放军炮3团的大炮就开始轰击。水上飞机匆匆卸了人与货,旋即飞走了。解放军炮轰一阵之后,正逢江水涨潮,"紫石英号"趁机仓皇逃窜,一时也不知去向。后来得知,部分水手仓皇跳入江中,游到南岸,在国民党军救护下步行到常州,然后登上火车,于21日逃回上海。新闻报道说这些英军"多被黄布棉军服,各人均极疲惫。有御绷带者,有负伤用担架抬下火车者,有跣足者,有穿拖鞋者,极为狼狈"。谈起解放军的炮火,他们依然心有余悸。

自1840年鸦片战争以来,英国军舰在中国沿海、内河横行霸道,这次"紫石英号"和"伙伴号"挨打,实在是大出意料之外。总部设在香港的英国远东舰队得到两舰受创的报告后,连夜由舰队副司令梅登海军中将乘坐"伦敦号"旗舰,并率领"黑天鹅号"驱逐舰全速驰援。"紫石英号"排水量1500吨,有4英寸大炮6门、小炮8门;"伙伴号"排水量1700吨,有4.5英寸大炮6门、小炮10门。而"伦敦号"已是排水量7000吨的巡洋舰,舰上有6英寸巨炮9门之多。次日,英国外交部发言人恼羞成怒地声称:英舰获得中国政府许可,有权驻入中国内河。一如中国兵舰获得英国政府许可,可驶入泰晤士河。

21日上午,"伦敦号"和"黑天鹅号"两舰到达泰兴南的七圩港江面。这里是10兵团23军的阵地,陶勇军长正在江边指挥部队准备渡江。他见两艘军舰在江面上游弋不去,恐怕影响我军渡江。时间紧急,他立即请示兵团司令员叶飞,是否将其驱逐。

叶飞接到电话后,开始以为是将要起义的国民党舰队。他已经得到情报,林遵将率国民党海军舰队起义,并规定了联络信号。他问陶勇:"这些军舰是不是挂的规定起义的联络信号旗?"陶勇说:"挂的是花花绿绿的旗。这些军舰老在我们正面长江上不走,妨碍我们渡江,有点不怀好意,是否把它打掉?"当时陶勇并不知道那是英国旗。叶飞考虑兵团马上就要渡江,事不宜迟,命令前沿观察所挂起警告信号,要江上的军舰马上离开。

前沿的特纵炮6团挂起信号后,英舰没有反应。从望远镜中看到舰上有人活动,并将炮口对准我方。陶勇不再忍耐了,命令炮兵开火。炮6团的榴弹炮和23军炮兵一齐开火,打得长江上水柱冲天。英舰也向我军开炮,造成我军人员的伤亡。我军炮弹命中了英舰,英军亡15人,伤25人,梅登中将制服被弹片划破。眼看占不到便宜,英舰决定放弃救援"紫石英号",调头返回上海。

叶飞、陶勇在开炮之前便将情况向粟裕、张震做了请示,粟裕、张震又迅速向中央军委做了汇报。当日18时毛泽东以军委名义答复粟、张:"你们所说的外舰可能是国民党伪装的,亦可能是真的。不管真假,凡擅自进入战区,妨碍我渡江作战的兵舰,均可轰击,并应一律当作国民党兵舰去对付,装作不知道是外舰。新华社亦不要发广播去劝告,看其反应如何再说。但如该外舰对我渡江在实际上无妨碍,则可置之不理,暂时不去打它。"

这天深夜,设在北平六国饭店的中央办事机构收到了英国原驻北平总领事包士敦送来的一封给朱德总司令的信;当时,我方接信人员声明,只当对方是居住在北平的一个外国侨民才能接受其交来的这封信。该信内容是:"请即为惠予颁发最急迫之命令致沿扬子江之贵方部队,以保证三艘军舰之安全",并请求对"损坏船只之营救工作予以各种方便"。这封信连夜由专人从城里送至当时香山饭店北面的来青轩朱德的住处。朱德看了信,才知长江三江营口岸被重创的两艘兵舰确实是外舰,是英国的军舰。朱德立即将此信派人急送至双清别墅给毛泽东。

这时已是22日凌晨2时许。一直高度密切关注着渡江前线战况的毛泽东,刚刚以军委的名义给总前委发报,祝贺谭震林部渡江胜利及同意渡江后的作战部署,看信之后,他才知道解放军打的是英国军舰。凌晨3时,他电告总前委和粟裕、张震:"英国人要求我军对于英舰两艘营救被击损之英舰(紫石英号)船员一事予以便利,我们意见在英舰不妨碍我军渡江作战的条件下,可予以营救之便利。对于英国人要求该二舰于营救事务完毕后,仍须开往南京护侨一事不能同意，应令二英舰向下游开去。但如二英舰不听劝告，仍开南京，只要不向我军开炮及不妨碍我军渡江，你们也不要攻击他们。"但是毛泽东的电报来晚了，在十几个小时以前，23军已经同英舰交火了。

毛泽东的电报刚刚发出，临近拂晓5时，渡江前线粟裕、张震发来电报说：东集团23、28、29这三个军全部，31军一部，20军两个师，已于江阴附近过江。10兵团指挥所也已过江。

这时，驻南京的英国大使馆派一等秘书尤德过江，到浦口与解放军联系，请求停战并营救"紫石英号"的英军伤兵。当时，浦口并不是解放军主攻方向，尤德只见到了渡江作战的战斗部队，没有找到有权受理此事的部门与人员，只得空手返回南京。上海《字林西报》转引路透社的报道称：尤德先生为了获取停火射击而使受伤船员能够得到救助，在今天大清早就自愿前往长江北岸共军军部接头。尤德先生仓促出行，只穿着一件海军衫，只带了一把牙刷和50块中国银元。

粟裕、张震得到浦口方面的汇报之后，再次向军委做了汇报，军委指示粟张："加强江阴方面之炮火封锁，一使敌海军不能东逃，二不使英舰再西犯，来犯则打击之。""对营救紫石英之伤员，如爱德华来不要拒绝，可予以营救。唯须英方承认错误，未经允许不得入我防区。且与国民党兵舰及南岸敌军勾结一起，向我攻击，致使我军遭受重大损失（伤亡252人），此种与我为敌的行为，绝不容许。英方必须承认错误并赔偿损失。你们占领镇江后，应即将紫石英号俘获，解除武装，逮捕其人员。但需要给以适当的待遇，不要侮辱他们。对其伤员予以治疗，但不要释放。必须英方派出正式代表和我方代表举行谈判，英方承认错误，方予释放。"

一个紧张的白天很快过去了。22日夜，毛泽东亲自撰写了"新华社长江前线22日20时电"《我三十万大军胜利南渡长江》与"22日22时电"《人民解放军百万大军横渡长江》两篇新闻稿。这时他已经了解了解放军与英国军舰冲突的情况，遂又执笔以"新华社长江前线22日24时电"的名义，就英国军舰进犯解放军防区，写了一篇新闻述评《人民解放军战胜英帝国主义国民党军舰的联合进攻》，全文如下：

在镇江江阴段的渡江作战中，人民解放军曾于二十日及二十一日战胜英国帝国主义和国民党的大队军舰的联合进攻，这件事值得全国人民极大注意。事情的经过是这样的：当二十日我军攻击北岸敌桥头据点及江中许多洲岛，准备大举渡江的时候，除和国民党陆军作战外，还要和国民党的海军作战。二十日上午，有两艘敌舰由东向西开来，向我泰兴县西北扬中县正北名叫口岸的北岸桥头阵地发炮，其目的是阻我向中心洲进攻及展开船只渡江。我军炮兵当即奋勇还击，敌舰一艘被毁，不久下沉。另一艘负伤，向西驶至镇江附近大部下沉。此时又有一艘敌舰从镇江方面向东开进，至口岸附近向我阵地发炮，我再还击，又将该舰击伤，该舰后向下游驶去。二十一日上午，又由东面来了两舰，一大一小。此时我即首先发炮，使其不敢迫近，又将该两舰击伤，狼狈向来路江阴方面逃去。由于这一次向敌舰作战胜利，方才将敌舰阻我渡江之计划打破，二十一日下午方得大举渡江。当我军和上述五艘敌舰作战时，江中尚泊有几艘敌舰和上述五舰相距不远，亦参加战斗，唯畏我炮火，不甚积极。直到二十一日夜间，我军还以为上述各舰都是国民党的军舰。到了二十二日，从各方面收集情报，方才知道上述诸舰中，竟有四艘是英国军舰。四艘英舰中，有三艘在战败后向江阴以东逃去，大概是逃往上海。另一艘英舰现搁浅于镇江附近不远的江中，要待我军占领镇江后才能将详细情形查清楚。在和上述诸舰作战的过程中，人民解放军伤亡二百五十二人，阵地及武器被毁一部。英帝国主义的海军竟敢如此横行无忌和国民党反动派勾结一起，向中国人民和人民解放军挑衅，闯入人民解放军防区发炮攻击，直接参加中国内战，致使人民解放军遭受巨大损失，英帝国主义政府必须担负全部责任。国民党反动派历来勾结美帝国主义发动战争，屠杀同胞，现当日暮途穷之际，又复勾结英帝国主义的大队海军深入长江，图阻人民解放军渡江，此种卖国残民罪行，必须彻底清算。

其实，公允地说，这两次冲突实际上是在双方都不了解的情况下打起来的。解放军渡江在即，没有预料会遭遇外国军舰。英军也不知道解放军就要渡江，更没想到会挨打。

4月23日白天，在新华社送来的内部参考上看到了西方各大报与通讯社关于长江上英舰事件的报道后，当晚，毛泽东又为英舰的处置问题，起草了致总前委的电报："英舰事件，现已震动世界各地。英美报纸，均以头条新闻揭载。请粟、张加强江阴方面的炮火封锁，一则使国民党军舰不能东逃；二则使可能再来之英舰不能西犯，如敢来犯，则打击之。"

4月21日解放军渡江后，忙于追击国民党溃军，没顾得上寻找"紫石英号"。4月24日，渡江前线总前委根据毛泽东与中央军委指示，给炮3团下达命令：要迅速查明"紫石英号"的位置和现状，详报与英舰作战的情况，并指示"要医治其伤员，不侮辱其船员"，"亦不必俘虏该船"。

4月25日，英国海军部增派几艘军舰前往远东，并发表声明：英舰在南京、上海"完全系为于政权更易时治安紊乱之际，从事援助英联邦人民之责。一俟环境许可，即拟撤回英舰"。

4月26日，炮3团渡江后，在长江南岸溯江而上，沿岸搜索，发现"紫石英号"停泊在镇江东谏壁镇附近江面上。炮团懂英语的参谋晓尧向舰上打招呼，一名英军中尉和翻译上岸来与我方联系。炮3团政委康矛召奉军首长命令赶到现场，与英方交涉。同时他也拍下了"紫石英号"的照片。从保存至今的照片看，该舰已经伤痕累累，舰体已经明显地歪倒而向一旁倾斜。舰船高高的桅杆上悬挂着白旗。在标着"F116"的船头上，一根小旗杆上挂着一面米字英国旗。

康矛召向英方发表三项口头声明：1. 英舰未经人民解放军许可，擅自侵入解放军防区且首先炮击解放军阵地，致使解放军官兵252人遭受伤亡，房屋村庄惨遭破坏。英政府及海军当事人应对此暴行负完全责任。2. 英舰应向中国人民及人民解放军道歉，并保证以后不进行与中国人民及人民解放军相敌对的行为。3. 中国人民及解放军保留对英国当局要求赔偿损失、严惩凶手的一切权利。英方代表表示：已经身亡的舰长应对此事件负主要责任；该舰现不移动,请求勿再炮击;赔偿问题须经由英国政府及其代表谈判解决。但对首先炮击我军表示抵赖,说是在演习。康矛召反驳说:"当时不是演习的时间和地点。中国人民不应再受帝国主义压迫了,为什么人家打了我们嘴巴还说是摸脸呢?"他要求除留下必要的人员外,英方人员应大部离舰,等候处理。

康矛召回到团部,即将这次接触与所了解到的"紫石英号"英舰的情况向兵团及总前委作了报告。

十几个小时以后,西半球的4月26日白天,英国首相艾德礼在下院报告了"紫石英"事件。前首相丘吉尔发言说:"长江事件实为一种暴行,政府以全部责任交由驻华海军司令担负,早应派遣航空母舰做有效之反击。"但是艾德礼对此持谨慎态度,他表示:由于中国局势动荡不定,英国政府对炮击英舰的事件持保留态度。

丘吉尔在下院的发言通过媒体传到北平,毛泽东被激怒了。4月30日,他以中国人民解放军总部发言人的名义起草了一份声明,痛斥了丘吉尔关于"武力报复"的言论,驳斥了艾德礼首相英国"有权开军舰驶入长江"的谬论及其制造的"解放军要'紫石英号'英舰帮助渡江"之无耻谣言,严正宣称:

> 英国人跑进中国境内做出这样大的犯罪行为,中国人民解放军有理由要求英国政府承认错误,并执行道歉和赔偿……长江是中国的内河,你们英国人有什么权利将军舰开进来?没有这种权利。中国的领土主权,中国人民必须保卫,绝对不允许外国政府来侵犯……人民解放军要求英国、美国、法国在长江黄浦江和在中国其他各处的军舰、军用飞机、陆战队等项武装力量,迅速撤离中国的领水、领海、领土、领空,不要帮助中国人民的敌人打内战。中国人民革命军事委员会和人民政府直到现在还没有同任何外国政府建立外交关系。中国人民革命军事委员会和人民政府愿意保护从事正常业务的在华外国侨民。中国人民革命军事委员会和人民政府愿意考虑同各外国建立外交关系,这种关系必须建立在平等、互利、互相尊重主权和领土完整的基础上,首先是不能帮助国民党反动派。中国人民革命军事委员会和人民政府不愿意接受任何外国政府

所给予的任何带威胁性的行动。外国政府如果愿意考虑同我们建立外交关系，它就必须断绝同国民党残余力量的关系，并且把它在中国的武装力量撤回去。艾德礼埋怨中国共产党因为没有同外国建立关系而不愿意同外国政府的旧外交人员（国民党承认的领事）发生关系，这种埋怨是没有理由的。过去数年内，美国、英国、加拿大等国政府是帮助国民党反对我们的，难道艾德礼先生也忘记了？被击沉不久的"重庆号"重巡洋舰是什么国家赠给国民党的，艾德礼先生难道不知道吗？

文中提到的"重庆号"重巡洋舰，是英国政府于1948年赠送给国民党政府的军舰，也是当时国民党海军中最大的巡洋舰。1949年2月下旬，该舰在吴淞口起义，宣布脱离国民党政府。3月19日，国民党政府在美国飞机的协助下，用多架重型轰炸机将该舰炸沉于辽东湾的葫芦岛附近。

但毛泽东的行事风格一贯是"战略上藐视，战术上重视"，一方面注重宣传，一方面讲求实效。4月28日他指示总前委："英军紫石英号事件，似乎是一个偶然事件，英国连抗议也没有提。因此我们除借此作宣传教育人民外，实际上我们亦不必扩大这件事。"5月6日，在三野举行上海战役前夕，毛泽东指示粟裕、张震："预先告诫部队，在占领吴淞时极力注意避免和外国兵舰发生冲突。"

这时在英国政界内部也有很多反对艾德礼和丘吉尔的声音。5月5日下午，英国下院围绕"紫石英号"事件进行了激烈的辩论。海军中将、国会议员泰勒感慨地说道："你不能走到那些已经摆脱腐朽和帝国主义枷锁而正在奋勇前进的人们面前说：'……我们将派遣一个使者与你们建立联系，他将会通知你，我们要你们做什么。'"显然，他所说的"奋勇前进的人们"就是指中国共产党所领导的人民解放军和全中国的人民大众。反对党亦即丘吉尔所在的保守党领袖麦克米伦指出："英国军舰在中国内河航行的权利已为1943年条约所废除……现在看来，'炮舰'观念似乎太过时了。"

英国政府经过一番研究，同时采取了两项行动。5月5日，英国原驻南京大使馆一等秘书潘以安奉命来到南京市军管会外事处，递交了一份备忘录。备忘录中既不就"紫石英号"事件道歉,也不承认其错误侵入解放军防区的事实,只是称:"英国海军当局拟将现时停泊镇江、正接近扬子江南岸之'紫石英号'迅速驶离至中国境外之港口,以便做必要之修理,而使此舰能恢复适宜航行。此舰吃水线之上下部均损坏甚剧,如不能使其早日驶进船坞,恐将不能航行。因之,希望人民解放军谅解能准许保护此舰平安通过,使其驶离中国领水为荷。"同一天,国防大臣亚历山大在下院宣布,英国派往香港的第一批援军——皇家陆军一个营和皇家炮兵的一个野战团、皇家工兵的一个野战中队将于近日从英国本土出发。名义上说是援助香港,实际上是欲借此对人民解放军实施威胁,以达到让解放军让步的目的。

潘以安走后,南京市军管会立即就与英国人谈判事宜向军委请示。军委很快就回电指示:"关于'紫石英号'军舰的交涉事宜,我们应以前线司令部的名义与该舰负责人进行直接谈判,如南京大使馆有人从中参与,我们只承认其以个人资格商谈救护该舰伤亡人员。如涉及该舰的责任与行动,我们应坚持与'紫石英号'直接谈判。"

按照军委指示精神,总前委与中共南京市委决定以南京警备司令部的名义,委派第三野战军第8兵团政委袁仲贤将军以镇江前线司令员的身份为谈判代表,以英国皇家海军远东舰队为谈判对手。初步拟定的谈判目标是,要求英国人承认它首先开炮,并就此道歉;如果英国人做到了,便可由解放军押解"紫石英号"出境,然后再继续谈判惩办凶手和赔偿问题。

5月18日,袁仲贤司令员为正式授权康矛召上校代表他执行谈判,致函英国远东舰队司令布朗特海军上将:"中国人民解放军镇江前线司令员袁仲贤将军兹正式授权中国人民解放军康矛召上校代表本人与英国皇家海军远东舰队司令正式授权之代表举行谈判,解决英国海军军舰1949年4月20日侵入中国内河长江一案,并授权康矛召上校对于前述谈判获进一步之协议文件,代表本人签字。"当时解放军没有军衔制,为了与对手对等,临时将康矛召的军衔定为上校。

同时,康矛召以炮三团政治委员的身份通知"紫石英号"舰长克仁斯上校三点事项:

一、中国人民解放军镇江前线司令部对于英国海军军舰于4月20日侵犯中国人民解放军阵地之暴行及其所应负的责任，决定经由谈判解决。

二、余已受中国人民解放军镇江前线指挥部指派为上项谈判之代表。因此余要求4月20日肇事之英国军舰所属舰队长官指派该当事军舰舰长或该舰队之适当军官，担任英国舰队方面之代表举行此项谈判。

三、并请贵方所指派之代表与本人联络，以便交换贵我两方代表证件，规定时间与地点及开始此项谈判。

5月20日，粟裕、张震向军委报告："在高桥以西至林家宅沿江之线有敌舰五艘（其中两舰有外国旗，三舰无旗），对我269团及262团阵地作猛烈的炮击，我之守备阵地大部被其摧毁。我因怕打错，已严令不准打。为此，对我威迫与阵地坚守增加极大困难。此事如何处理，请示。"毛泽东为此起草了"复粟、张并告总前委、刘伯承、张际春、李达电"，称：

> 黄浦江是中国内河，任何外国军舰不许进入，有敢进入并自由行动者，均得攻击之；有向我发炮者，必须还击直至击沉击伤或驱逐出境为止。但如有外国军舰在上海停泊未动，并未向我军开炮者，则不要射击。中国及外国轮船为敌军装载军队及物资出入黄浦江者，亦应攻击之。中国及外国轮船在上海停泊未动者，或得我方同意开行者，准其停泊或开行，并予以保护。为了对付外国军舰的干涉，你们应有充分的精神准备与实力准备，将外国干涉者的武装力量歼灭或驱逐之，如感兵力或炮火不足应速从他处抽调补足。

"紫石英号"在镇江停留期间，修复了被炮弹打坏的船舱。对英军究竟是作为俘虏还是作为客人看待，上级没有明确指示。看管部队每天供给船上必要的燃料，没有派人上舰监视或缴下武器。5月24日，"紫石英号"舰长克仁斯来到镇江前线司令部，拜见袁仲贤将军和康矛召政委。克仁斯当面向袁仲贤将军递交了英国远东舰队司令布朗特将军的信。信中称：

"'紫石英偶然事件'的讨论已由英国大使在南京开始，此属高级外交范围之事，我无权决定在"紫石英号"舰长与中国人民解放军之间作关于4月20日不幸事件的责任问题的任何讨论……我请求准许"紫石英号"安全通过所有为中国人民解放军所控制的地方而下驶。"袁仲贤阅信后表示，英方必须首先承认错误，道歉后才能考虑放行的问题。5月27日和31日，克仁斯又接连转来布朗特上将给袁仲贤的电函，诡称"紫石英号"系执行"和平使命"而被炮火击伤，其他英舰系前往救援，因而"英国诸舰对此事件是没有责任的"。这等于完全拒绝了中方的要求。谈判陷入僵局。

这时，上海已经全部解放。英国政府请曾在抗战期间担任英国驻华军事代表团团长，和周恩来有过来往的魏亚特将军出面斡旋。6月6日，魏亚特身穿西装便服出现在南京，请南京军管会外事处长黄华转交一封致周恩来的私人信件。信中声称："英舰'紫石英号'如承阁下设法放行，则在本国内将发生极良好之反响，忝在旧交，谨为建议，谅勿以唐突见责为幸。"

6月10日，周恩来以军委名义起草了《对英国军舰紫石英号的处理办法》的复电，指示总前委："你们可令前线司令部康矛召以公函通知"紫石英号"舰长克仁斯定期至我司令部与袁仲贤将军会谈。届时，袁仲贤可根据英舰四艘武装侵入中国内河及炮轰我军阵地的基本事实，将英远东舰队司令布朗特两次函电及克仁斯几次备忘录的无理和威胁词句给以口头驳斥。在会谈中应注意劝导其承认英国军舰闯入未得解放军许可的中国领水和战区为基本错误，至少应劝导其承认无法取得我军同意即行开入亦为冒失行为，然后，才能允予考虑将谈判英国海军的责任及认错、道歉、赔偿等问题，与容许紫石英号军舰开走修理问题分开解决。"周恩来还对"紫石英号"可能逃走的问题指示了对策："你们估计'紫石英号'一般的不会偷走，但应准备该舰如采取偷走办法时的对策。我们认为，如果'紫石英号'采取偷走办法，我方军舰及江岸炮兵应装作不知道是'紫石英号'，而让其逃去（此点应事先秘密通知有关方面）不要攻击，然后迅即发表声明加以申斥。……我们应严密戒备吴淞、江阴两要塞，如果'紫石英号'经过江阴偷走，可不予炮击。"当时上海已经解放，各种工作千头万绪，中央希望能尽快解决"紫石英号"的问题，避免牵扯过多的精力，避免国际冲突。

然而几次谈判，没有取得进展。英方坚持是解放军先打的他们，拒绝承认错误和道歉。南京市委将情况报告中央。6月23日毛泽东复电："对'紫石英号'的方针，必须让英方承认不得人民解放军同意擅自侵入中国内河是错误的这一点（不着重谁先开枪，因为这是没有多大关系的，重要的是擅自侵入内河，只要是擅自侵入，我军就必须打它和扣留它；也不要着重正当渡江的时机，重要的是擅自侵入人民解放军控制的内河，不管什么时机，都是不能许可的），才能释放，否则决不能释放。"

袁仲贤、康矛召根据中央指示的立场再次与英方谈判。7月初，克仁斯在谈判桌上问康矛召，中方可否接受如下的说法："我承认英国皇家海军'紫石英号'及其他三艘肇事英舰未得中国人民解放军的许可，进入中国内河及中国人民解放军前线地带，是英方在长江事件上的基本错误。"

康矛召应克仁斯的要求，提出了中方要求的用语：布朗特海军上将"承认'紫石英号'及其他三艘肇事英舰未得中国人民解放军的许可，擅自侵入中国内河及中国人民解放军战区，是英方的基本错误。"

克仁斯提出说："'侵入'（INVADE）是有意引起战争的意思，例如说是侵犯主权。是否可以把我在上面所说的'进入'（ENTER）这一词改换为'侵及'（INFRlINGE）呢？"

至此，康矛召觉得这次谈判已是带有实质性的谈判了，双方的意见也似乎接近了。因而，康矛召表示说："这个用词问题，我们可以在下次商定。"

但7月11日，克仁斯带来的英国远东舰队司令布朗特的回电却是这样说的："我承认英国皇家军舰"紫石英号"之未经中国人民解放军同意而进入其前线地带，以致引起误会。"克仁斯在向康矛召递交此回电时声称："布朗特上将的这个回电，是我方坚定不移的最后文件。"

康矛召当即予以反驳："布朗特将军的回电中，既未提四艘英国军舰均进入解放军前线地带，也没有承认英方的基本错误，只说是'以致引起误会'；这只说明了贵方从上次谈判商定的立场上后退了。"

克仁斯为什么出尔反尔呢？当日，袁仲贤与康矛召进行了分析，判断可能是由于克仁斯既是使馆的海军副武官，又是远东舰队所属"紫石英号"的舰长，必须接受使馆和远东舰队司令部的双重领导；他的前后矛盾，反映了他的两个上级在处置此事上的意见分歧。使馆立场软化而远东舰队依然强硬。

7月14日，中央给袁、康二人下达了新的指示：

> 目前正发展着若干矛盾，如果英国方面有意于解决"紫石英号"问题，则只要他们肯以书面承认未得我方许可径行进入或开入中国内河及战区的错误，并保证"紫石英号"开走后仍继续进行有关道歉和赔偿的谈判。我们即可让"紫石英号"开走。如果英国方面无意于正式承认错误，则必须准备阻止其强行逃走，我们应以炮兵阻其行驶。只要"紫石英号"肯停驶待命，我们即不应继续炮击，而令其开回原地。只有"紫石英号"在我开炮后仍然抗命逃走，警告不听，方可继续并加重炮击，但亦不应主观上先有击沉的决定，而应以能阻止其逃走为一切部署的目标。

于是，双方又继续进行谈判。

7月下旬，出现了异常的情况。中方获悉英国派了驱逐舰"黑天鹅号"在长江口活动，有伺机潜入长江劫走"紫石英号"或配合该舰逃走的迹象。南京市委致电中共中央，请示相应的防范措施。

据康矛召回忆：本来，我方最高当局是准备让"紫石英号"逃走的，并向沿江各高级指挥员下过命令：如果"紫石英号"舰逃走，我沿江部队可佯装不知，不予截拦，而在事后发表声明予以谴责。现在英方又要使用武力解决问题，我们当然不能置之不理，任其恣意妄为。最高指挥部当即撤销了"不予截拦"的命令，重新指令：如英舰溯江来劫"紫石英"舰，或"紫石英"舰擅自逃走，定予坚决打击。但要求有关部队在打击"紫石英"舰时，也"不要以击沉为目的"，"如英舰受伤停驶，我方即可停火，令其驶回原处停泊，以便继续谈判"。

7月25日，澳大利亚原驻华大使欧甫时受英国原驻南京大使施蒂文的委托，来到南京军管会外事处，以私人身份拜访黄华处长。

一见面，欧甫时就声明自己所谈的都是个人想法。他说起英国各方对此事件十分焦虑，外交大臣贝文和驻华大使施蒂文对事件久拖不决也感到非常头痛，担心由此下去会影响英中关系。此外，还说到"紫石英号"吨位轻、船小人多，暑热天气已到，很容易疾病流行，希望事件能尽快了结。

这位说客接着又说，英方让克仁斯出面谈判，看来克仁斯不太胜任；所以，如果改由英国前驻华使馆海军武官董纳逊上校为英方代表，移至南京谈判，通过外交途径，一定会有助于问题的解决。

对此，黄华阐述了中方的基本立场，并明确地声明：中英没有外交关系，所以必须由双方当事代表在镇江谈判解决，不能考虑移到南京谈判。

7月28日，克仁斯又上岸送来了布朗特致袁仲贤的备忘录，提出了一个换文稿作附件，并称如袁将军同意，其将授权克仁斯代为签署。布朗特所提出的方案文稿内容如下：

（一）余兹要求准许皇家海军"紫石英号"安全下驶长江出海。

（二）余认为皇家军舰"紫石英号"未得中国人民解放军同意于1949年4月20日进入前线地带为招致误会之基本因素。皇家军舰"伦敦号"、"伙伴号"及"黑天鹅号"亦均未得中国人民解放军之同意而进入前线地带。

（三）双方上级当局今后要求进行任何调查或谈判，英国方面皆不反对。本人同意，如任何一方要求进行此项讨论时，均可包括长江事件之任何问题。在此事件中，皇家军舰"紫石英号"、"伦敦号"、"伙伴号"及"黑天鹅号"曾牵涉在内。

在信中，布朗特还显得很有诚意地提出，如不能基于这项备忘录达成协议，他"愿在阁下同意及妥善之手续下乘驱逐舰一艘上溯扬子江"，并请求袁将军同意其派一架飞机将授权书送往南京云云。

事实上，这时英国方面眼看释放无望，已经准备让"紫石英号"秘密逃跑了。随着时间的推移，解放军渐渐放松了对"紫石英号"的戒备。英国人把解放军每天提供的燃料积攒起来，达到了可以逃出长江的用量。7月30日夜里，"紫石英号"偷偷起航。当时一艘顺流而下的"江陵号"商轮正好驶过镇江，"紫石英号"贴上去，与"江陵"轮并行，借其掩护，躲避解放军炮火。21时大港炮台的25军山炮团发现"紫石英号"逃跑，立即开炮拦截。由于事前守备部队在干部、战士中普遍进行兵舰、商轮夜间识别教育不够，加上没有探照灯等照明设备，黑夜中辨不清目标，结果炮弹多数打到"江陵号"商轮上，导致"江陵"轮不幸沉没。

25军山炮团用电话通知下游的江阴要塞，特纵守备部队立即派出步兵沿江巡逻，要塞炮兵在黄山炮台严阵以待。到午夜时分，没听见江上有轮船的机器声，也没有看到步兵发出的搜索信号。突然，黄山炮台山脚下出现一个庞然大物，开足马力向东驶去。原来"紫石英号"在接近江阴要塞时，关闭轮机，无声无息地顺流而下。通过黄山炮台时，军舰紧靠南岸石壁，解放军炮位放在山上，炮火居高临下，无法低伸水平射击，死角太大。等炮兵们移动炮架调整射击角度时，"紫石英号"已迅速通过炮台，消失在黑暗之中。

江阴以东，江面骤然开阔，拦截"紫石英号"更加困难。江阴要塞派出部队乘汽艇追赶。沿途询问过往商船，说是曾看见一艘军舰向下游行驶，舰上关闭灯光，速度很快。江阴要塞估计"紫石英号"到达吴淞口的时间，通知吴淞要塞的炮18团做好战斗准备。炮18团等到7月31日下午，江阴追赶的汽艇都到了，也没看到"紫石英号"的踪迹。原来由于解放军经验不足，未在崇明岛设置炮兵，"紫石英号"避开吴淞口，从崇明岛北面的航道逃出了长江口。当仓皇逃窜的这艘军舰驶离长江，消失在茫茫海天之际，1840年以来帝国主义对中国的"炮舰外交"也随之一去不复返了。

第二章：别了，司徒雷登

1949年3月，毛泽东在中共中央七届二中全会的报告上说："关于帝国主义对我国的承认问题，不但现在不应急于去解决，而且就是在全国胜利以后的一个相当时期内也不必急于去解决。我们是愿意按照平等原则同一切国家建立外交关系的，但是从来敌视中国人民的帝国主义，决不能很快地就以平等的态度对待我们，只要它一天不改变敌视的态度，我们就一天不给帝国主义国家在中国以合法的地位。"在全会的总结中他又说："中苏关系是密切的兄弟关系，我们和苏联应该站在一条战线上，是盟友，只要一有机会就要公开发表文告说明这一点，也要做这种宣传。"

4月22日，解放军渡江之后，国民党政府外交部长叶公超亲自到司徒雷登住处劝他南下广州，遭到司徒雷登的婉言谢绝。当天在南京的外国使团开会讨论去留问题，大家都看美国人的态度，司徒雷登表示不走，英、法、印度等国大使也都留在了南京。

4月23日，南京解放。4月25日，中共中央给总前委、华东局致电，专门为南京解放后的外交工作作出了十分具体的八条指示：

（一）对驻在南京的各国大使馆、公使馆，我人民解放军、军管会及市政府仍本我中国人民革命军事委员会和他们并无外交关系的理由，不要和他们发生任何正式的外交来往，也不要在文字上和口头上做任何承认他们为大使和公使的表示。但对各国大使馆公使馆及其中人员的安全，则应负责保护不加侮辱，同时，亦不必登记。

（二）我方人员对各国大使馆公使馆及其中外交人员仍采取冷淡态度，绝不要主动地去理睬他们。我军管会及市政府成立，只贴布告，登报纸，发广播，绝不要以公文通知他们。但他们如果经过中国有关朋友（如吴贻芳、陈裕光等人）向我们表示意见，我们可从旁听取，但不表示态度；如果他们找来我市政府、外国侨民事务处接洽，我们可以把他们当作外国侨民接待，听取他们的意见，转达上级，但须声明不以他们为外交人员来接待。

（三）各国大使馆公使馆如要求发个人出城通行证及汽车通行证，在军事戒严解除后，可以告诉他们如果以私人名义请求，可发给特别通行证，个人出城限在南京四周一定区域，汽车通行须有一定范围，数量每个大公使馆容许使用一辆汽车。

（四）各国在南京的记者及通讯社暂时仍让他们发电发稿一个时候，不作任何表示，看其情况如何，再作处置。

（五）各国大使馆公使馆的无线电台亦暂时置之不理，听其与外间通报。

（六）各国大使馆公使馆的警卫人员及其武器装备，在其使馆范围内可暂不干涉，如出馆行动，则不容许其着军装外出。

（七）其他关于外国侨民等项仍执行今年一月十九日指示不变。

（八）派黄华为南京市政府外国侨民事务处处长，即随漱石刘晓南下。

几乎与中共中央发出这份电报同时，4月25日早晨，进入南京的35军某营的营长和教导员带着几个战士，出于好奇，进入了司徒雷登的大使馆。当天，司徒雷登即向美国国务院报告了此事。他是这样记述的：

是日早晨6点40分，12名武装的共产党士兵冲击了大使馆，他们促使中国门卫打开使馆大院大门，直奔使馆官邸后门。在那里，他们向服务人员询问了使馆内有多少中外人士以及大使的住处，然后立即登梯上楼，逼近大使卧室。此时大使尚未完全睡醒，共产党武装士兵的突然出现，使大使有些吃惊。当时这些士兵没有威胁大使。率先闯进房间的人讲话嗓音粗，怒气冲冲。随后进来的人显得较为有礼，说他们"上来看看"。他们在卧室里转了几圈，检查了房子里的物什，并表示这里的一切将物归原主，属于人民。他们盘问了傅泾波先生（注：司徒雷登的秘书），不过没有搜他的房间。然后他们离开了住宅和院子，什么东西也没有动。他们告诉一位仆人，大使不能离开这个院子。

美国国务院把这件事看得甚为严重，借新闻报道大做文章，并指示司徒雷登"向共产党当局提出有力之抗议"。

4月26日，毛泽东从广播中得知这件事，立即给总前委发出一封措辞严厉的电报："据美国广播称，我人民解放军曾进入南京美大使馆施行室内检查，并宣称，该室器具不久将为人民所有云云。不管此事是否确实，你们均应立即传令全军，凡对外国大使、公使、领事和一切外交机关人员及外国侨民施行室内检查，采取任何行动必须事先报告上级，至少须得到中央局及野战军前委一级的批准，方得实施；凡上述行动未经中央规定者，更须电告中央请求批准。对待各国驻华大使馆、公使馆、领事馆及其他外交机关，早经规定一律予以保护，非经特许不得施行室内检查。此次南京检查如果属实，应认为为违反纪律行为，迅予查究。""南京现为各国大、公使馆驻在地区，我卫戍部队必须特别注意，望刘陈邓饶立即注意此事，亲自掌握外交问题的处理，并督促陈士榘、袁仲贤加强对南京卫戍部队的训练和管理。"

4月28日，毛泽东在致总前委，粟裕、张震并告刘伯承、张际春、李达的电文中称："我方对英美侨民（及一切外国侨民）及各国大使、公使、领事等外交人员，首先是美英外交人员，应着重教育部队予以保护。现美国方面托人请求和我方建立外交关系，英国亦极力想和我们做生意。我们认为如果美国（及英国）能够断绝和国民党的关系，我们可以考虑和他们建立外交关系的问题……美国援助国民党反共的旧政策已破产，现在似乎正在转变为和我们建立外交关系的政策。"

刘伯承、邓小平、陈毅到达南京后，即严格检查违反外交政策的事件。5月5日华东局、总前委通报了包括擅入美国大使馆在内的几起重要违纪事件。《通报》指出："我军未奉命令，毫无事故，仅因为好奇随意闯入私人住宅，任何时候均属错误。就是对本国人住宅亦是错误的。特别闯入外侨住宅，因语言不通，更易招致误会。对外国领事馆驻地，依国际外交公法是不受检查的，故更不应擅自闯入。""我军对各大使馆、领事馆派岗哨，其目的是为了保护外侨，不是去妨碍其进出自由。把保护了解为看犯人样的看管或监视是错误的。故今后决定对各国使领馆无必要时不派岗哨，只派部队在附近警戒巡逻，防止特务暗害。在我军指定范围内，一般不妨碍其行动自由。"

此前，4月29日，粟裕即命令24军前往南京接防，35军调往杭州归还第7兵团建制。24军进入南京前，专门进行了三天城市政策教育。兵团首长亲自作报告，首先对营以上干部交代政策，如保护外侨、看管物资、巩固团结等问题，然后在连排干部战士中进行教育，制定措施。其实本来35军的纪律总体上说是相当好的，24军接防南京后，更是军纪严明，加强了对外国使馆的保护。

司徒雷登亲身感受到共产党人给南京带来的新气象。他后来回忆说："所有的外国人总是被阻止离开他们的住处，据说这纯粹是一种谨慎的措施。共产党特别关心我，所以我完全不离开我的住宅。"他在楼上可以看到外边的活动，共产党军队严明的纪律使他很受感动，相比之下，对国民党的失败也有了更深刻的认识。他写道："共产党是一个使人痛心的对照。他们完全没有个人的贪污，军官和士兵全有密切的共同生活，简朴而勤劳，受了严格的纪律训练。当他们进入南京时，这一切都很明显。差不多对于民众完全没有不应有的举动，他们向老百姓借用了许多东西，但十之八九把这些东西完全还清，或赔偿。……他们的士气甚为旺盛，操练和训话每天都在我们大使馆周围的空地上不断举行。所以我们对于这一层得到了看得见的证据，和许多听得见的证据。"他希望能与共产党接触，建立关系。

这时黄华已经从北平调任南京市军管会外侨事务处处长。他是原燕京大学学生，抗战时期赴延安参加革命。解放战争初期在北平军调部工作，与司徒雷登有过接触。离开北平时，周恩来交代给他的任务是接管南京外交部和处理有关对外事务，并以私人身份与司徒雷登接触。5月7日，黄华会见了他的燕京大学校友、司徒雷登的秘书傅泾波。傅泾波转达司徒雷登的话说：美国已经停止了对蒋介石的援助，这次国民党撤退，他决定留在南京不走，就是希望同中国共产党接触，这点已获艾奇逊国务卿的同意。傅泾波还说，司徒雷登盼望与黄华会见，现在是美国对华政策改变时期，老校长应该是能够完成这一转变的最佳人选。黄华答复说，会见的事考虑后再说，美国援助蒋介石的政策给中国人民造成重大损失，创痛极深。空言于事无补，需要美国首先做更多有益于中国人民的事，才能逐步取得中国人民的谅解。

司徒雷登的父母都是早期到中国的美南长老会传教士，清末同治、光绪年间主管杭州基督教天水堂，司徒雷登1876年出生在天水堂教士住宅（今杭州下城区耶稣堂弄），会讲一口纯正的杭州话。从血统上说，他是一位纯粹的美国人。而用司徒雷登自己的话来说，他"是一个中国人更多于是一个美国人"。11岁时，他回到美国弗吉尼亚州上学，在那里曾被人讥笑为不会说英语的怪物。在大学期间受"学生志愿国外传教运动"的影响而转到神学院，立志于传教。

1904年，结婚后的司徒雷登携妻子重新回到杭州，成为第二代美南长老会传教士。1905年开始从事传教工作，并努力学习中文，钻研中国文学。1908年，32岁的他开始在现位于南京上海路的金陵神学院教授希腊文。1910年，任南京教会事业委员会主席。辛亥革命时兼任美国新闻界联合通讯社驻南京特约记者。1912年年初，孙中山先生在南京就任中华民国临时大总统时，以驻华记者身份到场的司徒雷登是仅有的两名在场外国人之一。

1918年的下半年，美国南北长老会正式向司徒雷登下达了命令，让他去筹办"一所新的综合性大学"。虽然司徒雷登当时对金陵神学院的工作十分满意，对于这项突如其来的任命并不情愿，但还是接受了聘请。1919年春天，

司徒雷登

司徒雷登正式走马上任，出任燕京大学校长。

当时，燕京大学只有五间课室，一间可容一百学生的饭厅，有时用这间大屋子开会，有时用来讲道，还有其他几样可怜的配套设施。司徒雷登一面到处募集办学经费；一面寻找合适的办学地点，最终为燕京大学在北京西郊建造了一所宫殿式的美轮美奂的新校园，并不惜出重金延请中外著名学者前来任教，提升燕京大学的知名度和学术地位。1927 年，燕京大学与哈佛大学合作组成了著名的哈佛燕京学社，出版大量学术期刊，促进中美文化交流。到 30 年代，燕京大学已发展成为中国学术水平最高的教会大学。司徒雷登对待学生和蔼可亲，对待教职员工热情温暖，给许多学生和员工留下了深刻印象。

司徒雷登同情学生运动，"九一八"事变后，他亲自带领数百名燕京大学的师生上街游行，抗议日本对中国的侵略。"七七"事变后，北大、清华等许多大学已陆续南迁，但司徒雷登权衡再三，决定让燕京大学继续留在北京。为了保护学校免遭日寇骚扰，司徒雷登让学校悬挂美国国旗。但"珍珠港事件"后，燕京大学被迫关闭，司徒雷登被日本人关押了 3 年 8 个月零 10 天，直到日本战败以后，1945 年 8 月 17 日，被监禁的司徒雷登终于重获自由。

1945 年 9 月 16 日，司徒雷登和他的私人秘书傅泾波去重庆参加抗战胜利大会，在那里，他们见到了毛泽东。毛泽东告诉司徒雷登，延安有许多他当年的学生。几天后，毛泽东和周恩来请司徒雷登一起吃饭。

1946 年 6 月，在蒋介石夫妇的介绍下，司徒雷登见到了作为美国总统的私人代表、负责调停国共两党纠纷的马歇尔。他对中国的深入了解以及与各派政治人物的熟悉程度给马歇尔留下了深刻印象。1946 年 7 月，经马歇尔推荐，美国政府决定任命司徒雷登为驻华大使，接替已于 1945 年 11 月离职的赫尔利。

那时司徒雷登已近 70 岁，对于这项大使任命，他提出两点要求：一、希望两年内完成大使任务后仍回燕京大学；二、出任大使必须要有傅泾波做助手。这些请求得到了马歇尔的特批，于是傅泾波也得以以"私人顾问"的身份跟随司徒雷登到了南京。

就这样，一个外交的生手当上了美国的驻华大使。此时司徒雷登在中国知识界享有极高的声望。闻一多在谴责国民党特务的《最后一次讲演》中说:"现在司徒雷登出任美驻华大使。司徒雷登是中国人民的朋友,是教育家,他生长在中国,受的美国教育。他住在中国的时间比住在美国的时间长,他就如一个中国的留学生一样,从前在北平时,也常见面。他是一位和蔼可亲的学者,是真正知道中国人民的要求的,这不是说司徒雷登有三头六臂,能替中国人民解决一切,而是说美国人民的舆论抬头,美国才有这转变。"

但司徒雷登在政治上毕竟是维护美国在华利益的。在大使任上的头两年,他一方面劝告蒋介石停止内战,一方面又积极为蒋介石寻求经济和军事援助。后来,他对蒋介石彻底失望,暗中支持李宗仁,积极推动"和谈",希望能保持"划江而治"的局面。1949年3月,解放军渡江的形势已经明朗,司徒雷登知道国民党大势已去,他认为自己是中国"友好人士",有一定的影响,希望能通过个人的努力,保护美国在华利益。3月10日他致电美国国务院,请求留在南京,与共产党接触,以"建立新的关系"。美国国务卿艾奇逊复电授权他与中共领导人会谈,要他注意保密,以免引起美国右派人士的反对。

黄华将他与傅泾波会谈的详情报告给中央。5月10日,毛泽东回电指示:

(一)黄华可以与司徒见面,以侦察美国政府之意向为目的。

(二)见面时多听司徒讲话,少说自己意见,在说自己意见时应根据李涛声明。

(三)来电说"空言无补,需要美国首先做更多有益于中国人民的事",这样说法有毛病。应根据李涛声明,表示任何外国不得干涉中国内政,过去美国用帮助国民党打内战的方法干涉中国内政,此项政策必须停止。如果美国政府愿意考虑和我方建立外交关系的话,美国政府就应当停止一切援助国民党的行动,并断绝和国民党反动派残余力量的联系,而不是笼统地要求美国做更多有益于中国人民的事。你们这样说,可能给美国人一种印象,似乎中共也是希望美国援助的。现在是要求美国停止援助国民党,割断和国民党残余力量的联系,并永远不要干涉中国内政的问题，而不是要求美国做什么"有益于中国人民的事"。照此语的文字说来，似乎美国政府已经做了若干有益于中国人民的事，只是数量上做得少了一点，有要求他"更多"地做一些的必要，故不妥当。

（四）与司徒谈话应申明是非正式的，因为双方尚未建立外交关系。

（五）在谈话之前，市委应与黄华一起商量一次。

（六）谈话时如果司徒态度是友善的，黄华亦应取适当的友善态度，但不要表示过分热情，应取庄重而和气的态度。

（七）对于傅泾波所提司徒愿意继续当大使和我们办交涉，并修改商约一点，不要表示拒绝的态度。

毛泽东的指示详尽明确，表现出中共中央愿意与美国政府接触的诚意。5月13日，黄华以私人身份前往司徒雷登住处与他会晤。黄华问起解放军进入他住宅的事情，司徒雷登反应平静。但黄华没有向他道歉，而是告诉他：在军管期间，解放军有权进入一切可疑的中外居民住宅进行检查。在未同新中国建交前，原外国使节不再享有外交豁免权。但作为外侨，自将保护其安全。

司徒雷登表示，愿意同新中国建立新关系，希望中国政府能广泛吸收民主人士参加。他还说，美国已经停止援助蒋介石，不愿参与中国内战。他已经建议将上海经济合作署所存粮食、棉花等援助蒋介石的物资，待上海解放后即移交给人民政府。当时，解放军攻占上海的战役已经打响，黄华说：这些粮食、棉花物资我们当然要直接从国民党手中接收的，我们不接收美国的物资。

黄华要求美国政府不干涉中国内政，撤走驻青岛等地的军舰和陆战队。司徒雷登说，美国的驻军是"由于内乱和战争造成局势混乱期间，美国侨民的生命需要保护"，答应将黄华的意见转告有关方面。后来，美方确实有了实际行动。5月20日总前委在上海战役开始前电告粟裕、张震："司徒雷登已向我南京外事处黄华同志作个人的负责表示，吴淞口内已无美舰。"这个通报打消了三野部队的顾虑，以猛烈炮火封锁了黄浦江。

上海解放后，司徒雷登申请去上海处理美国侨民的事务。南京市委请示中央，6月3日毛泽东回电答复："司徒二周后去沪，可许其以外侨身份乘火车前往，但我应予以保护。""美国有利用国民党逃亡政府尚存时期提出对日和约之可能，黄华与司徒会面时，可向司徒提出，我方久已宣告不承认国民党反动政府有代表中国人民的资格，现在国民党政府已经逃亡，不久即可完全消灭，各外国不应再与该逃亡政府发生关系，更不应和该逃亡政府讨论对日和约问题。否则，我们及全国人民将坚决反对。"

毛泽东回电中所说的"对日和约"，指开罗会议罗斯福曾允许台湾交中国托管，待对日和约签订后归还中国。但由于战后美苏对立，对日和会迟迟未能召开，因此西方国家从国际法的角度认为"台湾地位未定"。解放军渡江以后，由于国民党政权大势已去，麦克阿瑟主掌的远东盟军司令部在6月份草拟了派联合国军进驻台湾的方案。蒋介石闻讯后气愤之极，在日记中表示："余必死守台湾，确保领土，决不能交归盟国。"作为对手的毛泽东和蒋介石在这个问题上的态度却是一致的。

6月6日黄华再次约见司徒雷登。谈了赴沪的手续问题后，双方谈到了相互承认的问题。司徒雷登站在美国政府的立场上表示："当一个显然地获得中国民众支持，或至少赢得民众承认的新政府出现时，而那个政府又拿出证据来，证明愿意、而且也有能力依照国际标准与其他国家保持外交关系时，那么大家自然会讨论此项问题。但在那阶段之前，我们这些局外人只能够坐着等候。"言谈中表露出对中共不承认他的外交身份和特权的不满。

黄华表示：据我个人看法，政治协商会议可能于打下广州后召开，联合政府将由政治协商会议决定产生。李涛将军的声明已表明我方反对任何美援，并说明了与各国政府建立外交关系的原则。故从责任上讲，美国政府应明确断绝与国民党流亡政府的关系及停止援助蒋介石，用以表明美国放弃已经失败的干涉政策。现在美国仍支持反动政府进行反人民的战争，建立外交关系问题无从谈起。

会后，司徒雷登对傅泾波说，他的旧日学生黄华"已经完全赤化了"。

6月8日，傅泾波又来拜访黄华。他对黄华说，前天谈话回去后，司徒雷登认为，需要返回美国向上峰汇报关于美国与新中国的关系问题。司徒雷登将6月6日再次会面的情形向美国国务院作了报告，副国务卿魏伯复电，希望他返美之前最好能赴北平与周恩来见一次面，以获知中共最高层的意见。

黄华把傅泾波所谈的情况，向中央作了汇报。毛泽东指示南京市委，同意司徒雷登北上。但考虑到中央既定的原则，觉得通过非官方联系为好。因过去司徒雷登有每年6月24日回燕大过生日的习惯，便安排由燕京大学校长陆志韦出面作民间邀请。6月16日，陆志韦校长给司徒雷登发了一封英文邀请函请他访问燕京大学。信中说，陆志韦会见了周恩来先生，周恩来感谢司徒雷登的问候，并说司徒雷登如要求来北平，可望获得当局同意。

6月10日，即将去北平召开新政协会议的国民党宿将、民主人士、也是司徒雷登的老友陈铭枢来南京拜访司徒雷登。为此，司徒雷登让大使馆工作人员准备了四份内容很长的文件。他在这些文件中回顾了中美关系的历史，谈到了中美贸易，并将国民政府时代的中美条约与中苏条约进行了对比，以此来表明中美关系对中国是非常有利和重要的。他嘱托陈铭枢将这些文件转交给中共领导人毛泽东、周恩来。此外，司徒雷登还请陈铭枢向中共领导人转达以下五点意见：

(1) 美国认为意识形态不同的国家可以和平共处。

(2) 对于行将成立的中共控制的政府，美国所特别关心的是这样两个问题：A、它是确实维护联合国宣言所规定的人权呢，还是采取极权主义或者警察国家的通常做法？B、它是否根据马列主义理论用暴力进行世界革命？若是这样，这种立场应当被认为实际上是向世界其他国家宣战。

(3) 中共外交政策的迹象使希望保持中美关系的人士感到不安。

(4) 在经济关系方面，中共的官方言论似乎妨碍同美国进行贸易。

(5) 美国的立场是等着瞧。但中共应当体会到他和外交使团中其他负责人仍然留在南京这一事实的意义。

6月27日，傅泾波拜访黄华，询问司徒雷登的北平之行是否可以成行。次日，黄华上门通知司徒雷登：已经得到北平复电，准许他去燕大一行，他希望与当局领导人晤面事也有可能安排。

司徒雷登对于北平之行寄予厚望。但由于美国极端反共的右派势力正甚嚣尘上，他不敢自己做主，决定将此事上报艾奇逊国务卿，由国务卿拍板定夺。同时，他也通过傅泾波向黄华暗示，希望中共方面主动向他发出邀请，而且想乘大使馆专用的军机飞往北平。在给艾奇逊的电报中，他先撒了一个无伤大雅的谎，说中共方面对他做出了邀请。

在电报中，司徒雷登说，此行的积极意义，是使他有机会亲自向毛泽东、周恩来陈述美国的政策，表明美国对共产主义和世界革命的担忧，对中国前途的希望。通过和中共领导人交换意见，他就可以给华盛顿带回关于中共意图的最可靠的官方消息。这种接触还可以增进中共党内自由主义分子和反苏分子的力量。简而言之，此行"将是富于想象力的，是一次大胆的行动，表示美国对改变中国的政治趋势持坦率的态度，可能对今后的中美关系产生有利的影响"。但此行也有不利的一面，会让人觉得美国使节出尔反尔：先是提出一致对付共产党，现在又率先与它接触，而且会极大地提高中国共产党和毛泽东本人在国内外的威望。而这恰恰又是司徒雷登极不愿看到的。为了抵消这种"消极后果"，司徒雷登还征询国务卿要不要同样做一次广州之行，去会晤当时还据守广州的国民党政府。但他又担心这样两面奔走，会显得美国在擅自干涉中国的内部事务，很可能激怒中共，这样又抵消了访问北平的任何成果。

6月30日，经毛泽东审阅后，中共中央就司徒雷登来北平的事给南京市委发来电报，对黄华转达的司徒雷登希望中共发出邀请以及欲乘美国军用飞机到北平之事作出了指示：

> 望告黄华，谨守中央去电原则，即我们系准许司徒雷登去燕大一行，彼希望与当局晤面事亦有可能。因此，两事均为司徒雷登所提出，决非我方邀请。此点必须说明，不能丝毫含糊，给以宣传借口。
>
> 司徒及傅如来北平只能挂一卧车，派人护送，不能许其乘美机来平。如司徒雷登借口不乘美机即无法赶回华盛顿，可置之不理。因美国国会闭幕与否，不应予以重视，我们对美帝亦决无改变其政策的幻想。

同一天，毛泽东发表了《论人民民主专政》，文中写道：

中国无产阶级的先锋队，在十月革命以后学了马克思列宁主义，建立了中国共产党。接着就进入政治斗争，经过曲折的道路，走了二十八年，方才取得了基本的胜利。积二十八年的经验，如同孙中山在其临终遗嘱里所说"积四十年之经验"一样，得到了一个相同的结论，即是："深知欲达到胜利，必须唤起民众，及联合世界上以平等待我之民族，共同奋斗。"孙中山和我们具有各不相同的宇宙观，从不同的阶级立场出发去观察和处理问题，但在二十世纪二十年代，在怎样和帝国主义作斗争的问题上，却和我们达到了这样一个基本上一致的结论。

孙中山死去二十四年了，中国革命的理论和实践，在中国共产党领导之下，都大大地向前发展了，根本上变换了中国的面目。到现在为止，中国人民已经取得的主要的和基本的经验，就是这两件事：（一）在国内，唤起民众。这就是团结工人阶级、农民阶级、小资产阶级和民族资产阶级，在工人阶级领导之下，结成国内的统一战线，并由此发展到建立工人阶级领导的以工农联盟为基础的人民民主专政的国家；（二）联合世界上以平等待我之民族及各国人民共同奋斗。这就是联合苏联、联合各新民主国家、联合其他各国的无产阶级及广大人民，结成国际的统一战线。

"你们一边倒"。正是这样。一边倒，是孙中山的四十年经验和共产党的二十八年经验教给我们的，深知欲达到胜利和巩固胜利，必须一边倒。积四十年和二十八年的经验，中国人民不是倒向帝国主义一边，就是倒向社会主义一边，绝无例外。骑墙是不行的，第三条道路是没有的。我们反对倒向帝国主义一边的蒋介石反动派，我们也反对第三条道路的幻想。不但中国，全世界也一样，不是倒向帝国主义，就是倒向社会主义，绝无例外。中立是伪装的，第三条道路是没有的。

"你们太刺激了"。我们讲的是对付国内外反动派即帝国主义者及其走狗们，不是讲对付任何别的人。对于这些人，并不发生刺激与否的问题，刺激也是那样，不刺激也是那样，因为他们是反动派。划清反动派和革命派的界限，揭露反动派的阴谋诡计，引起革命派内部的警觉和注意，长自己的志气，灭敌人的威风，才能孤立反动派，战而胜之，或取而代之。在野兽面前，不可以表示丝毫的怯懦，我们要学景阳冈上的武松。在武松看来，景阳冈上的老虎，刺激它也是那样，不刺激它也是那样，总之是要吃人的。或者把老虎打死，或者被老虎吃掉，二者必居其一。

"我们要做生意"。完全正确，生意总是要做的。我们只反对妨碍我们做生意的内外反动派，此外并不反对任何人。大家须知，妨碍我们和外国做生意以至妨碍我们和外国建立外交关系的，不是别人，正是帝国主义者及其走狗蒋介石反动派。团结国内国际的一切力量击破内外反动派，我们就有生意可做了，我们就有可能在平等互利和互相尊重领土主权的基础之上和一切国家建立外交关系了。

"不要国际援助也可以胜利"。这是错误的想法。在帝国主义存在的时代，任何国家的真正的人民革命，如果没有国际革命力量在各种不同方式上的援助，要取得自己的胜利是不可能的；胜利了，要巩固，也是不可能的。伟大的十月革命的胜利和巩固，就是这样的，斯大林早已告诉我们了。第二次世界大战打倒三个帝国主义国家并解放东欧各国，也是这样。人民中国的现在和将来，也是这样。请大家想一想，假如没有苏联的存在，假如没有反法西斯的第二次世界大战的胜利，对于我们来说特别是打倒了日本帝国主义，假如没有各新民主国家的出现，假如没有东方各被压迫民族正在起来斗争，假如没有美国、英国、法国、德国、意大利、日本等等资本主义国家内部的人民大众和统治他们的反动派之间的斗争，假如没有这一切的综合，那么，堆在我们头上的国际反动势力必定比现在不知要多几多倍，在这种情形下，我们能够胜利么？显然是不能的。胜利了，要巩固，也不可能。这件事，中国人民的经验是太多了。孙中山临终时讲的那句联合国际革命力量的话，早已反映了这一种经验。

"我们需要英美政府的援助"。在现时，这也是幼稚的想法。现时英美的统治者还是帝国主义者，他们会给人民国家以援助吗？我们同这些国家做生意以及假设这些国家在将来愿意在互利的条件之下借钱给我们，这是因为什么呢？这是因为这些国家的资本家要赚钱，银行家要赚利息，借以解救他们自己的危机，并不是什么对中国人民的援助。这些国家的共产党和进步党派，正在促成和我们做生意以至建立外交关系。这是善意的，这就是援助，这和这些国家的资产阶级的行为，不能相提并论。孙中山的一生中，曾经无数次地向资本主义国家呼吁过援助，结果一切落空，反而遭到了无情的打击。在孙中山一生中，只得过一次国际的援助，这就是苏联的援助。请读者们看一看孙先生的遗嘱罢，他在那里谆谆嘱咐人们的，不是叫人们把眼光向着期待帝国主义国家的援助，而是叫人们"联合世界上以平等待我之民族"。孙先生有了经验了，他吃过亏，上过当。我们要记得他的话，不要再上当。我们在国际上是属于以苏联为首的反帝国主义战线一方面的，真正的友谊的援助只能向这一方面去找，而不能向帝国主义战线一方面去找。

"你们独裁"。可爱的先生们，你们讲对了，我们正是这样。中国人民在几十年中积累起来的一切经验，都叫我们实行人民民主专政，或曰人民民主独裁，总之是一样，就是剥夺反动派的发言权，只让人民有发言权。

人民是什么？在中国，在现在阶段，是工人阶级，农民阶级，小资产阶级和民族资产阶级，这些阶级在工人阶级及共产党的领导之下，团结起来，组成自己的国家，选举自己的政府，向着帝国主义的走狗即地主阶级和官僚资产阶级以及代表这些阶级的国民党反动派及其帮凶们实行专政，实行独裁，压迫这些人，只许他们规规矩矩，不许他们乱说乱动。如要乱说乱动，立即取缔，予以制裁。对于人民内部，则实行民主制度，给予言论集会结社等项的自由权。选举权，只给人民，不给反动派。这两方面，即是说对人民内部的民主方面和对反动派的专政方面，互相结合起来，就是人民民主专政。

为什么理由要这样做？大家很清楚。不这样，革命就要失败，人民就要遭殃，国家就要灭亡。

7月1日，司徒雷登接到艾奇逊发来的电示："根据最高层的考虑，指示你在任何情况下都不能访问北平。"并要求司徒雷登必须于7月25日以前赶回华盛顿，中途不要停留。

司徒雷登的心情苦涩之极。由于中共不承认司徒雷登的外交人员身份，司徒雷登只能作为一般侨民办理完相应的手续后方可离境。按照人民政府当时的出入境管理规定，一般外国侨民申请出境，必须要找两家实力雄厚的担保商号，由商号填具保单，保证该离境外侨没有任何未了结的债务，没有拖欠税金，也没有悬而未结的民事或刑事诉讼等等，同时对外侨在离开中国前的任何非法行为负责。另外，按规定，外侨出境所携带的行李也必须接受检查。司徒雷登对此感到颇为丢脸。他一面向华盛顿方面反映情况、寻求对策，一面派傅泾波找黄华交涉，一面也悄悄联系担保。黄华通过傅泾波转达说，司徒本人可以不要求"担保商号"，但需要"某个朋友个人担保"。司徒雷登向国务院报告说："我想黄自己会作为我的担保人签字。这实际上等于取消了这项担保。"

7月中旬，正当司徒雷登打点行装准备回国之际，杜鲁门总统又指示国务院：让司徒雷登大使离开南京后访问广州。因为杜鲁门觉得，"作为一个大使，在没有和所在国的政府脱离接触便回国，是不会被美国公众所理解的"。广州是当时国民党政府的所在地。

7月15日，蒋介石从台湾飞抵广州。当天，司徒雷登致电艾奇逊国务卿说，蒋介石在广州，"我想他会逗留几天。设想我访问广州（如果我按期启程），正好与他不期而遇。如果出现这种情况，我认为不利的猜测和曲解会随之产生。对此如能避免则应予以避免。使公众舆论相信此时委员长和我访问广州纯属巧合是不可能的。共产党无疑会认为，我的撤离计划不那么简单，并从中大做政治文章，甚至我的外交使团的同行们也不大会相信，我们在广州同时出现是巧合"。

也就是在这一天，美国国务院急电司徒雷登，命其不得填具担保，称司徒雷登的外交人员身份虽不被中共方面承认，但就美国而言，仍然具有大使的身份。电文还训斥司徒雷登在与中共接触中表现软弱。

司徒雷登接到电文后,让傅泾波去外事处找黄华交涉。当时,还有一些国家的原大使、公使也存在着类似司徒雷登一样的出境手续方面的问题。考虑到这些大使、公使仍被本国视为是国家的代表,南京市委经研究向中共中央建议,可以对这些人给予一定的便利,免除其觅保手续,允许一件手提行李免检,对"使馆"其他人员仍按原规定办理。中共中央经研究后,同意了南京市委的意见。于是,南京外事处对司徒雷登此次返国采取了免除觅保、检查的手续,其随行人员由原美国使馆留下的人担保,傅泾波由两个私商担保。

南京市委考虑到傅泾波这个人的以往表现情况,向中央建议不允许他离境。但中央复电指示,让黄华在其离境前与其谈话,给予警告即可,无须小题大做。南京军管会不承认傅泾波原来所持有的国民党政府所发的护照,就以南京市军管会名义为其特制了一本蓝布面烫银字的普通护照。

又是几天过去了,由于华盛顿方面迟迟没有对他不去广州的报告复电同意,而动身离开南京的日期就要到了,司徒雷登十分焦急,7月18日,再次致电艾奇逊国务卿:"我在拒绝北平之行后,马上访问广州,并与委员长会晤(这是不可避免的),共产党肯定将其看做是有意侮辱。他们会对此作出强有力的反应。我对中共领导人的任何影响纯属个人性质。我飞抵广州,看望他们不共戴天的仇敌,他们肯定不会放过我。而且未来我在共产党中国的有用之处因此丧失殆尽。"因此,"我赞成国务院不让我毕恭毕敬地去北平参见毛主席;由于同样的原因,我认为改变航程去拜见蒋委员长也是不明智的。"杜鲁门一向厌恶蒋介石,终于不顾美国公众是否理解,批准了司徒雷登不去广州的报告。

7月25日,司徒雷登为办理出境手续,又和黄华见了一次面。司徒雷登说,中国的内战并不是我们愿意看到的,但美国政府对形势的看法有误。毛主席在新政协筹备会上的讲话容纳各国,但《论人民民主专政》偏于一方。

8月2日,年迈的司徒雷登黯然返回美国。

8月5日,司徒雷登离开中国的第三天,发表了题为《美国与中国的关系——特别是1944年至1949年间的关系》的白皮书,以及艾奇逊国务卿7月

30日就对华关系问题给美国总统杜鲁门的信。

美国政府这份白皮书的正文分八章，洋洋万言，并有233个附件，叙述从1844年美国强迫中国签订《望厦条约》以来，直至1949年中国人民革命在全国范围内取得基本胜利时为止的中美关系。白皮书特别详细地叙述了抗日战争末期至1949年的五年期间，美国制定与实施扶蒋反共政策，结果遭到失败的经过。其中大量披露了有关国民党如何腐败、堕落和无能的材料，借此说明中国共产党在中国取得的胜利主要是国民党的无能，从而为美国制定对华政策的错误洗刷和辩护。它说蒋介石是自招失败，美国的任何新政策和额外的援助都无法挽回蒋介石的行动所造成的损失，美国人将所有失败的原因统统推卸给国民党。白皮书向中共示意，如果中共不向苏联一边倒，美国将尊重中美两国的传统友谊。

艾奇逊国务卿在其致总统的信中则沮丧而坦率地承认："不幸的但亦无法逃避的事实，是中国内战之不祥的结果非美国政府的控制所能及。美国在其能力合理限度内，已经做的或可能做的一切，都不能改变这个结果。"他并说，这份白皮书"是关于一个伟大的国家生平最复杂、最苦恼的时期的坦白记录"。

蒋介石对美国发表这样的《白皮书》十分悲愤，他在日记中写道："马歇尔、艾奇逊因欲掩饰其对华政策之错误与失败，不惜毁灭中美两国传统友谊，以遂其心，而亦不知其国家之信义与外交上应守之规范。其领导世界之美国总统杜鲁门竟准其发表此失信于世之《中美关系白皮书》，为美国历史上，留下莫大的污点。此不仅为美国悲，而更为世界前途悲矣。"国民党政府外交部发表了一个抗议声明，指责美国政府的《白皮书》损害国民党政府的国际威信，瓦解国民党军队官兵的士气，实为"落井下石"之行为。蒋介石说："甚叹我国处境，一面受俄国之侵略，一面美国对我又如此轻率，若不求自强，何以为人？何以立国？而今实为中国最大之国耻，亦深信其为最后之国耻。"

司徒雷登对于国务院居然在这个时候发表这样一份白皮书也是深感不安和极为震惊的。在他看来，"在两个国家仍然保持着友好关系的时候，由一国政府发表非难另一国政府的报告，就像这份美国政府发表的非难中国及其国民政府的报告摘录那样，是迄今闻所未闻、见所未见的"。而且，书中直接引用了许多应该属于绝密性质的文件，其中就有好些他从南京的大使馆里发回的报告。这些机密文件的公开，暴露了一些中国人、美国人和他自己的言论观点，不仅使他陷入非常难堪的处境之中，无疑也会给那些提供情况的人带来严重的后果。他在回忆录里记述说：

> 所有这一切，将对美国、中国、美中关系产生什么影响呢？……这对那些提到了名字、引用其言论的中国人会有什么后果呢？这对那些被一字不改地重新发表其观察、估计和建议报告的美国人（其中包括我自己）会有什么影响？这对美国的外交和领事官员将来的呈文会有什么影响呢？……
>
> 它是要告诉全世界，依美国政府看来，国民党人已在"内战"中失败了。它不承认美国政策有什么错误，而将一切责任全部归咎于中华民国政府。白皮书声称，美国政府对那些"不幸的后果"没有任何责任。它暗示美国对民国政府的支持以及对该政府的生存所应尽的义务已经了结。

此时，毛泽东也获悉了白皮书的发表，命令新华社英文部以最快速度进行翻译。但由于白皮书的篇幅实在庞大，等毛泽东看到白皮书的全文中译本，已经是8月中旬了。

8月12日，新华社发表了由胡乔木执笔写的社论《无可奈何的供状——评美国关于中国问题的白皮书》。

8月14日，新华社发表了毛泽东写的第一篇社论《丢掉幻想，准备斗争》；

8月18日，新华社发表了毛泽东写的第二篇社论《别了，司徒雷登》；

8月28日，新华社发表了毛泽东写的第三篇社论《为什么要讨论白皮书》；

8月30日，新华社发表了毛泽东写的第四篇社论《"友谊"，还是侵略？》；

9月16日，新华社发表了毛泽东写的第五篇社论《唯心历史观的破产》。

在这些社论中，尤以《别了，司徒雷登》最为脍炙人口，家喻户晓：

> 美国的白皮书，选择在司徒雷登业已离开南京、快到华盛顿、但是

尚未到达的日子——八月五日发表，是可以理解的，因为他是美国侵略政策彻底失败的象征。司徒雷登是一个在中国出生的美国人，在中国有相当广泛的社会联系，在中国办过多年的教会学校，在抗日时期坐过日本人的监狱，平素装着爱美国也爱中国，颇能迷惑一部分中国人，因此被马歇尔看中，做了驻华大使，成为马歇尔系统中的风云人物之一。在马歇尔系统看来，他只有一个缺点，就是在他代表马歇尔系统的政策在中国当大使的整个时期，恰恰就是这个政策彻底地被中国人民打败了的时期，这个责任可不小。以脱卸责任为目的的白皮书，当然应该在司徒雷登将到未到的日子发表为适宜。

美国出钱出枪，蒋介石出人，替美国打仗杀中国人，借以变中国为美国殖民地的战争，组成了美国帝国主义在第二次世界大战以后的世界侵略政策的一个重大的部分。美国侵略政策的对象有好几个部分。欧洲部分，亚洲部分，美洲部分，这三个是主要的部分。中国是亚洲的重心，是一个具有四亿七千五百万人口的大国，夺取了中国，整个亚洲都是它的了。美帝国主义的亚洲战线巩固了，它就可以集中力量向欧洲进攻。美帝国主义在美洲的战线，它是认为比较地巩固的。这些就是美国侵略者的整个如意算盘。

可是，一则美国的和全世界的人民都不要战争；二则欧洲人民的觉悟，东欧各人民民主国家的兴起，特别是苏联这个空前强大的和平堡垒耸立在欧亚两洲之间，顽强地抵抗着美国的侵略政策，使美国的注意力大部分被吸引住了；三则，这是主要的，中国人民的觉悟，中国共产党领导的武装力量和民众组织力量已经空前地强大起来了。这样，就迫使美帝国主义的当权集团不能采取大规模地直接地武装进攻中国的政策，而采取了帮助蒋介石打内战的政策。

美国的海陆空军已经在中国参加了战争。青岛、上海和台湾，有美国的海军基地。北平、天津、唐山、秦皇岛、青岛、上海、南京都驻过美国的军队。美国的空军控制了全中国，并从空中拍摄了全中国战略要地的军用地图。在北平附近的安平镇，在长春附近的九台，在唐山，在胶东半岛，美国的军队或军事人员曾经和人民解放军接触过，被人民解放军俘虏过多次。陈纳德航空队曾经广泛地参战。美国的空军除替蒋介石运兵外，又炸沉了起义的重庆号巡洋舰。所有这些，都是直接参战的行动，只是还没有公开宣布作战，并且规模还不算大，而以大规模地出钱出枪出顾问人员帮助蒋介石打内战为主要的侵略方式。

美国之所以采取这种方式，是被中国和全世界的客观形势所决定的，并不是美帝国主义的当权派——杜鲁门、马歇尔系统不想直接侵略中国。在助蒋作战的开头，又曾演过一出美国出面调处国共两党争端的文明戏，企图软化中国共产党和欺骗中国人民，不战而控制全中国。和谈失败了，欺骗不行了，战争揭幕了。

对于美国怀着幻想的善忘的自由主义者或所谓"民主个人主义"者们，请你们看一看艾奇逊的话："和平来到的时候，美国在中国碰到了三种可能的选择：（一）它可以一干二净地撤退；（二）它可以实行大规模的军事干涉，帮助国民党毁灭共产党；（三）它可以帮助国民党把他们的权力在中国最大可能的地区里面建立起来，同时却努力促成双方的妥协来避免内战。"

为什么不采取第一个政策呢？艾奇逊说："我相信当时的美国民意认为，第一种选择等于叫我们不要坚决努力地先做一番补救工作，就把我们的国际责任，把我们对华友好的传统政策，统统放弃。"原来美国的所谓"国际责任"和"对华友好的传统政策"，就是干涉中国。干涉就叫做担负国际责任，干涉就叫做对华友好，不干涉是不行的。艾奇逊在这里强奸了美国的民意，这是华尔街的"民意"，不是美国的民意。

为什么不采取第二个政策呢？艾奇逊说："第二种供选择的政策，从理论上来看，以及回顾起来，虽然都似乎是令人神往，却是完全行不通的。战前的十年里，国民党已经毁灭不了共产党。现在是战后了，国民党是削弱了，意志消沉了，失去了民心，这在前文已经有了说明。在那些从日本手里收复过来的地区里，国民党文武官员的行为一下子就断送了人民对国民党的支持，断送了它的威信。可是共产党却比以往无论什么时候都强盛，整个华北差不多都被他们控制了。从国民党军队后来所表现的不中用的惨况看来，也许只有靠美国的武力才可以把共产党打跑。对于这样庞大的责任，无论是叫我们的军队在一九四五年承担，或者是在以后来承担，美国人民显然都不会批准。我们因此采取了第三种供选择的政策……"

好办法，美国出钱出枪，蒋介石出人，替美国打仗杀中国人，"毁灭共产党"，变中国为美国的殖民地，完成美国的"国际责任"，实现"对华友好的传统政策"。

国民党腐败无能，"意志消沉了，失去了民心"，还是要出钱出枪叫它打仗。直接出兵干涉，在"理论上"是妥当的。单就美国统治者来说，"回顾起来"，也是妥当的。因为这样做起来实在有兴趣。"似乎是令人神往"。但是在事实上是不行的，"美国人民显然都不会批准"。不是我们——杜鲁门、马歇尔、艾奇逊等人的帝国主义系统——不想干，干是很想的，只是因为中国的形势，美国的形势，还有整个国际的形势（这点艾奇逊没有说）不许可，不得已而求其次，采取了第三条路。

那些认为"不要国际援助也可以胜利"的中国人听着，艾奇逊在给你们上课了。艾奇逊是不拿薪水上义务课的好教员，他是如此诲人不倦地毫无隐讳地说出了全篇的真理。美国之所以没有大量出兵进攻中国，不是因为美国政府不愿意，而是因为美国政府有顾虑。第一顾虑中国人民反对它，它怕陷在泥潭里拔不出去。第二顾虑美国人民反对它，因此不敢下动员令。第三顾虑苏联和欧洲的人民以及各国的人民反对它，它将冒天下之大不韪。艾奇逊的可爱的坦白性是有限度的，这第三个顾虑他不愿意说。这是因为他怕在苏联面前丢脸，他怕已经失败了但是还要装做好像没有失败的样子的欧洲马歇尔计划陷入全盘崩溃的惨境。

那些近视的思想糊涂的自由主义或民主个人主义的中国人听着，艾奇逊在给你们上课了，艾奇逊是你们的好教员。你们所设想的美国的仁义道德，已被艾奇逊一扫而空。不是吗？你们能在白皮书和艾奇逊信件里找到一丝一毫的仁义道德吗？

美国确实有科学，有技术，可惜抓在资本家手里，不抓在人民手里，其用处就是对内剥削和压迫，对外侵略和杀人。美国也有"民主政治"，可惜只是资产阶级一个阶级的独裁统治的别名。美国有很多钱，可惜只愿意送给极端腐败的蒋介石反动派。现在和将来据说很愿意送些给它在中国的第五纵队，但是不愿意送给一般的书生气十足的不识抬举的自由主义者，或民主个人主义者，当然更加不愿意送给共产党。送是可以的，要有条件。什么条件呢？就是跟我走。美国人在北平，在天津，在上海，都洒了些救济粉，看一看什么人愿意弯腰拾起来。太公钓鱼，愿者上钩。嗟来之食，吃下去肚子要痛的。

我们中国人是有骨气的。许多曾经是自由主义者或民主个人主义者的人们，在美国帝国主义者及其走狗国民党反动派面前站起来了。闻一多拍案而起，横眉怒对国民党的手枪，宁可倒下去，不愿屈服。朱自清一身重病，宁可饿死，不领美国的"救济粮"。唐朝的韩愈写过《伯夷颂》，颂的是一个对自己国家的人民不负责任、开小差逃跑、又反对武王领导的当时的人民解放战争、颇有些"民主个人主义"思想的伯夷，那是颂错了。我们应当写闻一多颂，写朱自清颂，他们表现了我们民族的英雄气概。

多少一点困难怕什么。封锁吧，封锁十年八年，中国的一切问题都解决了。中国人死都不怕，还怕困难吗？老子说过："民不畏死，奈何以死惧之。"美帝国主义及其走狗蒋介石反动派，对于我们，不但"以死惧之"，而且实行叫我们死。闻一多等人之外，还在过去的三年内，用美国的卡宾枪、机关枪、迫击炮、火箭炮、榴弹炮、坦克和飞机炸弹，杀死了数百万中国人。现在这种情况已近尾声了，他们打了败仗了，不是他们杀过来而是我们杀过去了，他们快要完蛋了。留给我们多少一点困难，封锁、失业、灾荒、通货膨胀、物价上升之类，确实是困难，但是，比起过去三年来已经松了一口气了。过去三年的一关也闯过了，难道不能克服现在这点困难吗？没有美国就不能活命吗？

人民解放军横渡长江，南京的美国殖民政府如鸟兽散。司徒雷登大使老爷却坐着不动,睁起眼睛看着,希望开设新店,捞一把。司徒雷登看见了什么呢?除了看见人民解放军一队一队地走过,工人、农民、学生一群一群地起来之外,他还看见了一种现象,就是中国的自由主义者或民主个人主义者也大群地和工农兵学生等人一道喊口号,讲革命。总之是没有人去理他,使得他"茕茕孑立,形影相吊",没有什么事做了,只好挟起皮包走路。

中国还有一部分知识分子和其他人等存有糊涂思想,对美国存有幻想,因此应当对他们进行说服、争取、教育和团结的工作,使他们站到人民方面来,不上帝国主义的当。但是整个美帝国主义在中国人民中的威信已经破产了,美国的白皮书,就是一部破产的记录。先进的人们,应当很好地利用白皮书对中国人民进行教育工作。司徒雷登走了,白皮书来了,很好,很好。这两件事都是值得庆祝的。

回到美国的司徒雷登受到了华盛顿当局的冷遇。虽然允许他做了两次演讲,但讲稿都须经国务院审阅、删改和批准。这种做法是以前从没有过的,实际上就是封住他的嘴巴,不准他公开发表与政府口径不一致的有关美中关系和对华政策的讲话。

1949年10月,在新中国宣布成立后,美国国务院召集了一次远东事务专家会议,来研究对策。参加开会的有主管远东事务的官员及研究或熟悉远东事务的专家,当时还保留着美国驻华大使头衔的司徒雷登也参加了这次会议。与会的大多数美国官员与专家都认为国民党政权完蛋了,美国不应再去关注它的命运。司徒雷登却唱反调为国民党领导的"中华民国"国民政府辩护,他说:"尽管国民政府有种种弱点和缺点,但那个政府毕竟是在美国民主思想的鼓舞下通过革命的热情建立起来的……它从未有过和平与安定的时期,无法去考虑改革与国计民生的问题。"

他这样发表与白皮书相悖的观点,就更加受到冷遇了。他苍凉地对傅泾波说:"I am not a policymaker(我不是政策制定者)。"

司徒雷登毕生在中国度过,没有什么积蓄,在美国没有一个家。从1949

年 11 月 30 日起，他的心脑血管严重病变，中风偏瘫，被送进了医院。此后偏瘫 13 年的病中生活和护理完全靠傅泾波一家悉心照料，连上厕所、洗澡也全靠傅泾波，等到傅泾波也气力不济时，便由傅泾波的儿子傅履仁（后来是美国的华裔将军）来帮忙。

1962 年 9 月，司徒雷登在华盛顿悄然去世。

中美关系解冻后的 1972 年，为了解中国的情况，美国政府组织了一批学者和社会活动家到中国访问。傅泾波的小女儿傅海澜也是访华团成员。临行前，傅泾波将他写给周恩来的一封信托女儿带到中国。收到信后，周恩来即向傅泾波发出秘密邀请。1973 年，傅泾波在离国 24 年后回国，在北京住了 10 个月。

1988 年，享年 88 岁的傅泾波在美国去世后，中国驻美大使韩叙、侨务参赞陈启道和大使馆武官，以及新华社驻美分社社长等人都前往悼念，并且参加了他的追悼会。这是海外党外人士能得到的最高礼遇。

2008 年 11 月 17 日，司徒雷登的骨灰安放在了杭州，下葬在一个叫半山安贤园的公墓里。这里离他父母和早夭的弟弟在西湖边九里松的墓地不算远，但与他希望的最后归宿——燕园的未名湖畔，依然相隔千里。

尾声：海天寥廓胡不归

曹聚仁两岸斡旋

国民党退守台湾以后，近60年来，台海关系风云变幻。但国共第三次合作的尝试和努力一直就没有停止过。

著名作家、报人曹聚仁是在两岸最早穿梭斡旋的人物。

1956年7月11日，周恩来出席中共中央书记处扩大会议。会上商议周恩来接见原国民党中央通讯社记者、现《南洋商报》特派记者曹聚仁的有关事宜。这是1998年在周恩来诞辰100周年由中央文献研究室编的《周恩来年谱》中所记载的史实。尤为值得注意的是，周恩来是在"中共中央书记处扩大会议"讨论接见曹聚仁之事，可见重视程度非同一般。

事实上，周恩来在开会商讨之时，曹聚仁已经到了北京。1950年，曹聚仁从上海到达香港工作，大约在1956年夏天，他写了一封信给他妻子，让她转交给邵力子先生。后来可能是邵力子向上头作了汇报，让他不妨来接触一下。

1956年7月13、16、19日，周恩来先后由邵力子、张治中、屈武、陈毅等陪同，三次接见曹聚仁。周恩来办公室主任童小鹏后来也在回忆里提及，周恩来于16日在颐和园会见并宴请曹聚仁时，进一步阐明了国共第三次合作的思想。"曹试探地问周恩来关于和平解放台湾的谈话究竟有多少实际价值。周恩来说：'和平解放的实际价值和票面价值完全相符。国民党和共产党合作过两次，第一次合作有国民革命军北伐的成功，第二次合作有抗日战争的胜利，这都是事实。为什么不可以第三次合作呢？'"

8月14日，曹聚仁在他供职的《南洋商报》上将这次会面做了报道，向外传递了中共方面认为"国共可以第三次合作"的重要信息。

10月7日，由邵力子、张治中等人陪同，周恩来与再次来京的曹聚仁会面。这次周恩来回答了曹聚仁询问如果台湾回归后，将如何安排蒋介石等问题，周恩来说："蒋介石当然不要做地方长官，将来总要归中央安排。台湾还是他们管。"关于陈诚和蒋经国也都有提及，周恩来表示，陈诚如愿到中央，职位不在傅作义之下。

1958年10月13日，毛泽东再一次接见了曹聚仁。作陪的有周恩来、李济深、张治中、程潜、章士钊。

毛泽东告诉曹聚仁："只要蒋氏父子能抵制美国，我们可以同他合作。我们赞成蒋介石保住金、马的方针，如蒋撤退金、马，大势已去，人心动摇，很可能垮。只要不同美国搞在一起，台、澎、金、马都可由蒋管，可管多少年，但要让通航，不要来大陆搞特务活动。台、澎、金、马要一起回来。"

毛泽东还说："台湾抗美就是立功。希望台湾的小三角（指蒋介石、陈诚与蒋经国）团结起来，最好一个当总统，一个当行政院长，一个将来当副院长。我们的方针是孤立美国。他只有走路一条，不走只有被动。要告诉台湾，我们在华沙根本不谈台湾问题，只谈要美国人走路。蒋不要怕我们同美国人一起整他。""他们同美国的连理枝解散，同大陆连起来，枝连起来，根还是你的，可以活下去，可以搞你的一套。"

章士钊插话说："这样，美援会断绝。"

毛泽东说："我们全部供应。他的军队可以保存，我不压迫他裁兵，不要他简政，让他搞三民主义，反共在他那里反，但不要派飞机、派特务来捣乱。他不来白色特务，我也不去红色特务。"

曹聚仁问："台湾有人问生活方式怎样？"

毛泽东说:"照他们自己的生活方式。"

其实这次谈话,毛泽东是将中共金门炮战的目的主要是对美不对台的底细,转告蒋氏父子,曹聚仁后来在报纸上以"郭宗羲"之名发表了独家文章,透露了中共炮轰金门的"醉翁之意"。

提及这段历史,原中央调查部部长罗青长回忆说:"毛主席十分重视曹聚仁,当时毛主席讲政治性'试探气球'。""总理和我们也等着曹先生把消息传递给台湾。当时曹聚仁可能没有与蒋经国直接联系上,或者出于别的什么原因,但他为了执行毛主席交给他的特殊任务,在迫不得已的情况下,后来在新加坡《南洋商报》以记者'郭宗羲'的名义发表。"

毛泽东对台湾政策,后被周恩来概括为"一纲四目"。毛泽东的这个想法在1963年初,通过张治中致陈诚的信转达给台湾当局。据金冲及《毛泽东传》中表述:

"一纲"是:"只要台湾回归祖国,其他一切问题悉尊重总裁(指蒋介石)与兄(指陈诚)意见妥善处理"。

"四目"包括:

1.台湾回归祖国后,除外交必须统一于中央外,所有军政大事安排等悉由总裁与兄全权处理。

2.所有军政及建设费用,不足之数,悉由中央拨付。

3.台湾之社会改革,可以从缓,必俟条件成熟,并尊重总裁与兄意见协商决定,然后进行。

4.双方互约不派人进行破坏对方团结之事。

曹聚仁是为什么就被历史所选中成为"密使"的呢?

1900年出生的曹聚仁,21岁时到了上海,后在上海艺术大学、暨南、复旦、中国公学等大学任教,并为《申报》《立报》等刊物撰写评论和杂文。1937年,淞沪会战的爆发改变了曹聚仁的人生方向,他以新闻记者身份出入上海闸北战场,为《申报》《立报》《社会日报》和中央通讯社采访战地新闻,发回了大量报道，1947年，这些战地报道被整理成《中国抗战画史》结集出版，为后人留下一笔珍贵资料，曹聚仁也成为闻名全国的报人。

1940年，为了女儿曹雷的出世，同为战地记者的曹聚仁夫妇决定在相对安宁的赣州安家。没多久，蒋经国找上门来，以"老师"相称邀曹帮助自己主持赣南的《正气日报》。当时，在曹聚仁女儿出生后，蒋经国和夫人蒋方良还曾专门找了一个士兵挑了鸡蛋到他家来看望。

曹聚仁与蒋经国的关系可以说是亦师亦友的关系，蒋经国从苏联回来后找到了曹聚仁，但曹不是他的幕僚，只是帮助他办过报纸。这样的关系相对而言还是比较简单的，因而曹聚仁和蒋经国的联系一直保持到1949年。

另一方面，由于早期做记者、文人的经历，曹聚仁交了很多朋友，国共双方都有，民主人士邵力子又是曹聚仁的老师，这一点与章士钊颇为类似，这或许是他们充当中间人最大的优势。

1956年的北京之行应该是曹聚仁近十年为国共牵线的起点。

在曹聚仁北京之行前的一期美国《时代周刊》上提到："在香港，传闻集中在一个叫曹聚仁的中国记者身上。"文章说："曹相信，对所有中国人来说，最好的事就是能否与共产党谈判解决问题。"因而，在收到北京方面支持他的消息之后，曹就写了一封信给旧识蒋经国，告之："在这危急时刻，我有重要的事要告诉你。"

不久，台湾方面传来指令，让曹聚仁再去大陆一趟，主要任务是到浙江奉化，看看蒋氏祖坟是否完好。

1957年5月，正是万木葱茏的初夏，曹聚仁第二次返回大陆。这次，他仅在北京待了短短几天，便匆匆赶往浙江。在奉化溪口镇，他住进了当年蒋介石回溪口时常住的妙高台，游览了武岭、雪窦寺，并在蒋介石出生的丰镐房和蒋经国住过的文昌阁仔细看了很久。同时，还代表蒋氏父子到蒋母的墓园扫墓，进香烧纸，行民族传统的孝仪。所到之处，曹聚仁都一一拍摄了照片。

回到香港后，曹聚仁立即向蒋经国和台湾方面通报了他大陆之行的情况，并寄去了他在溪口拍摄的照片。在另一封信中，他还谈了自己对国共两党重开谈判，再次合作的看法。

台湾方面对国共再次谈判采取了一种既不让曹聚仁撒手，又不具体表态的态度，这样一拖就是几年。

1965年夏，当国民党二号人物李宗仁回到大陆受到北京方面热烈欢迎的时候，蒋介石父子也展开了行动。

经常来往于香港和台北负责联络工作的王君通知曹聚仁，蒋经国在近期将亲临香港，接他到台湾商量要事。

曹聚仁听到消息喜出望外，急忙飞往北京，与中共领导人商讨了谈判的大纲要目，然后匆匆返回香港，等候蒋经国的到来。

一天，曹聚仁正在寓所午睡，突然听到门铃急响。他急忙开门，只见王君气喘吁吁地进来说："经国来了，不方便上岸，在海上等你。"曹聚仁急忙随王君出来，一辆小车将他们送到码头，然后登上小快艇，一直驶到一艘大轮船边。

曹聚仁登上轮船，立即被引进一间豪华客舱，一个西装笔挺、商人打扮的人连忙迎上来和他握手，这就是蒋经国。

蒋经国和曹聚仁寒暄叙旧后，便斥退左右随从，关起舱门密谈。蒋经国告诉曹聚仁，台湾想和北京方面谈判，但不知北京的具体意向，希望曹聚仁多介绍些北京的情况。曹聚仁详细谈了中共关于谈判的条件，蒋经国仔细听后，也谈了蒋介石关于国共谈判的一些想法。他希望曹聚仁将双方情况吃透，以便曹与蒋介石见面谈话时做到时间短，效率高，也可使曹聚仁秘密赴台不走漏消息，被外界察觉。

轮船秘密在台湾一个偏僻小港停泊。曹聚仁和蒋经国立即上岸登机，飞往台中蒋介石官邸。第三天，蒋介石在自己的官邸，由蒋经国陪同，接见了曹聚仁，并在极秘密的状态下开始了谈话。

整个谈话自始至终只有他们三个人。开始由曹聚仁介绍中共方面的条件，然后逐条讨论、商谈，蒋氏父子也不断提出自己的意见。经过几次讨论，很快达成六项条件，其主要内容为：

1.蒋介石携旧部回到大陆，可以定居在浙江省以外的任何一个省区，仍任国民党总裁。北京建议拨出江西庐山地区为蒋介石居住与办公的汤沐邑。

2.蒋经国任台湾省长。台湾除交出外交与军事外，北京只坚持农业方面必须耕者有其田，其他政务，完全由台湾省政府全权处理，以20年为期，期满再行洽商。

3.台湾不得接受美国任何军事与经济援助。财政上有困难，由北京按美国支援数额照拨补助。

4.台湾海空军并入北京控制。陆军缩编为四个师，其中一个师驻厦门和金门地区，三个师驻台湾。

5.厦门和金门合并为一个自由市，作为北京与台北之间的缓冲与联络地区。该市市长由驻军师长兼任。此师长由台北征求北京同意后任命，其资格应为陆军中将，政治上为北京所接受。

6.台湾现任文武百官官阶和待遇照旧不变。人民生活保证只可提高，不准降低。

曹聚仁与蒋氏父子在日月潭谈妥了这六项条件后，立即返回香港，将谈判情况及六项条件报告给了中共。

然而，当此事正在进行之际，1966年，大陆发生了"文化大革命"，这一运动的风浪也波及台湾，蒋介石对国共重开谈判产生了疑虑，从而改变了主意。这样，国共两党重开谈判之事又一次搁浅了。

张治中台海传书

1949年后十多年的两岸关系，其实还是一种内战思维的延续，不过表现形式是冷战，是全世界冷战局势的一部分。但在此情况下，也呈现出一些缓和与接触的迹象。在这种环境下，国共双方或派出密使，或托人传话。中共方面最先受命做媒和试探的，是由毛泽东亲自点将、与国共两党都有很深渊源的著名将领张治中。

1950年3月，中国人民革命军事委员会委员兼国防研究小组组长、西北军政委员会副主席张治中，经中共中央和毛泽东主席批准，开始为争取和平解决台湾问题进行工作。1950年3月11日，毛泽东起草了《关于争取和平解决台湾问题给张治中的电报》。电文称张"现在从事之工作极为重要，尚希刻意经营，借收成效"。同年3月20日，毛泽东再次致电张治中，"同意"张"来京面叙"这方面的工作。

从这一年开始，张治中努力推进两岸和平统一。从1950年开始一直到他去世，张治中多次给台湾当局写信，晓之以理，动之以情。这位终其一生倡导国共合作的老人在1969年4月所立的遗嘱中，还将祖国统一当作他的遗愿。

张治中在国民党军队中曾位至行营主任、集团军总司令、侍从室主任、政治部长、陆军二级上将军衔，还担任过湖南、新疆两省主席，与蒋介石过从甚密。同时，他又与周恩来、毛泽东等中共领导人有长期交往，曾为国共两党两度合作出过力。在抗日战争和解放战争时期，他曾代表国民党与中共进行过多次和谈，有"三到延安"之举，有"和平将军"之美称。1945年抗战胜利后，一些主战派将领敦促蒋介石通过内战，剿灭中共，唯独张治中提出不能战，因为"无论从政治、经济、民心三方面来说都不能有内战"。邓颖超评价张治中时说，张将军"始终不渝地坚持孙中山先生的三大政策""是一位没有同共产党打过仗的国民党军人""是国民党方面始终坚持国共合作的代表人物"。

因此，在1950年，中共中央选择张治中作为和平解决台湾问题这一重要工作的人选，无疑非常恰当。张的工作开始后，毛泽东与他在半个月内互通了4封电报。在张由南方赴京汇报时，毛泽东曾亲电时任中共中央华南分局第一书记、广东省人民政府主席的叶剑英，为其布置沿途护卫，可见张治中肩负的使命之重要，以及中共中央对此举之重视。

1954年，张治中发表名为《告逃在台湾的人们》的广播，在历述国民党反动统治给人民带来的深重灾难和新中国欣欣向荣的景象后，号召逃往台湾的故旧："只要你们能弃暗投明，就必然得到立功赎罪、既往不咎的宽大待遇。""全国人民已经伸出手来，希望你们勇敢地走上这条生路，主动地尽自己一切可能靠拢祖国和祖国人民，使台湾早日得到解放。"

1956年夏天，周恩来总理在全国人民代表大会上宣布争取用和平方式解放台湾的方针，并希望台湾当局适时派出代表到北京或其他合适的地点进行商谈。

张治中在回答《团结报》记者提问时，明确表示："周总理的讲话充分表达了中国共产党和全国人民最诚恳的态度，我相信台湾的绝大多数人是会接受和同意的。""周总理一再表示，中国共产党人和国民党人曾两次并肩作战，反对帝国主义，这等于暗示我们不妨再来第三次合作。"

时隔不久，在1957年3月的一次民革会议上，他又专门就和平解放台湾的可能性阐发了自己见解，认为这种可能性主要表现在："第一，新中国的强大所产生的吸引力很大，在台湾的军政人员，自命是孙中山先生的革命信徒，眼见祖国几年来的飞快发展，日益强大，他们在今昔对比之下，自然发生倾向祖国的心情。第二，目前世界总的情势是缓和与进步，台湾在国际上的地位不容乐观。第三是台湾内部的情况，台湾军队一天天变老，经济一天天败坏，美援也不能久持，因此人心涣散，前途无望。第四，美蒋矛盾日益尖锐，美国已发动倒蒋运动，利用以胡适为首的自由主义分子，主张毁党救国。他们在香港出版反蒋的小册子，提出反共必先倒蒋论，这对蒋介石的刺激很大。"

1958年10月，张治中写了一篇《台湾应主动抛弃美帝》的短文，号召在台湾的故旧毅然抛弃美帝，回到祖国怀抱。在这篇短文中，他充满感情地写道："你们离开祖国九年了，人生几何，经得起几回沧桑巨变？鸟倦尚且知还，人情谁不思乡？每当春风桃李花开日，秋雨梧桐叶落时，翘首北望，宁不神伤？你们回来吧，家人亲友在盼望你们，祖国人民在召唤你们！"

1960年5月24日，周恩来请张治中致信蒋介石，"台湾的社会改革可以从缓，必俟条件成熟并征得蒋之同意后进行"。次年6月，毛泽东再次表示："我们容许台湾保持原来的社会制度，等台湾人民自己来解决这个问题。"1962年，周恩来邀请张治中、傅作义、屈武等在钓鱼台吃饭，席间谈到台湾问题。周恩来希望他们写信给台湾当局，告诉他们不要轻举妄动，后来，张治中给蒋经国写了一封信，转达了周恩来的意思。1963年初，周恩来加紧了争取台湾的工作，他请张治中写信给刚赴美访问的陈诚，阐明台湾的处境和前途，说明反台者并非中共实为美国，而支持台湾者并非美国实为中共，中共这样做是为了维护国家主权和领土完整之不可侵犯性。

为了促进祖国和平统一，张治中亲自主持民革中央促进祖国统一的工作，为使台湾回归祖国，他尽心尽力。特别是向战犯战俘做了许多有益的工作。1956年5月，他分批会见宋希濂、杜聿明、范汉杰等26名战俘战犯，向他们宣传党的政策。1959年国庆节，上述战俘多数被释放，后来做了很多对台宣传工作。

章士钊遥望南云

1973年5月中旬的一天，一架来自北京的中国民航专机降落在香港启德机场，为了这架专机，香港方面专门封锁了整个跑道，那天的启德机场显得空空荡荡的。

从这架飞机上，抬下一位93岁的老人。他就是著名的民主人士章士钊先生。他在家属及医护人员的陪同下，坐轮椅被抬下飞机舷梯。

虽然年逾九旬的章士钊对外宣称是到香港探望第三夫人，但境外媒体毫不费力地猜出这位老人此行的真实目的只有一个——台湾问题。

章士钊的养女、著名的女外交家章含之后来说："一个80岁的人（指毛泽东）派了一个93岁的人来，其实就是想明确地向外传递两岸和解沟通的意图。"

章士钊的香港之旅出乎许多人意外，包括章含之本人。章含之详细回忆了章士钊此行的前前后后。1969年，奚夫人因肺炎去世，"父亲的生活变得很枯燥"，章家人希望将在香港的殷夫人接回来，但殷夫人不愿回大陆定居。章士钊于是提出去香港，理由是"孤独"。但考虑到老父亲年事已高，已在外交部工作的章含之和家人都持反对意见，主张继续争取殷夫人回来，去香港一事于是耽搁下来。

"后来这个事情不知怎么被主席知道了，有一次他跟我开玩笑说，'你们很不人道，人家要团聚你们却阻挠'，我觉得行老（指章士钊）应该去，现在跟台湾的联系也应该建立起来。"章含之回忆说，"主席一发话，我们都不好再说什么了。主席后来关照总理，一定要好好准备，我们派个专机送去，造一点声势！"

章含之问章士钊："你还去得了吗？"

章士钊坚定地说："我一定要去，这个事情（台湾问题）一直在我心上。"

章士钊最终成行，章含之却忧心忡忡。她后来在一篇回忆中这样写道："我到香港后的心情却是复杂的……香港五六月的气候十分闷热，父亲住在香港闹市区一幢楼的底层，并不太宽敞，也没有花园可以透点新鲜空气。特别是室内的冷气空调，我真怕老人受不了。"

章士钊到达香港后情绪并不热烈和兴奋，反而出奇的冷静，"他似乎意识到他是在履行他在人世间的最后一次伟大使命"，章含之说，到香港的第二天，他就急匆匆安排会见各方面的旧友，"殷夫人和我都劝他休息些日子，然而父亲急不可待"。

一周后，章含之带女儿洪晃回北京。"我很少见他动感情，他是个极深邃的人"，但这一次告别，章士钊却显得格外柔情，"他特别舍不得妞妞（即洪晃），临别前再三抚摸她的手和脸，要她3个月后来接爷爷"。

回北京没多久，6月30日夜，章含之接到电话，告之章士钊得了肺炎，得到消息的周总理立即下令组成医疗队连夜办签证赶赴香港；但医疗队还没动身，就传来章士钊已去世的消息。

在章士钊到达香港之前，国民党的要人张群和二陈（陈立夫、陈果夫）的代表已经到了。在章含之返回北京前，章士钊对她说："你告诉总理，我已和台湾来的人接上头、开始工作了，工作进行得很顺利。告诉周总理我很想北京，事情办好我就回去，叫周总理不要忘记派飞机来接我。"不想这竟是他留给章含之的最后遗言。

章士钊生前有两个心愿：一是《柳文指要》能出版；二是能帮助解决台湾问题。他的第一个心愿后来实现了，第二个心愿当然只能作为他的遗愿了。

关于章士钊为两岸关系斡旋的一些"秘闻"如今已相对公开，让我们窥见

章士钊

在两岸关系初期，既有硝烟又有接触与沟通的那段特殊历史。

终其一生，亦官亦士、亦主亦客的"无党派人士"章士钊交游甚广，这使得他在1949年后的中国大陆成为一个很特别的人物。

章士钊早年就读于武昌两湖书院，与当时求学的黄兴为莫逆之交，后又与黄兴一同进入南京江南陆师学堂。1903年，全国发生拒俄运动，江南陆师学堂学生积极响应，章士钊为该校学生运动的领袖。不久，章士钊又因《苏报》案而一举扬名。一个月后，章士钊又创办《国民日报》，继承《苏报》传统，继续宣扬民主自由思想。与孙中山等人一同讨袁失败后，逃亡日本，1925年创办《甲寅》杂志。

在1920年的赴法勤工俭学运动中，毛泽东、蔡和森手持杨昌济（杨为毛泽东夫人杨开慧之父）先生的手书求见当时在上海的章士钊先生，希望他在资金上予以资助。杨昌济把女婿毛润之介绍给章士钊时说，"润之有雄心壮志"，期望章若有机会能帮助毛。

章士钊先生当即在上海积极募捐，将募集的2万银元巨款赠与毛泽东，毛泽东将其中的1万元资助湖南的赴法勤工俭学的学生，另1万元用于湖南的革命活动。1961年，在国民经济极为困难的时期，毛泽东每年从自己的稿费中以"还钱"的名义解决章士钊先生生活上的困难，每年支付2000元给章士钊先生，连续支付了10年。

九一八事变发生后，章士钊到上海，为杜月笙宾客，不久正式挂牌当律师。1932年10月，陈独秀在上海被捕，押解到南京。次年4月，章士钊以老朋友身份未经陈同意为陈辩护，请求法庭宣布陈无罪。其"辩论状"着力阐述政府应当容忍不同政党之理论，文气逼人，震动法庭，中外报纸竞相登载。1934年，杜月笙请章任上海政法学院院长。

"卢沟桥事变"发生后，章士钊避居上海。次年3月，南京"维新"伪政府成立，汉奸梁鸿志诱章入伙，被章拒绝。不久杜月笙派人迎护，章由香港转赴重庆，国民政府给以参政员名义。

1945年，抗战胜利后，毛泽东赴重庆与蒋介石谈判，章士钊先生非常担心毛泽东等人的安全，两人相见时，毛泽东咨询章士钊先生对形势的看法，章士钊先生认为蒋介石无和谈诚意，重庆之地不可久留。在众人面前章士钊又不好对毛泽东直言，于是章士钊在手心上写了一"走"字，示意毛泽东，然后凑到毛泽东耳边小声说："三十六计，走为上计。"

1949年1月蒋介石下野，李宗仁代总统欲试探与中共和谈之可能性，乃请章士钊及江庸、颜惠庆三人访问北平。章士钊返上海后，曾专程至南京，会晤长沙绥靖公署主任兼湖南省政府主席程潜，向程介绍了与毛泽东晤谈的情况，转达了毛对和平寄予的期望，对程消除"惩办战犯"的疑虑起了一定作用。3月25日，李宗仁决定正式成立代表团，派邵力子、张治中及章士钊等五人为和谈代表，于4月1日到北平，与中共举行和平谈判。4月20日和谈破裂，章士钊与邵、张等乃留居北平。嗣后去香港，同年6月，程潜派程星龄赴港，会晤了章士钊。章托程星龄带信给程潜，转达了毛泽东对程和平起义的期待和中共对陈明仁将军的热诚态度，劝说程、陈起义。

1949年9月，章士钊被推选出席了中国人民政治协商会议第一届全体会议。中华人民共和国成立后，章士钊相继被推选为第一届全国政协委员，二届、三届全国政协常委，历任政务院法制委员会委员、全国人民代表大会常务委员会委员、中央文史研究馆馆长等职。

章士钊先生才华横溢，学贯中西。他曾因留学与考察，到过日、法、英、德等国。对西方的哲学、政治学、法学及逻辑学均有很深的研究，对康德、弗洛伊德及马克思的著作和文章均有翻译。他是唯一一个与弗洛伊德通过信的中国人。章士钊先生一生著述丰富，其著作有《中等国文典》《逻辑指要》《柳文指要》及《章士钊全集》等，近500万字。

章士钊先生一生先后有三位夫人。第一位夫人叫吴弱男，吴氏原籍安徽庐江，出身名门，13岁时就曾留学日本，攻读英语。1905年，吴弱男参加同盟会，任孙中山先生的英文秘书，在日本与章士钊相识。吴弱男回国后，在天津女子师范任英文教员，随后又留学英国，进入爱丁堡大学，攻读法政和逻辑。1909年4月，正在英国留学的章士钊与吴弱男在伦敦结婚，婚后生有三子：章可、章用与章因。

章士钊先生的第二位夫人叫奚翠珍，苏州人，婚后收养一女。这个养女就是后来的外交部长乔冠华的夫人章含之女士。章士钊先生的第三位夫人殷德珍，原名雪明珠，江苏无锡人。雪明珠曾当过演员，演过《三娘教子》。据说雪明珠还是四大名旦之一的程砚秋先生的入室弟子。他与雪氏婚后无子。

章士钊与许多国民党元老，如于右任、张群关系很好。"斡旋人"的角色，章士钊再适合不过。1956年8月7日，带着毛泽东与周恩来的嘱托，章士钊曾从北京乘火车经广州赴香港。章士钊与杜月笙的关系也非同寻常，当时中共中央还有一任务，要章士钊动员杜月笙回大陆，但对大陆心存疑惧的杜月笙最终还是未能成行。

从1956年开始，章士钊每两年去一次香港，因为在香港有个夫人，所以他有个很好的借口去探亲，当然家人知道他执行的是中央给的和台湾建立渠道的使命。每次出行前，周恩来总理都会找到章士钊商谈很长时间。

1958年8月，金门炮战后，毛泽东曾让章士钊给蒋介石写了一封信，其中有这样几句："台澎金马，唇齿相依，遥望南天，希诸珍重。"毛泽东看了很欣赏，但认为把台湾看作"南天"不恰当，后来改为"南云"。

从1956年到1964年，章士钊每次到香港"探亲"都一住半年。这实际上也为两岸的交流建立了一个稳定而畅通的渠道。但到了1966年又该启程时，因为"文革"爆发，他每两年一次的固定行程也被打断。直到1973年才再度赴港，谁料此次一去未能回。

廖承志伫候复音

1982年7月25日，《人民日报》发表了廖承志致蒋经国的一封公开信，全文如下：

> 经国吾弟：
> 咫尺之隔，竟成海天之遥。南京匆匆一晤，瞬逾三十六载。幼时同袍，苏京把晤，往事历历在目。唯长年未通音问，此诚憾事。近闻政躬

违和，深为悬念。人过七旬，多有病痛，至盼善自珍摄。

三年以来，我党一再倡议贵我两党举行谈判，同捐前嫌，共竟祖国统一大业。唯弟一再声言"不接触，不谈判，不妥协"，余期期以为不可。世交深情，于公于私，理当进言，敬希诠察。

祖国和平统一，乃千秋功业。台湾终必回归祖国，早日解决对各方有利。台湾同胞可安居乐业，两岸各族人民可解骨肉分离之痛，在台诸前辈及大陆去台人员亦可各得其所，且有利于亚太地区局势稳定和世界和平。吾弟尝以"计利当计天下利，求名应求万世名"自勉。倘能于吾弟手中成此伟业，必为举国尊敬，世人推崇，功在国家，名留青史。所谓"罪人"之说实相悖谬。局促东隅，终非久计。明若吾弟，自当了然。如迁延不决，或委之异日，不仅徒生困扰，吾弟亦将难辞其咎。再者，和平统一纯属内政。外人巧言令色，意在图我台湾，此世人所共知者。当断不断，必受其乱。愿弟慎思。

孙先生手创之中国国民党，历尽艰辛，无数先烈前仆后继，终于推翻帝制，建立民国。光辉业迹，已成定论。国共两度合作，均对国家民族作出巨大贡献。首次合作，孙先生领导，吾辈虽幼，亦知一二。再次合作，老先生主其事，吾辈身在其中，应知梗概。事虽经纬万端，但纵观全局，合则对国家有利，分则必伤民族元气。今日吾弟在台主政，三次合作，大责难谢。双方领导，同窗挚友，彼此相知，谈之更易。所谓"投降"、"屈事"、"吃亏"、"上当"之说，实难苟同。评价历史，展望未来，应天下为公，以国家民族利益为最高准则，何发党私之论！至于"以三民主义统一中国"云云，识者皆以为太不现实，未免自欺欺人。三民主义之真谛，吾辈深知，毋须争辩。所谓台湾"经济繁荣，社会民主，民生乐利"等等，在台诸公，心中有数，亦毋庸赘言。试为贵党计，如能依地顺势，负起历史重任，毅然和谈，达成国家统一，则两党长期共存，互相监督，共图振兴中华之大业。否则，偏安之局，焉能自保。有识之士，虑已及此。事关国民党兴亡绝续，望弟再思。

近读大作，"切望父灵能回到家园与先人同在"之语，不胜感慨系之。今老先生仍厝于慈湖，统一之后，即当适安故土，或奉化，或南京，或庐山，以了吾弟孝心。吾弟近曾有言："要把孝顺的心，扩大为民族感情，去敬爱民族，奉献于国家。"旨哉斯言，盍不实践于统一大业！就国家民族而论，蒋氏两代对历史有所交代；就吾弟个人而言，可谓忠孝两全。否则，吾弟身后事何以自了。尚望三思。

　　吾弟一生坎坷，决非命运安排，一切操之在己。千秋功罪，系于一念之间。当今国际风云变幻莫测，台湾上下众议纷纭。岁月不居，来日苦短，夜长梦多，时不我与。盼弟善为抉择，未雨绸缪。"寥廓海天，不归何待？"

　　人到高年，愈加怀旧，如弟方便，余当束装就道，前往台北探望，并面聆诸长辈教益。"度尽劫波兄弟在，相逢一笑泯恩仇"。遥望南天，不禁神驰，书不尽言，诸希珍重，伫候复音。

　　老夫人前请代为问安。方良，纬国及诸侄不一。

　　　顺祝

　　近祺！

廖承志
1982 年 7 月 24 日

1982 年，蒋介石已去世 7 周年，7 月，蒋经国在台湾发表了一篇悼念父亲的文章，其中提到："切望父灵能回到家园与先人同在。"蒋经国还在文中充满深情地说："要把孝顺的心，扩大为民族感情，去敬爱民族，奉献于国家。"

蒋经国流露的故乡之情，立即被邓颖超捕捉到了。当时担任对台工作领导小组组长的邓颖超召集对台小组开会研究，建议由副组长廖承志给蒋经国写一封公开信，因为廖承志与蒋经国既是儿时好友，又是莫斯科中山大学的同学。

"这封信怎么写，真是颇费心思。廖公为此绞尽脑汁，并亲自写了信的开头一段，为整个信的内容、文风、文白兼容的语言风格定了调。"参与"廖公信"写作的时任中央台办研究组组长的耿文卿这样回忆说。不难理解的是，这封以廖承志个人名义发表的公开信背后是大陆高层的一番良苦用心，耿文卿说，这封信的内容，可以用"晓以大义、陈以利害、动以感情、批驳其谬论和不切实际幻想"四个渐次递进的主题来概括。

据耿文卿说，"寥廓海天，不归何待？"是引用了周恩来的话。20世纪60年代，民主人士为祖国统一做了许多工作，他们纷纷给对岸的老朋友写信、搭桥。当时，张治中给蒋氏父子写了信，周恩来在审阅时就加了这样四句："倨促东南，三位一体。寥廓海天，不归何待？"

20世纪80年代初，邓小平给来访的美籍科学家陈树柏（陈济棠的儿子）亲笔题词，用了鲁迅先生的诗句"度尽劫波兄弟在，相逢一笑泯恩仇"，此时，这句话再度被引用，明确地传递良好的愿望。"很多人不知道，写这封信是邓小平的意思，而且信的主旨也是他和廖承志商定的，并由他亲自批示发表。"国台办工作人员李立在其《目击台海风云》一书中提及，邓小平对此事的诸多细节也十分关心，比如他叮嘱下属"研究以何种方式发表效果最好"。为了更能动之以情，廖承志在信中也数次引用蒋经国的原话，后据台办工作人员透露，这是中央台办通过中国社会科学院台湾研究所，从大量的台湾报刊中找出来的。

廖承志在信尾提到，"如弟方便，余当束装就道，前往台北探望"。在最后审阅时，邓颖超又别有深意地加了一句"伫候复音"——但彼岸的蒋经国仍沉默不语。当时与蒋经国关系密切的国民党要员钱复在其回忆录中说，1982年7月25日，蒋经国曾指示他到其官邸，"告以廖承志有电报给他，内容尽是威胁利诱"。

廖承志的公开信，等到的却是宋美龄的回应。8月17日，宋美龄也以公开信形式回了廖承志，"经国主政，负有对我中华民国赓续之职责，故其一再声言'不接触，不谈判，不妥协'，乃是表达我中华民国、中华民族及中国国民党浩然正气使之然也"。虽然对廖承志以"世侄"相称，但宋美龄的回信语气依然强硬甚至暗含讥讽，反劝饱受"文革"折磨的世侄廖承志"幡然来归，以承父志"。

其实早在这封公开信之前，廖承志已作过与宋美龄联络的尝试，担任这个特殊使命的便是在中国历史上有传奇色彩的"飞虎将军"夫人陈香梅。

陈香梅的外祖父与廖仲恺是亲兄弟，因此，她对廖承志以舅舅相称。1980年除夕，她作为美国总统里根的特使应邀访问中国，"舅舅告诉我，宋庆龄女士最近身体不好，她们姐妹分开多年，宋庆龄希望最后能在上海与美龄见上一面"。当时由病危中的宋庆龄口述、廖承志代笔写了一封信，由宋庆龄签了字，交给陈香梅。回到台湾后，陈香梅立即亲自交给了张群先生，但据说宋美龄过了许久只有一句话："信收到了。"不久，宋庆龄在北京逝世。事实上，自1945年5月最后的书信往来以后，直至宋庆龄去世，姐妹二人再未联络。

"邓大姐后来又给宋美龄写了一封信，是我起草的，宋美龄也回了信，口气有所缓和。"原中央台办主任杨斯理后来回忆说。跟随邓颖超多年的秘书赵炜回忆，1984年，在邓颖超80大寿时，宋美龄还托人送了一只做工精美的玻璃兔，因为邓颖超生肖为兔。这只"友谊兔"至今仍被保存。

陈香梅在1980年首次回国也受到邓小平接见，并一起吃了年夜饭。正是在这次宴会上，邓小平建议陈香梅向台湾方面提出允许退役军人到大陆探亲。陈香梅到台湾将此意转达给蒋经国，蒋经国在去世前几个月开放了台湾民众赴大陆探亲，这是蒋经国晚年最大的历史功绩之一。

后记

本书的写作完全是一个偶然。

由于本职工作的缘故，我对渡江战役的资料收集颇多，然而并未想过要写一本关于渡江战役的书。有一天，与几个朋友聊天，他们认为 2009 年就是渡江战役同时也是新中国建立 60 周年之际，我完全可以写一本这方面的书。这个提议得到重庆出版集团领导的极力肯定，随后重庆出版集团也以最快的速度作出出版该书的决定。

在此，首先要感谢重庆出版集团的支持，没有其积极推动，我是不会动手写这本书的。

说写作，显然是夸大其词，其实我只不过对那一段的历史资料进行重新整理和编辑而已。我希望通过 1949 年这一特定的时间、渡江战役这一特定的事件来展示风起云涌的 1949 年对于中国和中国人具有怎样的决定意义，并且通过这些尘封的历史对现实进行观照。我应用了大量已有的历史资料，因而要感谢那些先辈们做出的扎实工作——他们或是事件亲历者，或是最早的新闻报道者，或是默默无闻的文史工作者；感谢那些书中的历史人物——他们的回忆录和口述实录是我最为倚重的材料；感谢南京图书馆——我曾经在三个月的时间里多次查阅、复印各种稀有资料，并多次翻阅了 1949 年的各种报刊杂志。可以说，没有这些资料，就没有这本书。

　　我要感谢李海峡先生和王主先生，他们多次对我的写作提出了许多宝贵意见。王主并为本书扫描了绝大部分的图片。

　　我要诚挚地感谢中国人民革命军事博物馆副馆长佘志宏先生，他在百忙之中抽空为本书作序，为本书增色许多。

　　最后，还要郑重感谢南京军区原司令员向守志将军、南京军区原政委方祖岐将军，他们不吝笔墨，热情为本书题字，对我实在是莫大的鼓励。

　　由于时间较为仓促，书中出现的讹误和文字粗粝之处，望读者见谅，并祈指正。

杨波

2008 年 7 月 15 日于古城南京

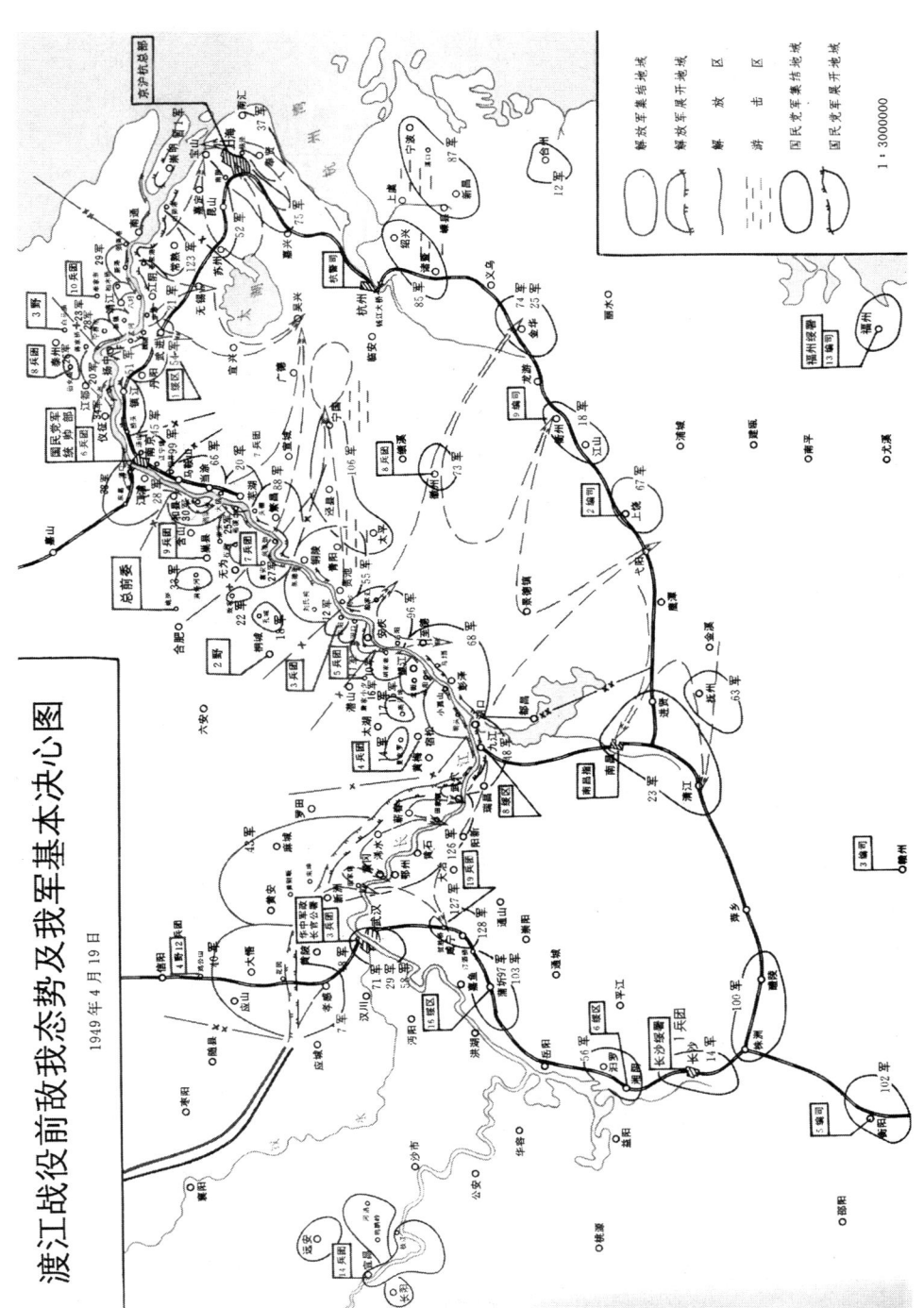

渡江战役前敌我态势及我军基本决心图
1949年4月19日

中国人民解放军历史资料丛书编审委员会 绘制

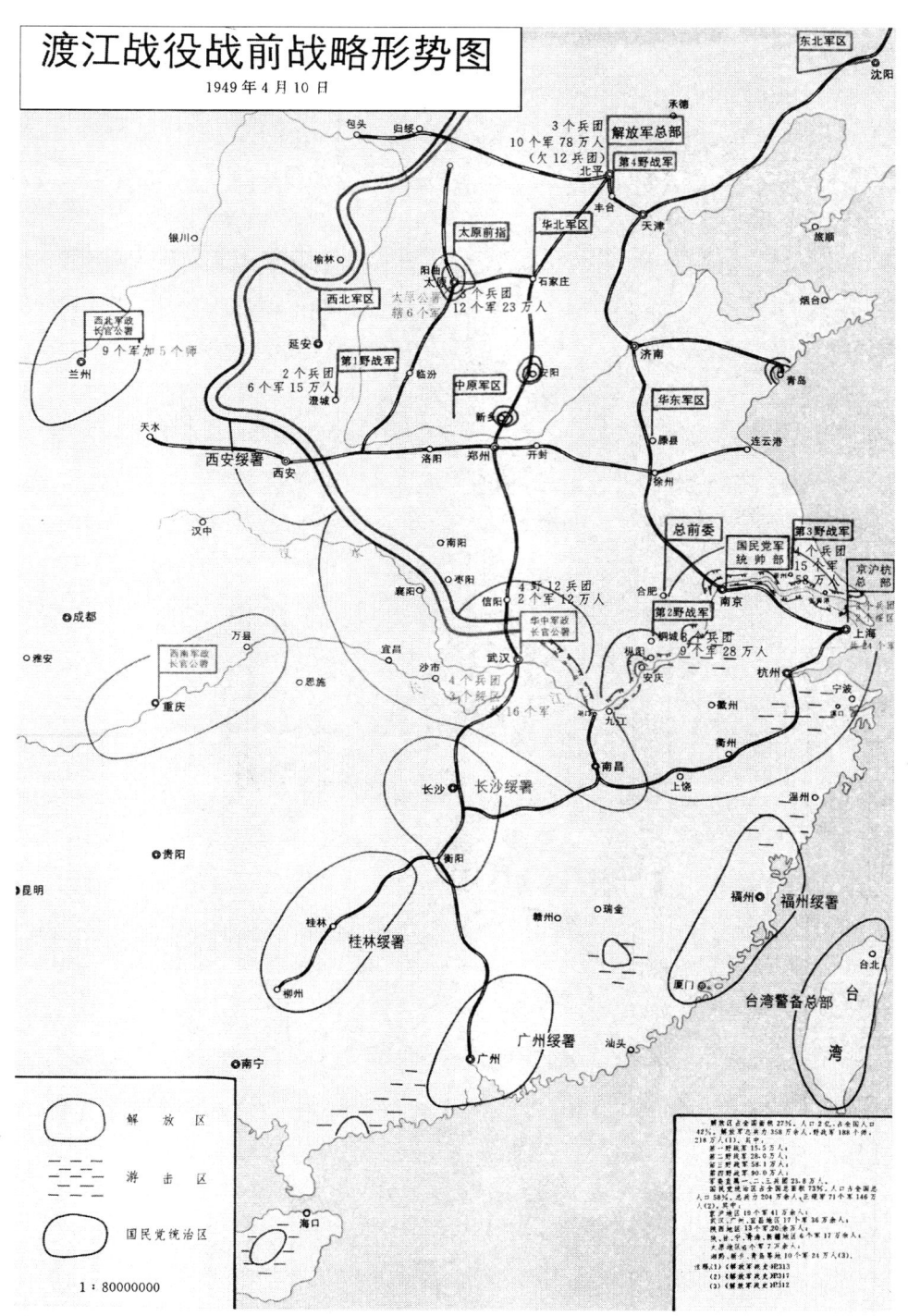

渡江战役战前战略形势图

1949年4月10日

中国人民解放军历史资料丛书编审委员会 绘制

渡江战役第一阶段经过要图

1949年4月20日—1949年4月23日

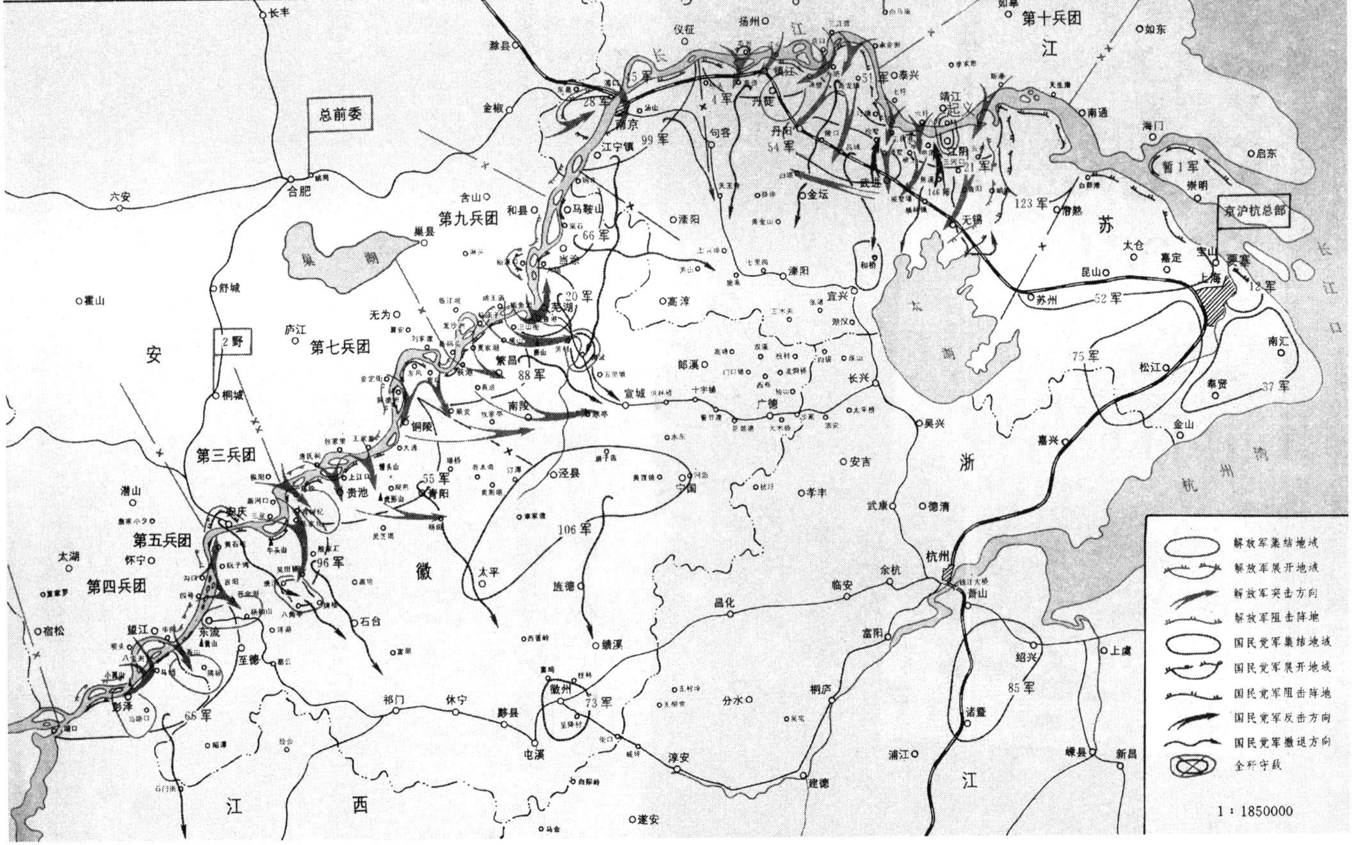

中国人民解放军历史资料丛书编审委员会绘制

渡江战役第二阶段经过要图

1949年4月24日—1949年5月10日

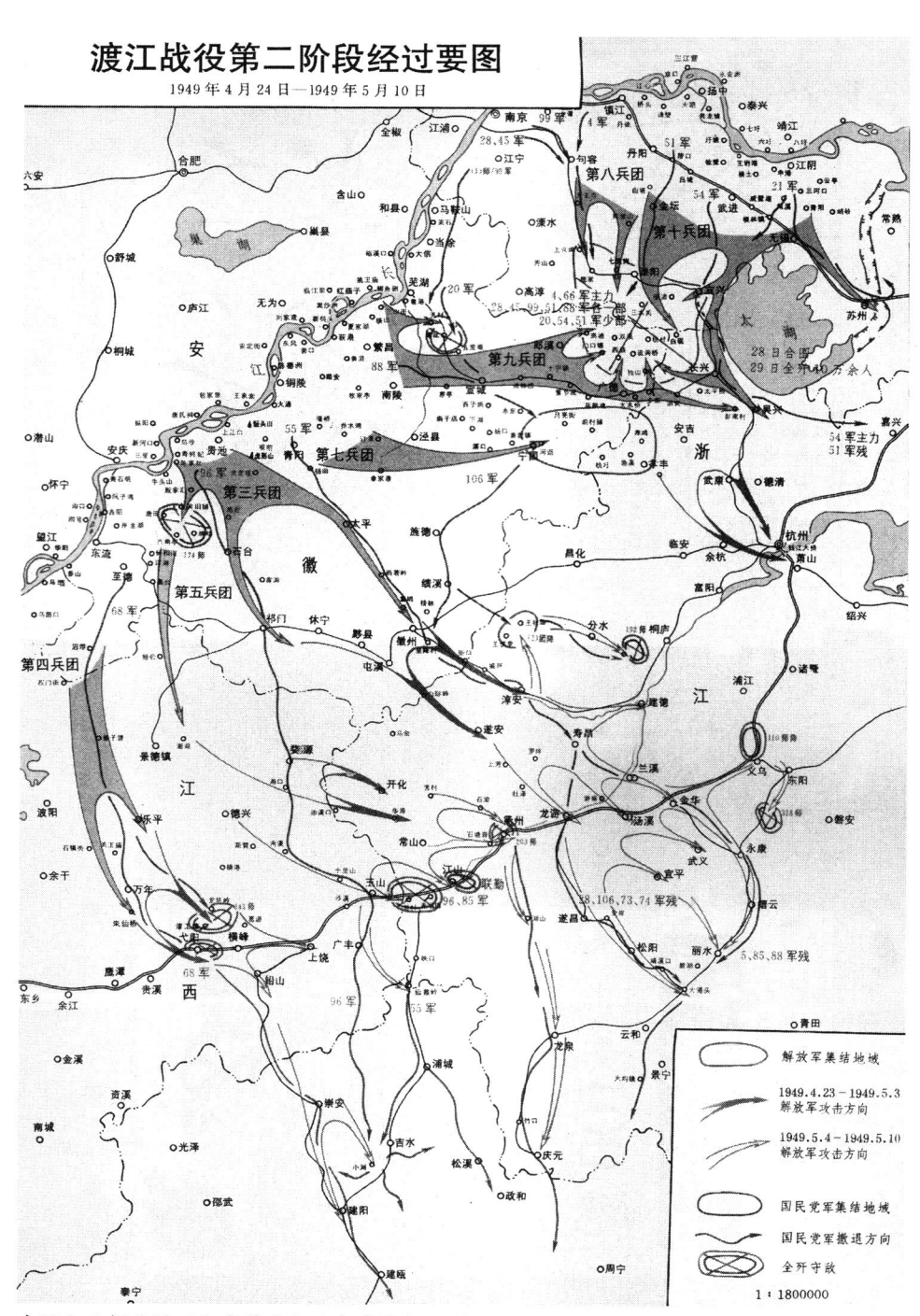

中国人民解放军历史资料丛书编审委员会 绘制

征引文献

《毛泽东选集》第 4 卷（毛泽东　著，人民出版社，1991 年）

《邓小平文选》（一九三八——一九六五年）（邓小平　著，人民出版社，1989 年 5 月）

《中国人民解放军历史资料丛书·渡江战役》（中国人民解放军历史资料丛书审编委员会　编，解放军出版社，1995 年 3 月）

《中国人民解放军历史资料丛书·国民党军起义投诚（空军）》（中国人民解放军历史资料丛书审编委员会　编，解放军出版社，1995 年 3 月）

《中国人民解放军历史资料丛书·国民党军起义投诚（海军）》（中国人民解放军历史资料丛书审编委员会　编，解放军出版社，1995 年 3 月）

《中国人民解放军历史资料丛书·国民党军起义投诚（沪苏皖浙赣闽地区）》（中国人民解放军历史资料丛书审编委员会　编，解放军出版社，1995 年 3 月）

《渡江战役》（江苏省档案馆、安徽省档案馆　编，档案出版社，1989 年 4 月）

《百万雄师下江南》（江苏人民出版社编辑出版，1959 年 4 月）

《百万雄师下江南》（江苏人民出版社编辑出版，1979 年 11 月）

《京沪杭战役》（缪国亮　主编，安徽人民出版社，1993 年 5 月）

《渡江战役大写真》（李玉　著，中共中央党校出版社，1995 年 2 月）

《渡江一日》（华东军区·第三野战军政治部　印行，1951年）

《百万雄师过大江》（张秦洞　编著，广西科学技术出版社，2004年5月）

《渡江战役期间总前委在瑶岗》（中共肥东县委党史工作委员会　编，安徽人民出版社，1989年3月）

《上海战役》（中国人民解放军上海警备区、中共上海市委党史资料征集委员会　编，学林出版社，1988年10月）

《宝山激战》（中共上海市宝山区党史研究室　上海市宝山区档案局　编，中共党史出版社，2006年3月）

《中国的1948年——两种命运的决战》（刘　统　著，生活·读书·新知三联书店，2006年1月）

《金陵春梦·大江东去》（唐　人　著，北京出版社，1983年4月）

《李宗仁回忆录》（李宗仁　著，广西人民出版社，1988年）

《张治中回忆录》（张治中　著，文史资料出版社，1985年）

《在华五十年》（［美］司徒雷登　著，北京出版社，1982年）

《亲历与见闻——黄华回忆录》（黄　华　著，世界知识出版社，2007年8月）

《我这三十年——沈醉回忆录》（沈　醉　著，湖南人民出版社，1983年3月）

《蒋介石日记揭秘》（张秀章　著，团结出版社，2007年1月）

《晚年蒋介石》（李松林　著，九州出版社，2006年6月）

《毛泽东传》（［美］R·特里尔　著，河北人民出版社，1989年3月）

《粟裕文选》第2卷（粟裕文选编辑组　编，军事科学出版社，2004年9月）

《粟裕战争回忆录》（粟　裕　著，解放军出版社，1988年10月）

《陈毅军事文选》（陈　毅　著，解放军出版社，1994年11月）

《张震军事文选》（张　震　著，解放军出版社，2005年11月）

《战场——将军的摇篮》（聂凤智　著，解放军出版社，1989年10月）

《血色年华——聂凤智将军传》（松　植　著，上海文艺出版社，1994年8月）

《战地日记》（秦叔瑾　著，江苏教育出版社，2006年1月）

《红书简》（中共中央文献研究室　编，山西人民出版社，2001年9月）

《中苏关系重大事件述实》（何　明、罗　锋　著，人民出版社，2007年6月）

《聚焦主席台（1921—1949）》（张文雄等 主编，湖南人民出版社，2004年9月）

《金陵破晓》（南京市政协文史委 编，南京出版社，1989年3月）

《崩溃的前夜》（中国人民政治协商会议江苏省委员会文史委 编，《江苏文史资料》编辑部，1989年4月）

《江阴文史资料》第8辑（中国人民政治协商会议江苏省江阴市委员会文史委 编，内部发行，1987年）

《解放战争时期的南京学生运动》（罗柄权、王慧君 主编，南京大学出版社，2002年5月）

《剑啸石城》（洪沛霖 主编，群众出版社，1991年）

《沙文汉与陈修良》（泰栋、亚平 著，宁波出版社，1999年12月）

《南京解放》（南京市档案馆 编，江苏古籍出版社，1990年2月）

《中国革命战争纪实·解放战争·华东卷》（刘统 著，人民出版社，1998年12月）

《崛起在1949：开国外交纪实》（陈敦德 著，解放军文艺出版社，2007年1月）

《1949中国社会》（张仁善 著，社会科学文献出版社，2005年11月）

《毛泽东挥师渡江纪实》（齐人、熊涛 编著，中央文献出版社，2006年4月）

《决战长江》（桂恒彬、桂军晓 著，湖南人民出版社，2009年1月）

《民国人物过眼录》（杨奎松 著，广东人民出版社，2009年）

《鲁迅全集》（鲁迅 著，人民文学出版社，2005年）

《中央日报》（南京，1949年）

《申报》（上海，1949年）

《新华日报》（1949年）

《大公报》（1949年）

《江淮文史》（2003年第3期）

《龙门阵》（2006年第4、5期）